朝日新書
Asahi Shinsho 345

第四の消費

つながりを生み出す社会へ

三浦　展

朝日新聞出版

まえがき——物ではない何によって人は幸せになれるのか？

私は今年、二〇一二年の四月で、社会に出てちょうど丸三〇年が経ちました。その間、ほぼ一貫して消費社会を研究してきました。その個人的な経験を踏まえて、これまでの日本の消費社会を概観し、かつ最新の消費社会の状況を論じようというのが本書の狙いです。

私は一九五八年生まれです。東京タワーが建ち、スバル360、ホンダスーパーカブ、日清チキンラーメンが発売された年。まさに日本の高度経済成長の黎明期に生まれました。そして中学三年の時にオイルショック。私の身長の伸びもその頃止まりました。私の肉体の成長はまるで日本経済の成長と並行していたかのようです。

そして高度消費社会と呼ばれ、バブル経済の時代でもあった一九八〇年代に、八〇年代の消費文化を象徴すると言えるセゾングループの株式会社パルコに私は入社し、若手社員としてマーケティング雑誌『アクロス』の編集に携わります。そういう意味で、私の個人史はかなり戦後の日本の消費社会史と切り離せないのではないかと思いますし、そういう私の視点、経歴から、消費社会の歴史と将来を書くことには一定の意味があるだろうと思っています。もちろん、セゾングループにいた、パルコにいたというバイアスがかかっていますが、当時のセゾングループ、パルコは新しい時代の消費をリードする企業体でしたから、むしろそのバイアスがあったほうが時代の特徴がクリアになると言えるかと思います。

しかし、消費を論ずるということは意外に難しいことです。この商品はこういう理由で作られて、こういう人が、こういう時代の変化の流れの中で買ったから売れた、ということをしっかり書いた文献があまり多くないからです。

実際は、商品は、いろいろな時代背景を分析し、ターゲットの人口や嗜好性を考え、親子や夫婦関係の変化、家族の形の変化、所得の変化、生活に求める価値観の変化などなど、無数のことを分析してようやく発売されます。でもそれが誰にでも読める文献になっていないので、自分の会社の商品のことならわかっても、他社の、他業界の商品だとわからない。

また、消費者のほうも、日常的に商品を買っていますが、時代の流れの中でつねに変化している。自分でも気づかないうちに、自分の価値観や嗜好が変わっている。その変化の背景には、年齢的なものもあるが、社会的なものもある。未婚か既婚か、親子の関係、夫婦関係、所得などなど、個人の中にも無数の要因があって、それが複合して、結果として、ある商品を買い、ある商品を買わないという行動になって現れるわけです。

また、人は誰でも消費をしますが、消費は人の行動の一部でしかない。だから、消費行動を分析するには、人の全体を知る必要があります。人の全体を知るには人を取り巻く社会や都市を知らないといけないし、社会や都市の歴史、変遷も知らねばならない。私はそういうふうに、できるだけ幅広い視点で消費研究、消費社会研究をしてきたつもりです。

そんな消費社会について、これ一冊読めばわかるという文献はありません。誰もが簡単に、これさえ読めば、過去から現在までの消費のトレンドの変化、消費社会の変遷がわかるというものがないのです。

そうなると、消費社会のただ中で生きてきた経験者に聞くのが手っ取り早い。私はその経験者の一人であろうと思います。特定の商品を作ったという経験ではなく、マーケティング雑誌の編集をし、たくさんの企業のマーケティング調査を行ってきた、そして多角的に消費と社会の関係を分析してきた三〇年の経験から、本書を書こうと思います。

最後に、消費社会が第四の段階に入ったとはどういう意味か。詳しくは本文で書きますが、私がパルコに入った時代は、消費社会の第三段階の始まりだった、特にパルコが、またパルコが属するセゾングループが、第三の消費社会を推進する役割を担っていたと思います。だからこそ私には、第三の消費社会の終わりがよく見える。それはひとことで言えば「物を買えば幸せになれる」時代の終わりです。

その「終わり」は一九九〇年代末期から現れ始めたと私は感じています。そして、物ではない何によって幸せになれるのかを多くの人々が問う時代が始まった。それが第四の消費社会です。私は一九九九年に会社を辞めて独立しましたが、結果から見れば、第四の消費社会を論ずるために独立をしたのだとすら言えるでしょう。

第四の消費——つながりを生み出す社会へ

目次

〈図表目次〉

図版作成　加賀美康彦

働く意志と能力をもった国民のすべてが、その能力を十分に生かし、それによって、西欧諸国民に劣らないような高い所得の機会をもちうるような社会、貧しき者や不幸な者が生まれなくなるような社会、国民の高い創造力を自由に伸ばすことによって実現された豊かな経済力を、国民福祉の充実と文化的な国民生活の建設に充当しうるような社会、このような社会の建設が、われわれの努力次第では夢でなくなろうとしている。

下村治『日本経済成長論』一九六二年

第一章

消費社会の四段階

消費社会が第四の段階に入った。これが本書のテーマである。

いつの時代も人は消費をする。古代ローマでも、ルネッサンスのイタリアでも、一三世紀の中国杭州でも、江戸時代の江戸や大阪でも、人々は活発な消費をした。それらの社会も消費社会だったと言ってよい。

しかし、本書の対象とする消費社会は、産業革命後に限定する。つまり、主として第一次産業の産品を消費する社会ではなく、近代以降、技術革新によって生産力を向上させた工業が、その生み出す商品を消費する消費者を大量に必要とするようになってからの消費社会である。

また、本書の対象は日本の消費社会に限られる。消費社会の発展段階は国によって違うからである。

第一の消費社会（一九一二〜一九四一年）

日本における近代的な意味での消費社会は、二〇世紀初頭から始まったと言える。日清、日露戦争に勝ち、第一次世界大戦の戦時需要で日本は好景気に沸いた。しかし強烈なインフレにより一般労働者の実質賃金は下がり、米騒動が起こるなど、貧富の格差が拡大していた。さらに一九二〇年になると綿糸、生糸の暴落に始まる恐慌が起こる。だが、大資本は力を強化し、「成金」が増えた。

図表1−1　全国と東京都の人口

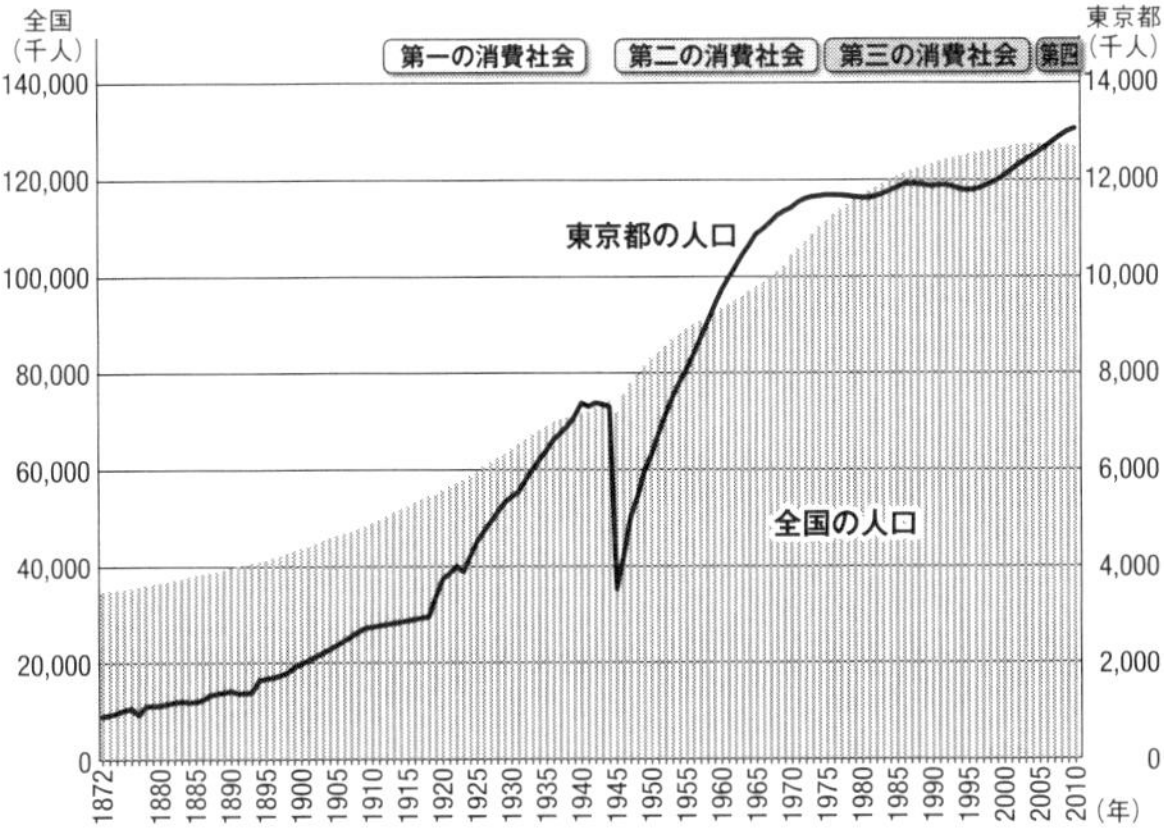

資料：日本統計協会「日本長期統計総覧」他

また、大都市の人口が増加したために、大都市部では消費が拡大し、昭和初期にかけて大都市に大衆消費社会が誕生することになる。これが第一の消費社会である。本書では、大正元年から第二次世界大戦まで、一九一二年から四一年までの丸三〇年間と定義しよう。

第一の消費社会は、東京、大阪などの大都市に限定されて展開したと言える。実際、全国の人口は一九二〇年には五五九六万人、東京都は三七〇万人で、東京都の割合は六・六%だったが、一〇年後の三〇年には全国は六四四五万人、東京都は五四一万人で八・四%、四〇年には全国七一九三万人、東京都七三六万人で一〇・二%と、全国の一割を超えた〔図表1−1〕。

大阪府も、一九二〇年には二五九万人だが三〇年には三五四万人、四〇年には四七四万人と増加している。第一の消費社会は人口の都市集中とともに成立したのである。

大都市の繁華街には、モボ、モガ、つまりモダンボーイ、モダンガールと呼ばれる最新の流行に身を包んだ若者が闊歩するようになった。「モダン」であることが進歩であり、文化的であり、衣食住のすべてについて、モダンで文化的であることがよしとされた。洋食がブームとなり、「カレーライス・とんかつ・コロッケ」が大正の三大洋食と呼ばれた。

また、一九二〇年代はアメリカではラジオデイズと呼ばれるが、日本でも一九二五年（大正一四）に東京、大阪、名古屋でラジオ放送が始まっている。マスメディアというものが大衆をつくり出す時代の始まりでもあった。

大正時代は、大量生産時代の始まりでもある。一九一三年（大正二）、森永製菓がミルクキャラメルを発売、銀座・千疋屋《せんびきや》がフルーツパーラーと名乗った。東京電気（東芝の前身）がタングステン電球の「マツダランプ」の量産化に成功したのも一三年。洋服の普及に伴い、シンガーミシンが家庭用ミシンを発売したのも一三年である。

また、娯楽文化の花開いた時代でもあり、一九一三年には宝塚唱歌隊が設立されている。宝塚大劇場の開業は二四年（大正一三）。二〇年には大阪の梅田駅前に阪急が五階建てのビルを建て、その二階に白木屋の出張売店を設けた。これが日本初のターミナルデパートの始まりであり、阪急百貨店として開業するのは二九年（昭和四）である。郊外に住み、電車で大阪の都心に通い、休日はまた電車でさらに郊外の娯楽施設に遊びに行くというスタイルが確立された。

都心と郊外を結ぶスタイルは東京にも普及し、一九二八年（昭和三）には白木屋が五反田駅前にターミナルデパートを開業。その後、渋谷、新宿などのターミナル駅に多くの百貨店が開業した。新宿の三越は二九年、伊勢丹は三三年（昭和八）、浅草の松屋は三一年（昭和六）、渋谷の東急東横店は三四年（昭和九）に開業している。

また、一九一九年（大正八）にはカルピスが発売。二一年（大正一〇）には森永製菓がドライミルクを、二二年（大正一一）には合名会社江崎商店がグリコを発売した。また二二年には『週刊朝日』『サンデー毎日』が創刊。『文藝春秋』『アサヒグラフ』の創刊は二三年（大正一二）である。ラジオと並んで雑誌というマスメディアが誕生したのである。

一九二三年には丸の内に丸ビルができ、日比谷に帝国ホテルの新館が落成、田園調布の分譲も始まっている。前年の二二年には上野公園で平和記念東京博覧会が開催され、「文化住宅」と名付けられた赤瓦屋根の洋風小住宅が展示され、郊外住宅地は「文化村」と呼ばれた。都心がオフィスビル化し、郊外の住宅地開発が本格化したのである。

資生堂チェインストア制度が始まったのも、寿屋（現・サントリー）が国産初のウィスキーを製造したのも、現在のS&Bカレーの前身である孔雀印カレーが発売されたのも、接着剤のセメダインが発売されたのも、菊池製作所（現・タイガー魔法瓶）が虎のマークの魔法瓶を発売したのも一九二三年だ。

その一九二三年九月一日に関東大震災が起こる。これにより東京は下町を中心に壊滅したが、そのことがかえって東京をより速くモダンな都市へと変貌させていった。

昭和に入ると、日本橋三越の増改築改修工事が完成（一九三五年・昭和一〇）。すでに一九三二年（昭和七）には地下鉄の三越前駅が開業していた。三二年は今の東京二三区に当たる東京市三五区制度が成立した年である。災害に強い鉄筋コンクリート造りのアパートの建設も始まった。同潤会アパートはその典型である。

このように、第一の消費社会は、都市を中心として、当時は国民全体の一割か二割しかいなかったと言われる中流階級が消費を楽しむ時代であったと言える。しかしそこでは、現在のわれわれの生活の原型というべきもの、いわば洋風化した生活様式というものができあがってきたのである。

第二の消費社会（一九四五〜一九七四年）

一九二九年の世界大恐慌、戦中、戦後の耐乏生活を経て、日本は復興を遂げ、そして高度経済成長期が訪れる。一九五五年には、自由党と日本民主党の二大保守党が保守合同し、自由主

日本中の青空を集めたような快晴ですとNHKが実況した東京オリンピック開会式。東京の、そして日本の最良の日のひとつだ（写真／朝日新聞社）

義体制が確立され、同年、日本生産性本部、日本住宅公団が設立、五六年、日本道路公団が設立されるなど、日本は本格的に、マイホーム、マイカーに象徴されるアメリカ型の大量生産大量消費社会を追い求めることになる。すでに一九五〇年には兵庫県の西宮球場を会場として、「アメリカ博覧会」という博覧会が開催されるなど、日本人のアメリカン・ウェイ・オブ・ライフへの憧れが掻き立てられていた。

一九六〇年には所得倍増計画が発表され、六四年には東京オリンピック、六八年にはアメリカに次ぐGDPを誇る経済大国となり、「昭和元禄」という言葉が広まる。そして七〇年には大阪万博、七二年には札幌冬季五輪が成功裡に終わった。

このように、敗戦から一九七三年の第一次オイルショックで高度経済成長期が終わるまで、つまり一九四五年から七四年のマイナス成長までの丸三〇年間を第二の消費社会と定義しよう。

第一の消費社会と同様、第二の消費社会の時代にも人口の都市集中が加速した〔図表1－1〕。しかし第二の消費社会は、東京などの大都市だけに限定して見られるものではなく、全国に波及した。言うまでもなく、家電製品に代表される大量生産品の全国への普及拡大こそが第二の消費社会の最大の特徴だからである。

第一の消費社会にも、先に見たように大量生産品の普及の萌芽があったが、多くの消費財は家内制手工業的な生産によってつくられており、大量生産は難しく、必然的に高価だった。少

本番迎えるマイカー商戦

"大衆車"出そろう

サラリーマン目当てに

軽乗用車も新顔二つ

マイカー時代の到来を告げる新聞記事。「交通事故の犠牲者が１万人を越し、“車なんかなくなれ”と、国民の怒りが高まっている一方で、今年も新しい車が続々と登場する」と書いている。事故というリスクを冒してでもマイカーを欲しがる人々が多かったのであろう（朝日新聞1966年10月11日付）

数の中流階級以上のために、多数の労働者階級が物をつくり、サービスを提供していたのが第一の消費社会の実態である。

つまり、第一の消費社会では、その消費を享受するのは都市部の中流階級以上に限られており、他の多くの国民は貧困にあえいでいた。言い換えれば、第一の消費社会は「消費格差」という矛盾を孕《はら》んでいたのであり、その矛盾を解決し、全国の、より多くの国民に消費を享受する機会をもたらしたのが、第二の消費社会であったと言える。

第二の消費社会においては、本格的な近代工業化の進展によって、生活の隅々にわたって大量生産品が普及していった。三洋電機が電気洗濯機を発売した一九五三年（昭和二八）を、ジャーナリストの大宅壮一は「電化元年」と名づけた。昭和三〇年代（一九五五〜六四年）には洗濯機、冷蔵庫、テレビという「三種の神器」が一気に普及し、さらに続いて昭和四〇年代には3C（カー、クーラー、カラーテレビ）が普及し始め、アメリカン・ウェイ・オブ・ライフを模倣した生活が実現していった〈図表1-2〉。

トヨタカローラが発売されたのは一九六六年。その年はマイカー元年とも呼ばれ、自動車の普及が加速する。カローラは六九年から二〇〇一年まで三三年間連続で国内市場で販売台数日本一を維持し続け、累計三五〇〇万台を売る怪物商品となった。

自動車工業会ホームページによれば、一九五五年（昭和三〇）、通産省が「国民車構想」を発表。二〜四人乗り、最高時速一〇〇キロ以上……等の乗用車で、一九五八年（昭和三三）秋には生産開始できることが望ましいという意向だった。結局この構想は立ち消えになるが、自動車メーカーには、これに近い自動車を開発しようという意欲が芽生え、人々には政府は国民に自動車を所有させるつもりがあるという、具体的なニュースとして受けとめられた。スバル360（一九五八年・昭和三三）、三菱500、マツダR360クーペ（一九六〇年・昭和三五）等は、国民車構想を契機に開発されたと言われている。そして一九六四年、マツダファミリアセダン、六六年、日産サニー、トヨタカローラが発表され、ファミリーカーとしての地位を築くのである。そのスバル360を生んだ富士重工業が二〇一二年二月、軽自動車の生産から撤

図表1-2 主要耐久財の普及率

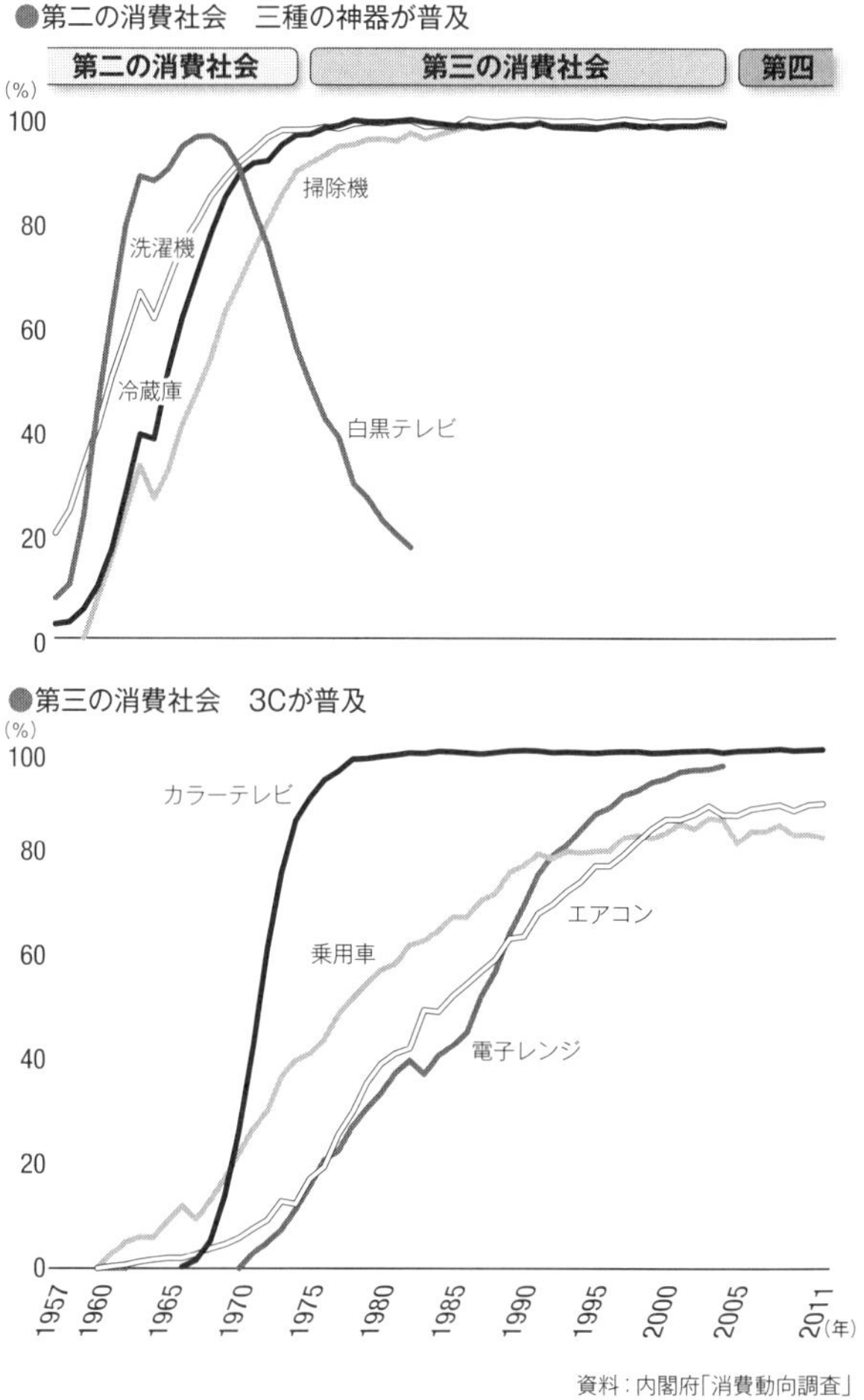

資料：内閣府「消費動向調査」

退するると発表した。隔世の感を禁じ得ない。

ちなみに、カローラの国内年間販売台数とインスタントラーメン（袋麺）の年間販売量をグラフにしてみると、ほぼ同じようなカーブを描いている〔図表1－3〕。第二の消費社会における大衆商品の特徴であろうか。

第二の消費社会の人口動態的な特徴は、消費の主な単位が夫婦と子ども二人からなる核家族であったという点である。一九五五年に七五〇万世帯だった夫婦と子どもからなる核家族世帯数は、一九七五年には一五〇〇万世帯に倍増している。地方の大家族で生まれた若者が、東京などの大都市に流入し、結婚し、子どもをつくったために、核家族世帯数が増大したのである（第二章参照）。

ただし、念のために言えば、第二の消費社会は、第一の消費社会ほどではないものの、やはりまだ大都市圏で先行した消費社会であったことは間違いない。自動車の普及もまず大都市で進み、それから地方に拡大していったし、鉄筋コンクリート造りの団地に住む洋風化したライフスタイルも、大都市圏では昭和三〇年代から始まったが、地方ではもう少し遅れて拡大する。

しかし、そうした地域差はあったにせよ、地方の人々もまた大都市の暮らしに憧れていたという意味では、第二の消費社会は、消費が全国的な広がりを持った社会だったと言えるだろう。

ちなみに自動車の保有台数は一九四五年には一四万四〇〇〇台にすぎなかったが、六〇年に

図表1-3　カローラと袋麵の販売数量

資料：トヨタ自動車株式会社、日本即席食品工業協会

図表1-4　自動車保有台数と新車登録台数

資料：国土交通省「自動車保有車両数」、日本自動車販売協会連合会、
全国軽自動車協会連合会

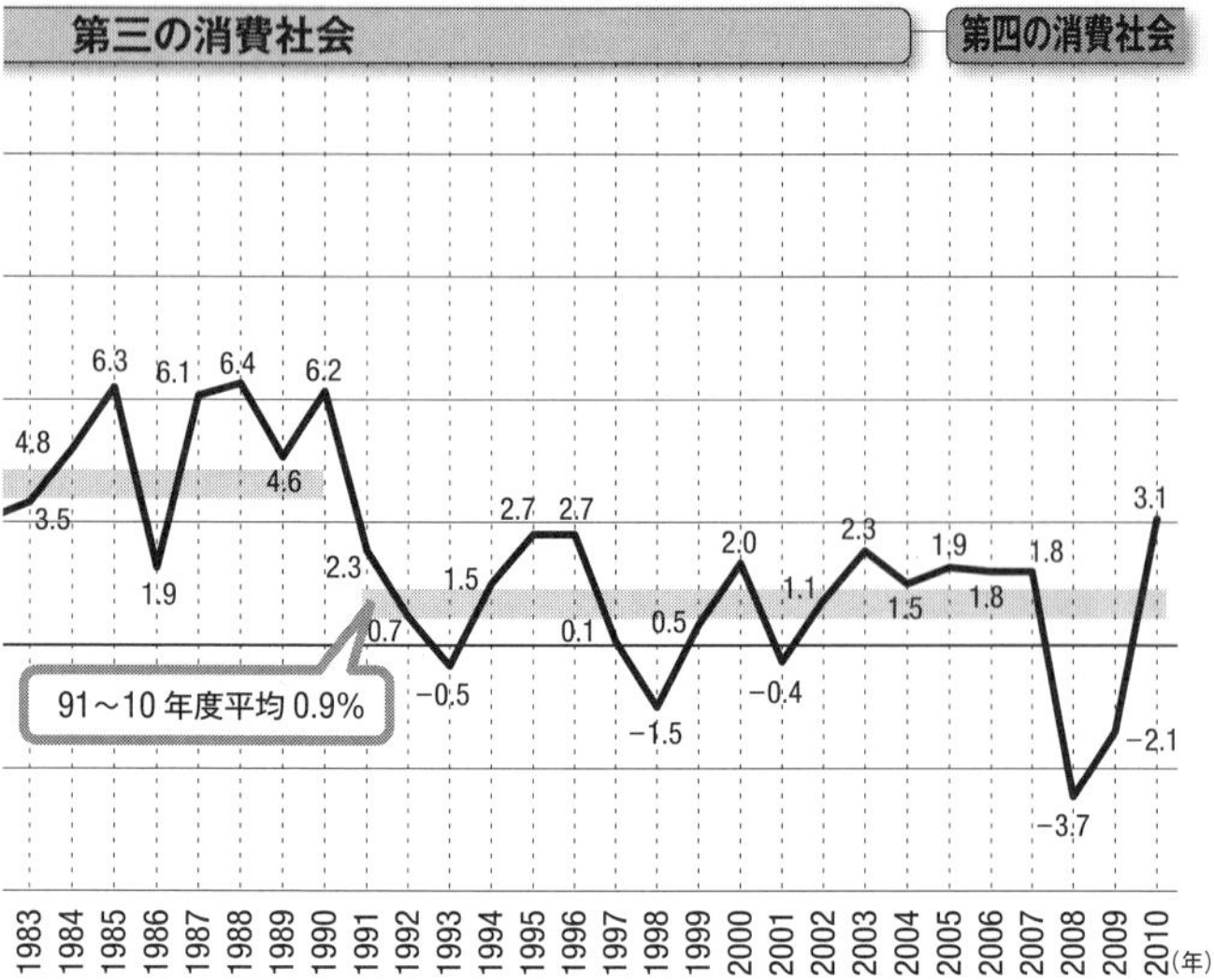

出所：社会実情データ図録ホームページ

は三四〇万台、七五年には二九一四万台に増加している。しかし、それから一五年後の九〇年にはさらに二倍以上の六〇五〇万台に増えている〔図表1－4〕。これは地方における台数が増えたためである。

この時代については、よく知られているので、説明はこれくらいでいいだろう。

第三の消費社会（一九七五～二〇〇四年）

オイルショック後は通例「低成長期」と呼ばれる。一

図表1-5 経済成長率の推移

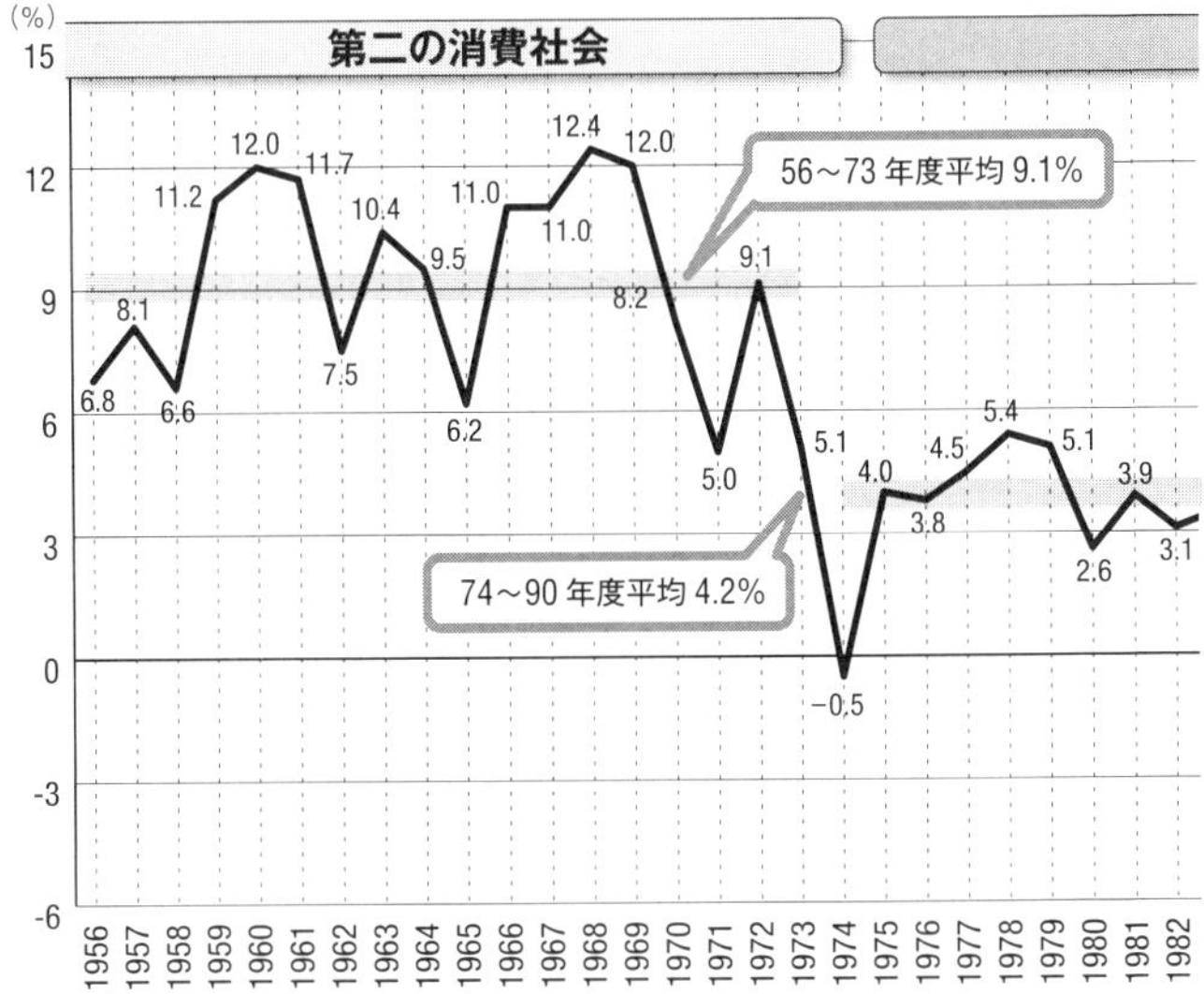

(注)年度ベース。93SNA連鎖方式推計。平均は各年度数値の単純平均。1980年度以前は「平成12年版国民経済計算年報」(63SNAベース)、1981～94年度は年報(平成21年度確報)による。それ以降は、2011年7-9月期・2次速報(2011年12月9日公表)

九五六年から七三年までの一八年間で年平均九・一%あった経済成長率は、一九七四年にマイナスとなり、七四年から九〇年までの一七年間は平均四・二%となった。バブル時代ですら、ほぼ六%台である〔図表1－5〕。九三年には地価も下がり、経済成長率は再びマイナス成長となる。その後いったん持ち直すが、九七年、九八年には北海道拓殖銀行、山一證券、日本長期信用銀行が破綻。九八年には消費税アップによる影響もあり再びマイナス成長。大体このあたりが第三の消費社会の「終わりの始まり」である。

この時代の特徴は、後で詳しく述べるが、消費の単位が家族から個人へと変化し始めたことである。「家計から個計へ」とも言われた。個人が一人で食事をする「個食」対応の食品が百貨店の食品売り場に登場したのもこの時代だ。

また、ウォークマンのように、ステレオを個人化したと言える商品も大人気となり、「軽薄短小」がヒットの秘訣だと言われた。私が八二年にパルコに入社した頃、『日経ビジネス』一九八二年二月八日号が「産業構造――軽・薄・短・小化の衝撃」という特集を組んだのが最初である。私が人生で初めておぼえたマーケティング用語だと言ってもよい。

同特集によれば、日経流通新聞が例年一二月に発表するヒット商品番付の八一年版を見ると、パソコン、軽自動車、携帯用ヘッドホンステレオ、ミニコンポステレオなどの軽薄短小商品が並んでおり、これは消費者の志向が、重厚長大なものをヤボ、古臭いと感じ、軽薄短小なものをシックで、ナウいと感じるようになったのだという。

次章で詳述するが、「軽薄短小」の背景には、未婚率の上昇、親と同居しながら消費を楽しめるパラサイト・シングルの増加、単身世帯の増加があった。このように消費が個人化した社会。これが第三の消費社会である。

図表1-6 日本の総人口と生産年齢人口の推移と予測

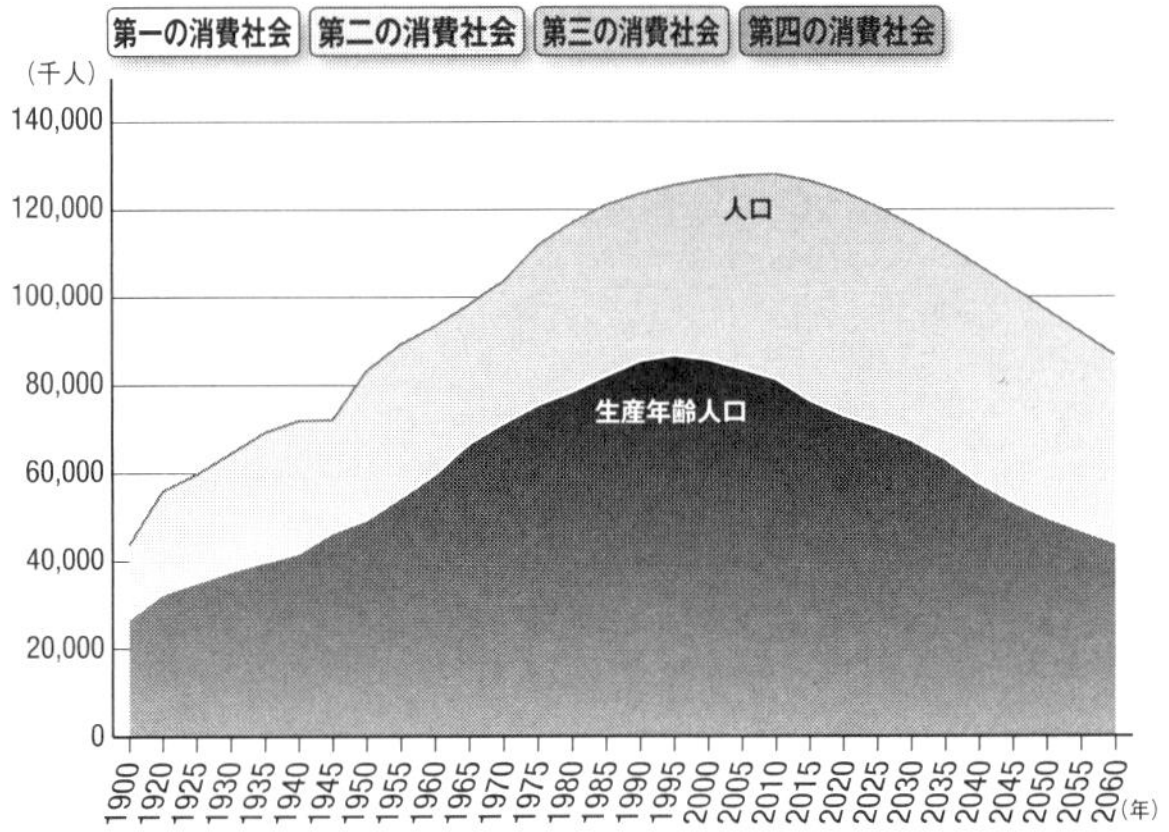

資料：総務省「国勢調査」、国立社会保障・人口問題研究所「日本の将来推計人口」（平成24年1月推計）

第四の消費社会（二〇〇五～二〇三四年）

第三の消費社会がいつ終わるか、第四の消費社会はいつから始まるか。これには敗戦やオイルショックのような誰の目にも明らかな事件はない。しかし先述した一九九七年の金融破綻が一つの大きな契機であることは間違いない。日本株式会社を代表する大企業がいくつも破綻したのである。これを一種の敗戦と考える論調も当時流行した。その意味で、九七年を変わり目と考えることはできる。

また九八年から自殺者が急増し、今日に至るまで毎年三万人以上の自殺者を記録しているのも、その頃をひとつの時代の変わり目と考える理由である。社会学者の山田昌弘は、自殺、凶悪犯、不登校児などが九八年あたりから増加していることをもって「一九九八年問題」が存在することを指摘した（『パラサイト社会のゆくえ』二〇〇四）。第三章で述べる各種意識調査を見ても、九八年以降に意識に変化が見られるものが多い（一七五ページ）。

また、一五歳から六四歳のいわゆる「生産年齢人口」が一九九五年をピークに以後減少し始めたことを一つの転換点と考えることもできる（図表1－6）。同様に、人口全体が二〇〇七年をピークに以後減少し始めたことをもって転換点と考えることもできる。生産年齢人口の減少は、いわばお金を稼ぎ出す人口の減少であるから、それはそのまま日本の経済力、購買力の低下を意味する。もちろん、人口の減少は消費総額を減少させる。それは消費社会の変質を余儀なくするからである。

第四の消費社会への移行を示すもうひとつの変化が非正規雇用者の増加である。詳しくは第三章で見るが、二〇〇一年から二〇〇六年までの小泉内閣の新自由主義路線政策は、たしかに大企業を中心とする景気回復をもたらしたが、それは「雇用なき景気回復」と呼ばれ、非正規雇用者を増やすことになった。そのことは、会社という共同体に属さない、個人化した人々の増大を意味する。第三の消費社会の特徴である個人化が、消費の単位としてだけでなく、社会的な孤立化につながる危険が拡大したのである。こうした雇用の流動化が、より人々のつながりを求める第四の消費社会の誕生を早めたと言える。

図表1-7　第一の消費社会から第四の消費社会までが重なり合いながら現在がある

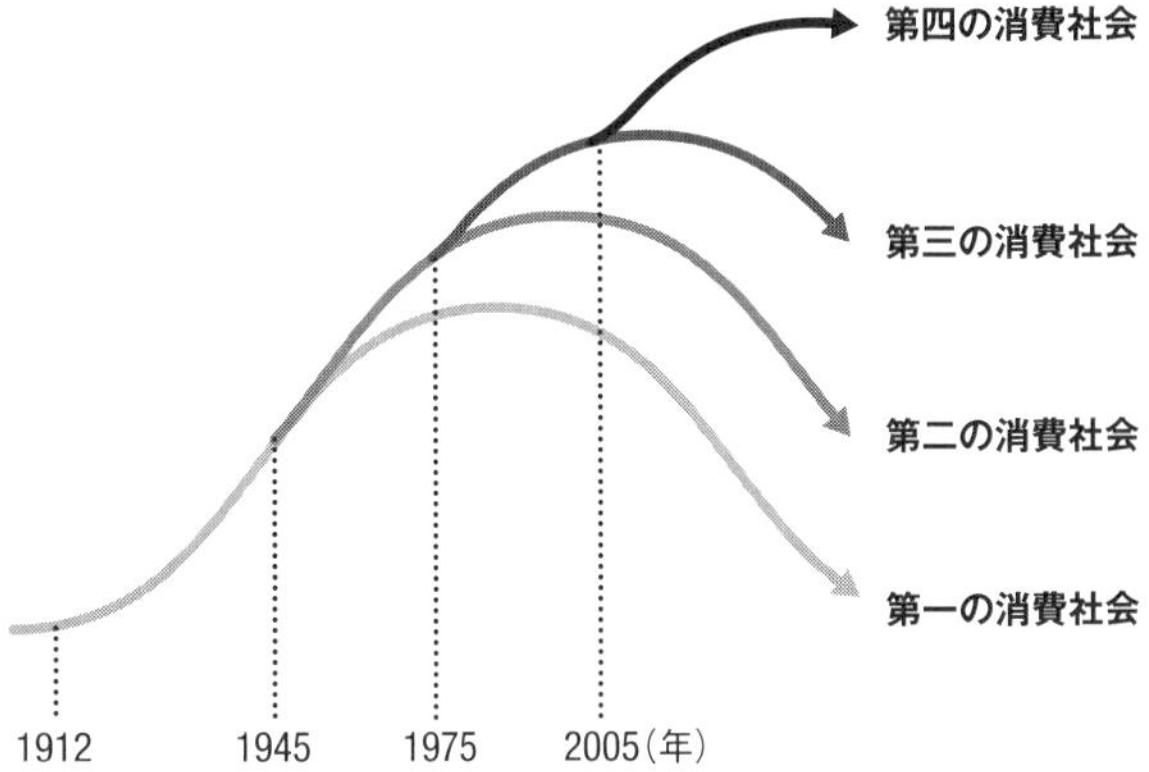

また、一九九五年の阪神淡路大震災をもって、時代の変わり目と考える人もいる。消費社会という観点からも、たしかに東日本大震災と同様、あの震災が消費社会の空しさを感じさせるとともに、家族、近隣社会、あるいはボランティア、NPOなどの人のつながりの大切さを実感させたという意味では、第四の消費社会に変わる大きな契機となったと言えるであろう。

以上のようなことから、第四の消費社会の始まりは一九九五年から二〇〇七年の間にあると言えそうだが、厳密な時代区分をすること自体が本書の目的ではないので、キリのいいところで、一九七五年から二〇〇四年の丸三〇年間が第三の消費社会、二〇〇五年から三四年の丸三〇年間が第四の消費社会だと定義しておこう。

では、第四の消費社会は、人口が減り、経済力が低下する、希望のない、暗い社会なのか。いや、そうではない。さまざまな問題が増大しているがゆえに、そこから別の新しい動きが出てきているのである。

以下、第二章、第三章では、第二の消費社会から第三の消費社会への転換、そして第三の消費社会から第四の消費社会への転換について詳しく見ていく。第一の消費社会から第二の消費社会への転換は、基本的には量的なものであり、また本書の趣旨とは離れるので、詳述は不要であろう。本書では、あくまで第二の消費社会から第三の消費社会への変化が何であったかを歴史的に検証し、さらにそれがなぜまた第四の消費社会への変化として現れるに至ったかを中心に考えていくことにしたい。

なお、念のために言っておくが、時代が第一の消費社会から第四の消費社会まで変遷したからといって、たとえば第四の消費社会になると、第三までの性格がまったくなくなってしまうわけではない。第四の消費社会になっても、第三の消費社会の性格はもちろん、第一、第二の消費社会の性格も残存する。いわば、第一から第四までの消費社会のそれぞれの性格が重層的に存在するのが第四の消費社会なのである〔図表1－7〕。

図表1−8　消費社会の四段階と消費の特徴

時代区分	第一の消費社会 1912〜1941	第二の消費社会 1945〜1974	第三の消費社会 1975〜2004	第四の消費社会 2005〜2034
社会背景	日露戦争勝利後から日中戦争まで 東京、大阪などの大都市中心 中流の誕生	敗戦、復興、高度経済成長期からオイルショックまで 大量生産、大量消費 全国的な一億総中流化	オイルショックから低成長、バブル、金融破綻、小泉改革まで 格差の拡大	リーマンショック、2つの大震災、不況の長期化、雇用の不安定化などによる所得減少 人口減少などによる消費市場の縮小
人口	人口増加	人口増加	人口微増	人口減少
出生率	5	5 → 2	2 → 1.3〜1.4	1.3〜1.4
高齢者率	5%	5% → 6%	6% → 20%	20% → 30%
国民の価値観	national 消費は私有主義だが、全体としては国家重視	family 消費は私有主義だが、家、会社重視	individual 私有主義かつ個人重視	social シェア志向 社会重視
消費の志向	洋風化 大都市志向	大量消費 大きいことはいいことだ 大都市志向 アメリカ志向	個性化 多様化 差別化 ブランド志向 大都市志向 ヨーロッパ志向	ノンブランド志向 シンプル志向 カジュアル志向 日本志向 地方志向
消費のテーマ	文化的モダン	一家に一台 マイカー マイホーム 三種の神器 3C	量から質へ 一家に数台 一人一台 一人数台	つながり 数人一台 カーシェア シェアハウス
消費の担い手	山の手中流家庭 モボ・モガ	核家族 専業主婦	単身者 パラサイト・シングル	全世代のシングル化した個人

『家庭画報』1962年9月号（三浦蔵）

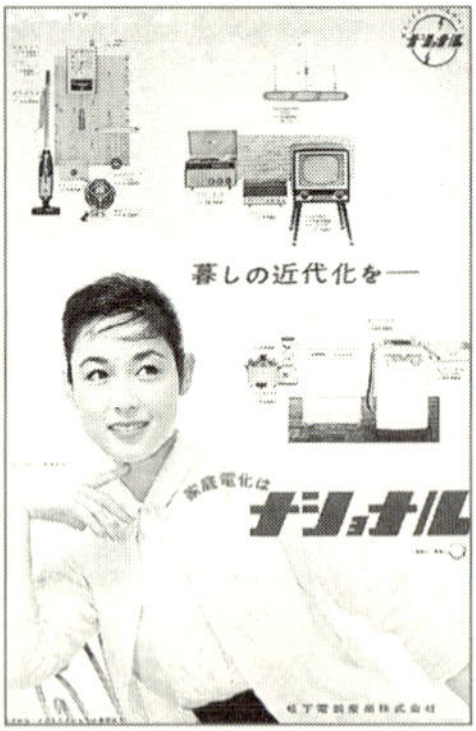

1954年の広告
トヨタ博物館『マイカー時代の訪れ』（三浦蔵）より

『サンデー毎日』1966年11月20日号（三浦蔵）

1964年の広告

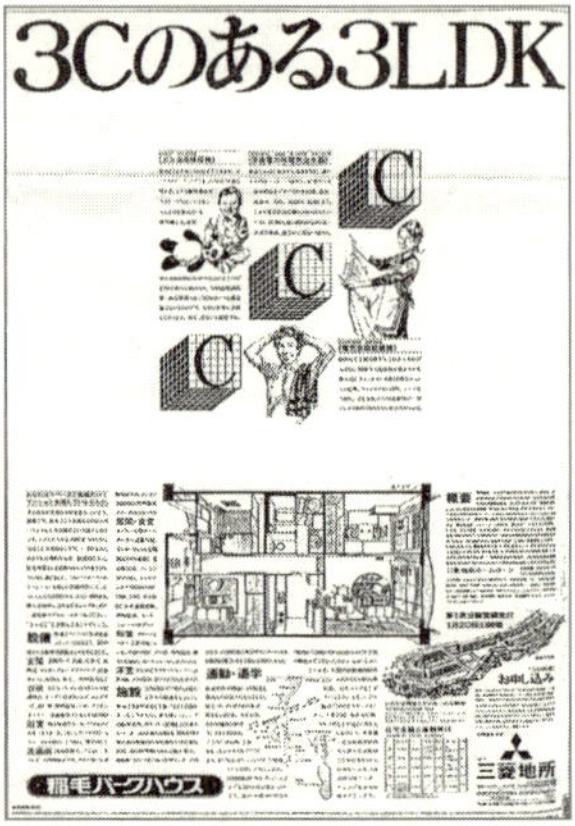

『朝日新聞』1974年（三浦蔵）

三種の神器による暮しの近代化を標榜する松下電器（現・パナソニック）の広告には大女優・若尾文子がミス・ナショナルとして起用されている。若尾は主演した映画「鎮花祭」の中でもミス・ナショナルを演じており、当時のナショナルの力の入れようがわかる。

サンウェーブの流し台の広告にはアメリカ的生活様式への憧れが見える。３Cのある３LDKは三菱地所の郊外マンションの広告。当時のマンションは高級なものだった。３Cのひとつ、マイカーも中流の憧れだった。

これまでの産業社会が値打ちを認めず、産業社会進展のためには有効でない、無駄だとしてきた需要のほうが盛んに起るということになります。あり余る「物」を産み出したのが産業社会の「豊かさ」の提示だったとすれば、これからの感性社会は潤沢な「表現」の交流とその「表現物」の生産とを「豊かさ」の証明とするでしょう、それは嘗ての「第一次豊かさ」に代って、人びとがやっと探し当てた「表現社会」の「第二次豊かさ」なのです。

藤岡和賀夫『さよなら、大衆。』一九八四年

第二章

第二の消費社会から第三の消費社会への変化

1　第二の消費社会と第三の消費社会の違い

五つの変化

第二の消費社会から第三の消費社会の変化は以下の五点である。

1 家族から個人へ（一家に一台から一人一台へ）
2 物からサービスへ
3 量から質へ（大量生産品から高級化、ブランド品へ）
4 理性、便利さから感性、自分らしさへ
5 専業主婦から働く女性へ

明治以来、日本の国民は、近代化、富国強兵という「大きな物語」を共有していた。戦後は、国家主義的なアイデンティティは否定されたが、新たに、経済大国、高度経済成長、中流化という「大きな物語」が登場した。そこでは、戦前のムラと軍隊という共同体が企業という「生産共同体」として再編され、かつその従業員は「消費共同体」としての家族を形成し、二つの

日産サニーがライバルのトヨタカローラに対して「隣りのクルマが小さく見える」と言えば、カローラは「大きくなっただけではありません。豪華な、豪華な1200です」と応酬した。まさに第二の消費社会の価値観をよく表している（左：『太陽』1970年３月号、右：同70年８月号、三浦蔵）

共同体が相互に補完しあいながら、社会を発展させる推進力となった。国民はその両輪の上に乗り、両輪を動かし、二つの共同体への所属感情を持つことによって、みずからのアイデンティティを獲得した。つまり、仕事と消費が戦後日本人のアイデンティティになったのである。

また、高度経済成長という「大きな物語」と消費とが密接に結びつけられ、「三種の神器」「マイホーム」「マイカー」「ホワイトカラー」などの新しい生活のイメージが次々と生み出されて、人々を消費へと駆り立てた。「消費は美徳」「大きいことはいいことだ」という言葉に象徴されるように、より多く消費をすることが国民、会社人、さらには家庭人としてのアイデンティティ形成にもつながっていった（拙著『「家族」と「幸福」の戦後史』〔一九九九〕参照）。

大きいことはいいことだ

第二の消費社会は、大量生産大量消費を最大の原理としていた。生産は、少品種大量生産であった。当時普及しつつあった商品は生活必需品が中心であったため、消費者は特に商品に個性を求めず、デザインなどにもこだわらず、物を買ったからである。隣の家と同じような物があればそれでよかったからである。

そして物を買い替えるときは、もっと大きな物に買い替えるのが普通だった。最初に買ったクルマはスバル360、次はトヨタパブリカ、そしてカローラ、コロナ、クラウン、最後はベンツと買い替えていく。テレビも最初は一四インチだが、二〇インチ、三〇インチと買い替えていく。これが第二の消費社会の典型的消費スタイルである。もちろん経済成長の中で給料もベア二〇%、定期昇給でさらにアップしていた時代だから、どんどん大きな物に買い替えるのは当然のことであった。みんなで映画館で映画を見る機会は急速に減少し、自宅でいながらにしてテレビを楽しむ。それはまさに私有原理の拡大であった〔図表2-1〕。

こういう「もっと大きな物」という価値観の持ち主は、第四の消費社会になっても、まだ根強く存在する。特に団塊世代は、彼らが生まれ育った時代が第二の消費社会なので、もっと大きな物を買い、私有することが幸せだという価値観が心に刷り込まれている。

図表2－1　映画館入場者数

資料：日本映画製作者連盟ホームページ

この第二の消費社会の消費の最大の特徴は、前章で述べたように家族を中心とする消費だということだ。第二の消費社会は核家族化が進んだ時代である〔図表2－2〕。若い家族が子どもの成長と共に物を買い替えていけば、必然的にクルマも家もどんどん大きな物に買い替えることになったからである。それによって経済が成長するという仕組みだった。その仕組みの中に、日本で最も人口の多い団塊世代が組み込まれ、彼らはどんどん物を買っていったのである（こうした点については、吉川洋『高度成長』［一九九七］に詳しい。あるいは拙著『これからの10年　団塊ジュニア1400万人がコア市場になる！』［二〇〇二］参照）。

均質な消費者

人口の多い団塊世代に物を売るのだから、製品はますます標準化された最大公約数的な物になる。しかも団塊世代は、今とは違い、女性であれば大半が二五歳までに結婚、出産した。男性も三〇歳までには子どもが二人できた。人口が多い世代が、同じ年齢で同じように行動するのだから、企業から見ればこんなに効率的な消費者はいない。団塊世代があまりにも巨大なかたまりとして消費をしてくれたおかげで、たしかに日本企業は成長したが、他方、日本企業のマーケティング力は伸びなかったと私は考えている。あまりに簡単に物が売れるので、緻密《ちみつ》なマーケティングをする必要がなかったからである。

本書の読者の中にもし団塊世代の方がいると、俺たちはそんなに画一的な消費者じゃない、もっとひとりひとり違うんだとおっしゃるかもしれない。しかし、誰もが口を揃えて、俺たちは画一的じゃない、個性的なんだとおっしゃるので、あれ、やはり画一的で無個性だなと思うこともしばしばだ。

冗談はともかく、本書を読むような方は、団塊世代の中でもマーケティング力という意味でエリート層が多いはずだ。そういう人はたしかに画一化を嫌い、個性を主張した。しかし大半の一般大衆はそうではない。個性と言われてもどうしていいかわからない。それが団塊世代の

多摩ニュータウンへの入居者たちの、同じような形のマイカーが列を成している。まるでベルトコンベアで運ばれていくような、いかにも第二の消費社会的な光景だ（写真／朝日新聞社、1971年撮影）

図表2-2　家族類型別世帯数の推移と予測

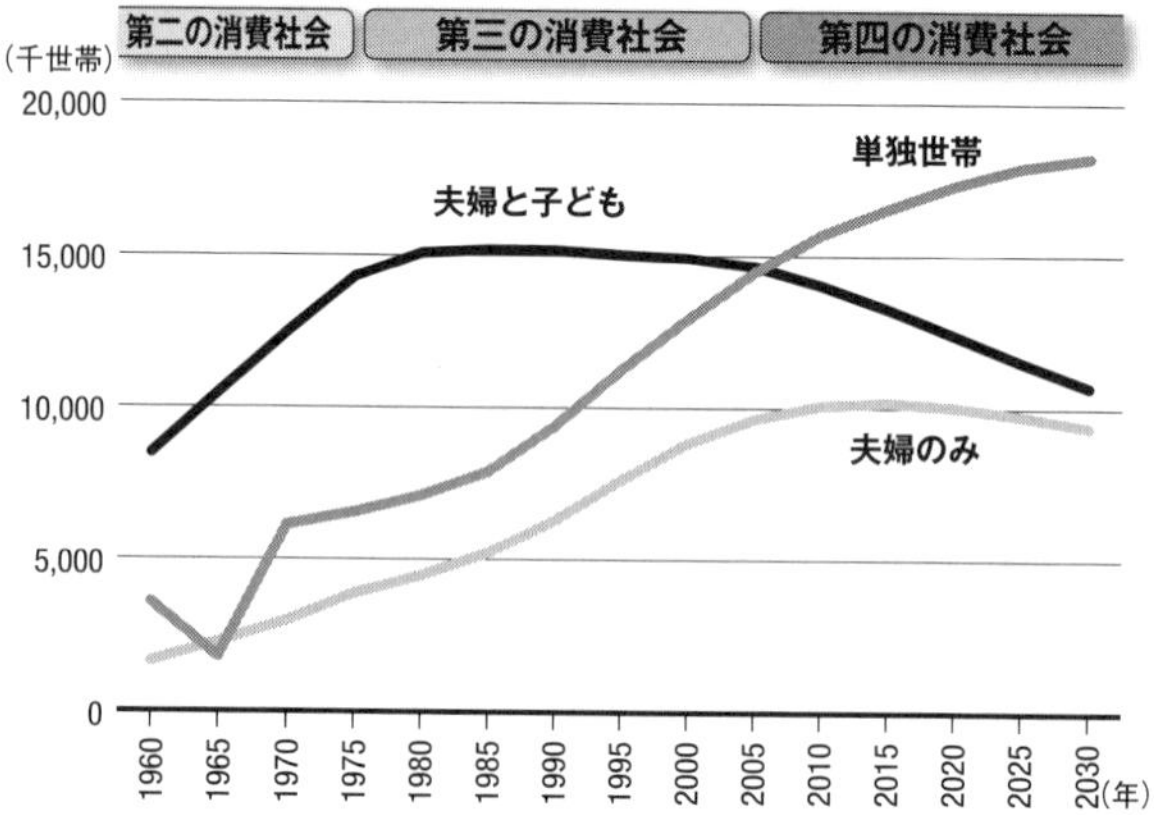

資料：総務省「国勢調査」、国立社会保障・人口問題研究所「将来推計人口」

多数派である。事実、一九八〇年頃、当時の住宅公団が多摩ニュータウンで、従来通りのありきたりの住宅ではなく、間取りが自由に選べる新しい住宅を建設したことがある。団塊世代はそうした新しい住まいを好むだろうと考えたからである。しかしその住宅は必ずしも団塊世代の人気を得ることはできなかった。彼らはもっと普通の住宅でいいと考えたのである。

ことほど左様に、大多数の団塊世代は普通の人々である。だから、家電、クルマのような工業製品だけでなく、一戸建て住宅、マンションなどの住まいも工業化、標準化され、日本中で同じ規格で、団地、マンション、ニュータウンがつくられるようになったのである。

図表2-3 住宅着工戸数

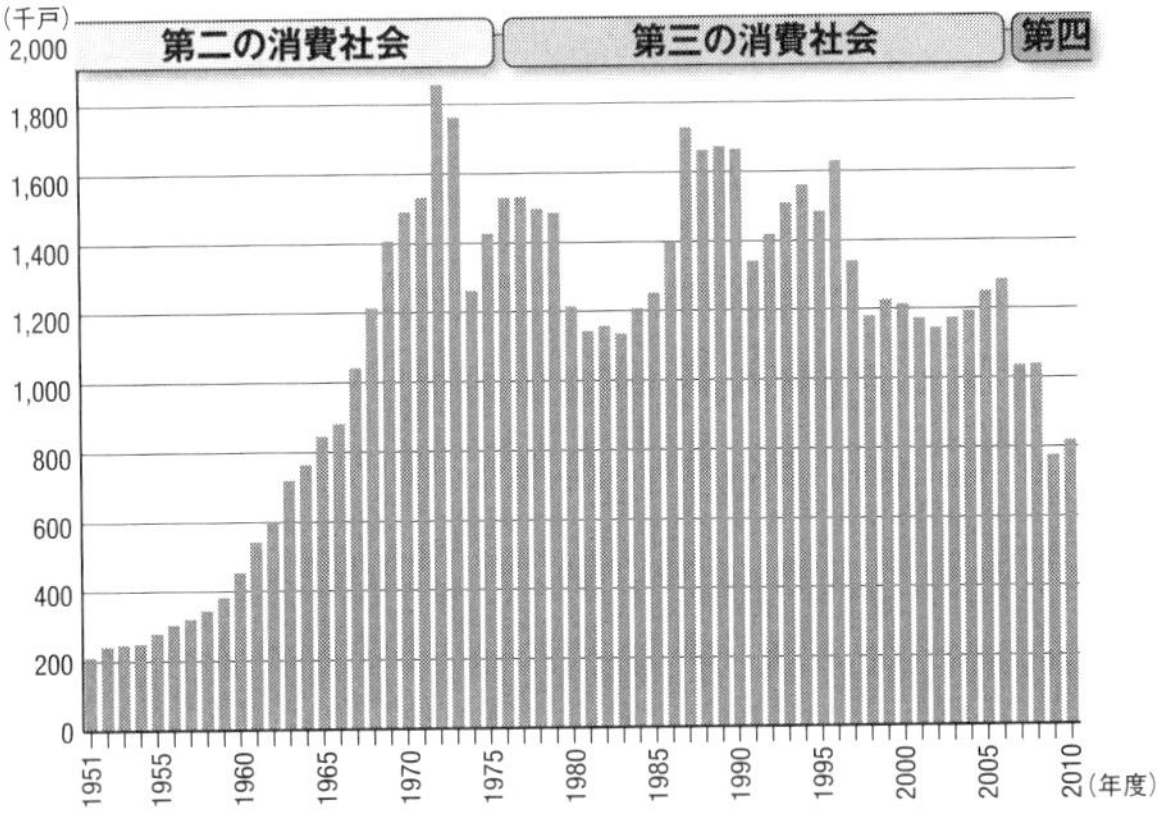

資料：国土交通省「建築着工統計」

住宅着工戸数は、第二の消費社会の初期の一九五一年には二一万戸ほどだったが、オイルショック前の七二年には一八六万戸でピークとなった。その後戸数は減るが、バブル時代にまた増加し、一九八七年に一七三万戸で再びピークとなる。しかし近年は八二万戸と、半減以上の減少ぶりを示している〔図表2－3〕。

第二の消費社会の矛盾と団塊世代の「個人性」

前章で述べたように、家の中を物で満たすのが、第二、第三の消費社会における消費者の目標であり、よろこびであり、幸福であったと言える。

ところが一九七三年のオイルショックを契機として、第二の消費社会は一気に収束する。

そして第三の消費社会が始まった。

第三の消費社会になると、第二の消費社会では当たり前だった画一的な消費行動に対する違和感が次第にふくらんでくる。もっと個性的な消費をするべきではないか、という考え方をする人が増えてくる。

先述したように、団塊世代の中でも、先端的な人たちはそのように考えるようになったし、さらに若い世代は、団塊世代のように無個性な消費をすることをかっこわるいと思うようになっていた。

一九七〇年代前半、団塊世代の男性とその恋人を描いたと思われる日産スカイラインの広告「ケンとメリー」、団塊世代同士の新婚夫婦を描いたと思しきマルイの「愛情はつらつ」などの広告が話題となった。「金曜日にはワインを」というサントリーの広告は、家族をつくりながらも、子どもからも少し離れた夫婦だけの世界を描いた。

それらは、一九六七年のレコード大賞新人賞『世界は二人のために』のごとく、あるいは七三年の大ヒット曲、「都会では自殺する若者が増えている／……だけども問題は今日の雨　傘がない／行かなくちゃ　君に逢いに」と歌った井上陽水の『傘がない』のように、社会とも会社とも離れた個人の私生活を描いたのである。

消費も変化した。家族共同体と会社共同体が一体となって歯車を回転させるためにあった消費が、より個人化していった。家事は次第に外部化され、食事は外食というサービス産業に依存する比重が高まった。衣類も、新しい物を買ったほうが安くなり、家庭で作ったり、つくろったりすることが減っていった。

かつ、オイルショックによって伸び悩む夫の収入を補うために、妻たちはパートタイムに出た。企業から見れば、正社員を雇ったり、正社員の給料を上げたりする余裕が減少した分を、主婦たちが埋めてくれるというメリットがあった。

主婦たちはパートに出たかわり、インスタント食品や調理済み食品や外食に依存するようになり、個食化を促した。しかし彼女たちが働いていたのは、まさにその食品加工業や外食産業でもあった。家で料理をしても無給だが、仕事として料理をつくれば給料がもらえる。そういう、ある意味ではちょっと不思議な現象が第三の消費社会で起こり始めた。

また、主婦たちはパートに出ることで、家計を補うと同時に、自分のために消費するお金を得るようになった。その意味でも家族を単位とする消費は、次第に個人化の方向に向かったのである。

個人化とは、言い換えれば、ひとりひとりの「こだわり」が強まるということである。今では普通に使われている「こだわり消費」という言葉はおそらく第二の消費社会までは存在せず、第三の消費社会から登場するのである。

第三の消費社会の最初の時期である一九七五年に、日本経済新聞社はまさに『消費者は変わった』というタイトルの本を書いている。そこにはこう書いてある。

一九七一年に、余暇開発センターで行ったプロジェクト調査「余暇時代における国民生活構造に関する調査研究」によれば、「物を豊富にもつ」「質素な生活をする」「自分に忠実である」など三〇項目から、「これから生活していくうえで『そうしたい』と考える度合」を選んでもらったところ、「まっさきに志向されるのは『健康で、物心ともに豊かな生活』であり、次に『自分らしさを発揮する』ということ、自分の個性を大切にし、それを表現するようつとめたり、流行やマスコミにおどらされることなく、自分の好みにかなった生活のスタイルを創っていく、といった志向であった。〝豊かさのなかで個性的に〟——煎じつめればそうしたライフスタイル志向が描き出されたということである」。「生活のなかで自分らしさにこだわる——こうしたライフスタイルはやはり新しいものとみていい」

このように、第三の消費社会は、第二の消費社会が実現した物質的な豊かさの上に、個性、自分らしさを付加していく時代として始まったのである。

政治から消費へ——新人類世代の台頭

このように、一九七〇年代前半にすでにあった個人主義的な傾向は、七〇年代後半、さらに八〇年代になると、明らかに強まっていく。かつ、そこに世代の交代が重なった。

団塊世代の下の新人類世代は、団塊世代が政治的な活動を行ったのに対して、極端な政治嫌いだったと言われる（岩間夏樹『戦後若者文化の光芒』一九九五）。新人類世代よりも少し年上の、私と同じ一九五〇年代後半生まれでも、すでにその傾向は少しあった。東大生で自民党支持が増えたとか、東大に山口百恵のファンクラブができたといったことが話題になったのも一九七〇年代後半のことだ。

もちろん、新人類世代は内発的に政治嫌いになったとは言えない。一九六九年、安田講堂が陥落し、学生運動の「終わり」が始まると、七〇年にはよど号ハイジャック事件が起こった。その後は、学生同士の「内ゲバ」、リンチ事件が多発し、七二年にはあさま山荘事件が起こる。リンチ事件により学生運動へのシンパシーが社会から薄れていったことは言うまでもない。そして七四年には、過激派による三菱重工爆破事件。それまでは、ベトナム戦争に荷担していたことを理由に一部マスメディアから批判されていた三菱重工も、この爆破事件で被害者として扱われるようになった。当事者同士の「内ゲバ」ならまだしも「一般市民」を犠牲にした過激派への批判が決定的になり、左翼へのシンパシーが消えていったのである（またこの時期を境にして、マスメディアの原発推進報道が進んだらしい）。こうした政治的な気分の変化が、当時子どもだった新人類世代の政治嫌いな性格を育んだと言える。そして、若者の関心は、政治の代わりに消費に向かったのである。あるいは、若者があまりに政治化することを嫌った「体制」の側が、若者の関心を政治から消費へと転換させたのだという見方も、あながち穿った見方ではあるまい。

政治や社会への関心の低下と並行して、いわゆる知識人の没落が第三の消費社会において進んでいった。戦後の知識人は、基本的には資本主義か社会主義か、保守か革新かという冷戦構造の対立の中で言論を述べることに存在理由を持っており、若者はそれらの知識人に学ぼうとし、また挑もうとした。その若者が政治や社会への関心を低下させれば、知識人は不要となる。また一九八〇年代を通じて東側陣営が自壊し始め、八九年にはベルリンの壁が崩壊するなど、そもそも冷戦構造自体が終わり始めていた。

だから、第三の消費社会において知識人的な役割を演じたのは、ニューアカデミズムと呼ばれる、消費資本主義に対して肯定的な、少なくともそれを全面的に否定せずに論じようとする学者たちであった。新人類世代の若者は、そのニューアカデミズムを支持し、浅田彰の『構造と力』（一九八三）が、思想書でありながら一五万部というベストセラーになり、浅田は一躍スターになったのである。

新人類世代は、第二の消費社会の後半に生まれ育った。新人類世代という言葉も『アクロス』がつくったものだが（一九八三年六月号）、そこでは一九六八年生まれを典型として考えていた。当時、ロサンジェルス五輪の前に一九六八年生まれ前後の、まだ中学生くらいの世代が次々と日本記録を打ち立てていたのが一つの大きなきっかけである。将棋の世界では林葉直子が一四歳で女流王将となり、パルコでは早速広告に彼女を使ったほどである。

それはともかく、新人類という言葉はその後『朝日ジャーナル』の「新人類の旗手たち」の連載などによって一般的に普及する。その過程で大体一九五七年から六八年生まれくらいの世代というイメージが定着していった。それはそれで間違いではない。一九五七年は、先述した住宅公団や道路公団の設立した直後であり、まさに日本が高度経済成長を始めた時期だし、六八年はアメリカに次いで世界第二位のGDPを記録した年だからだ。

しかし私はその後の世代マーケティング研究の結果から、現段階では、新人類世代を一九六三年から六九年に生まれた世代と定義するのが最も妥当であると考えるに至っている。

まず高度経済成長期が一九五五年から七三年である。そのほぼ真ん中の一九六三年から六九年に生まれた世代は、最も高度経済成長期の価値観を刷り込まれているだろう。それは東京オリンピックの前年から大阪万博の前年までの、戦後日本のいわば黄金時代でもある。

新人類世代は、東京生まれが多い世代である。なぜなら親である一九三〇年代生まれくらいの世代が、戦後東京に仕事を求めて集まり、そこで結婚し子どもを産んだからである。だから、日本全体の出生数のピークは団塊世代が生まれた一九四七年から四九年なのに、東京都の出生

図表2-4　全国の出生数と東京都の出生数

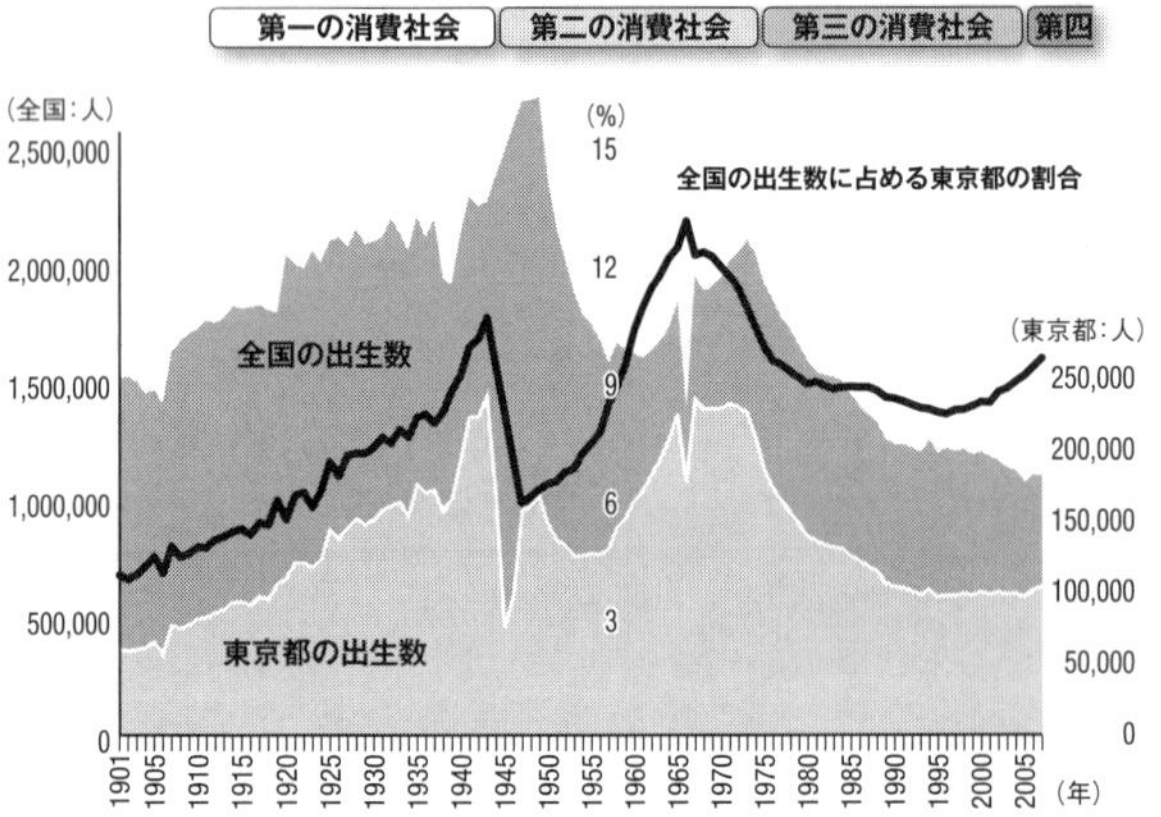

資料：「人口動態統計」より三浦展作成

数は一九六四年から七四年が、ひのえうまの六六年を除いて毎年二〇万人以上でピークとなっているのだ〔図表2-4〕。

もうひとつ、東京都の出生数は一九四一年から四三年も毎年二〇万人以上だが、四一年から四三年に生まれた女性は六四年くらいから出産し始めただろうから、新人類世代は、親の代から東京生まれが多いのではないかと思われる。

また、新人類世代全体に占める東京生まれの割合のピークは一九六二年から七二年である。こうしたことなどから総合的に考えて、新人類世代は、一九六〇年代生まれ、特に六三年から六九年に生まれた世代だと考えるに至ったのである。

就職という意味でも、この期間に生まれ

た人は、大卒なら八六年から九二年入社、短大なら八四年から九〇年入社であり、バブル前期から本格的な氷河期直前までなので、非常に有利に就職ができている。そういう意味でもこの期間に生まれた世代が最もバブル的で、新人類世代的だと言えるだろうと思う。

生まれながらの消費者

高度経済成長期の真っ只中に生まれ、かつ東京生まれ、東京育ちの多い新人類世代は、必然的に消費意欲が強くなる。子どもの頃から親に連れられて銀座に行くのも当たり前。高校生になれば渋谷あたりで遊ぶ。一九六三年から六九年生まれが高校生だった時期は七九年から八七年だから、まさに私がパルコに入った頃が、彼らの全盛期だったのだ。そして彼らが第三の消費社会を担っていくのである。

第二の消費社会に生まれ育った団塊世代が成人するのは六七年から六九年である。GDPが世界第二位となった頃である。第三の消費社会をリードする新人類世代が成人するのは八三年から八九年。まさにバブル前夜からバブルのピーク時代である。

団塊世代と新人類世代は、まったく異なる特徴を持った世代だが、物質主義的な傾向が強いところは共通している。物質主義では言い過ぎなら、物を買うと幸せになれると思う傾向である。これは第四の消費社会には弱まる傾向である。

新人類世代の子ども時代、日本はあらかじめ経済大国であった。物心がつくころには、家の中には家電一式が揃っていた。団塊世代のように、家に初めてテレビが来た日を覚えている人は新人類世代には稀であろう。一家に一台は当たり前であった。特に、消費の最先端を走る東京ではそうだったであろう。

しかし、一家に一台が当たり前になって、市場が飽和しては、家電メーカーは困る。そこでメーカーが取った戦略は一人一台、一部屋一台である。テレビも、お茶の間以外に寝室にも、子ども部屋にも欲しい。電話も子機を付けよう。クルマもお父さんのゴルフ用とお母さんの買い物用を分けよう。ステレオも、応接間でクラシックを聴くためのものと、息子がロックを聴くためのミニコンポと、娘がユーミンを聴くためのラジカセは別にしよう。エアコンも一部屋一台付けよう。こういう形で、一家に二台、三台と物を増やしていくように消費者は欲望を刺激されたのである。

こうした「家族から個人へ」という変化を最も象徴する商品が、ソニーのウォークマンであろう。一九七九年に発売され、八一年にはさらに小型化し、デザインも洗練された二代目「WM-2」が登場。その後、九八年度末までにカセットテープタイプのウォークマンだけで一億八六〇〇万台を出荷した。ウォークマンを付けて街を歩いたのはまさに、当時高校生から大学生になり始めた新人類世代であった。

2　消費の高度化、個人化

パラサイト・シングル

一九八〇年代は、未婚化傾向が強まり、二〇代後半になっても結婚しない男女が増え、そのまま親元で暮らすパラサイト・シングルが増えた時代である〔図表2－5〕。これは、高校を卒業して地方から大学や就職で上京するという人が減ったためであり、親元から大学や会社に通える人が増えたからである。それは、住居費などの基礎的な生活費を自分で支払わずに、自分の給料や小遣いを自分だけのために使える若者を増加させた。必然的に一人一台という需要がますます増大していった。

総務省統計局の集計によれば、一九八〇年には二〇～三四歳の未婚男性のうち、親と同居している者の割合、つまりパラサイト・シングル率は三二・九％、女性は二六・一％だったが、九〇年には男性が四四・六％、女性が三八・八％に増加している〔図表2－6〕。その後もパラサイト・シングル率は増加し続けているが、八〇年代の伸びが大きいことは明らかだ。これは先述したように、八〇年代の二〇～三四歳には、一九六〇年代生まれが含まれるため、親の家がもともと東京にあった人が急増したからである。絶対数で見ても、一九八〇年から九七年にかけて二〇～三四歳のパラサイト・シングルが増加しており、男性は四五八万人から六三八万人、女性は三五九万人から五六三万人に増加している〔図表2－7〕。

女性誌の分野でも、七七年に二五歳向けの『MORE』、八〇年に『コスモポリタン』と『とらばーゆ』が創刊するなど、女性が二五歳を過ぎても結婚せずに、転職をしてでも働き続ける傾向が次第に広がっていった。

住居費などの生活費の支出がなくてすむパラサイト・シングルが、旺盛な消費意欲を持ったことは言うまでもない。彼らの消費は主としてファッションに向かった。

先述したように私はまさに新人類世代が高校、大学に入った頃、一九八二年にパルコに入社したが、入社早々に書かされた記事が渋谷パルコ・パート2の売上げについてだ。当時パート2は、コム・デ・ギャルソン、イッセイ・ミヤケ、ワイズなどのDCブランドの売上げが急増していた。前年比三割増くらいであった。

それが八三年になるとさらに加速し、マルイなどでもDCブランドが売られるようになると、DCブランド各社の売上げは飛躍的に上昇し、前年の三倍以上という企業すらあった。まったく驚くべき数字であり、バブル時代以前にもDCブランドはバブル的に成長したのである。

ところが、そのパルコ・パート2がここ数年空きビルになり、このたびパルコの手を離れて、

図表2-5　年齢別未婚率の推移

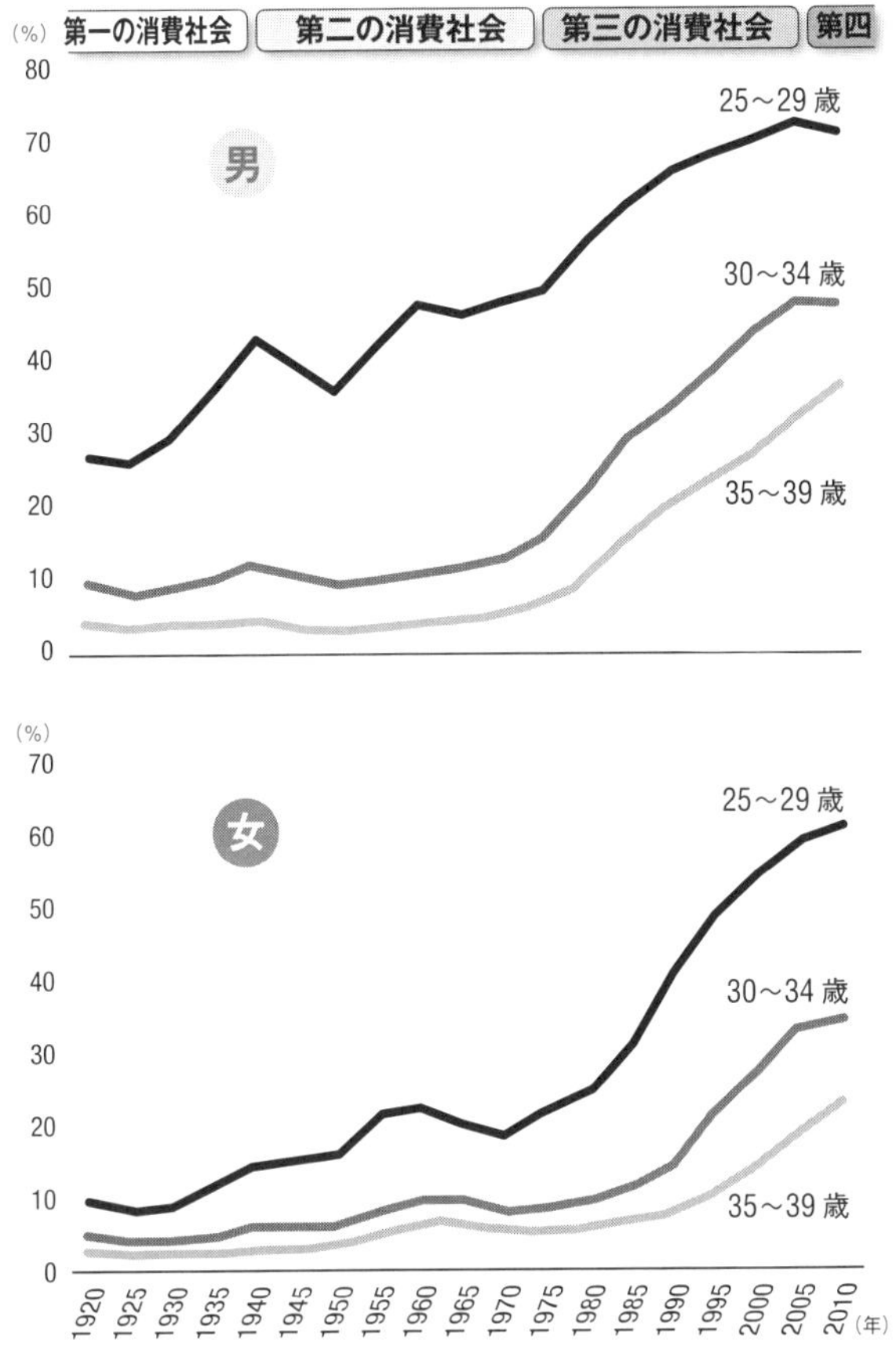

(注)配偶関係未詳を除く人口に占める構成比。2010年は抽出速報集計による。
資料：国勢調査(2005年以前「日本の長期統計系列」)

建て替えられるという。盛者必衰の理を感じざるを得ない。

図表2-6　未婚者に占めるパラサイト・シングルの割合

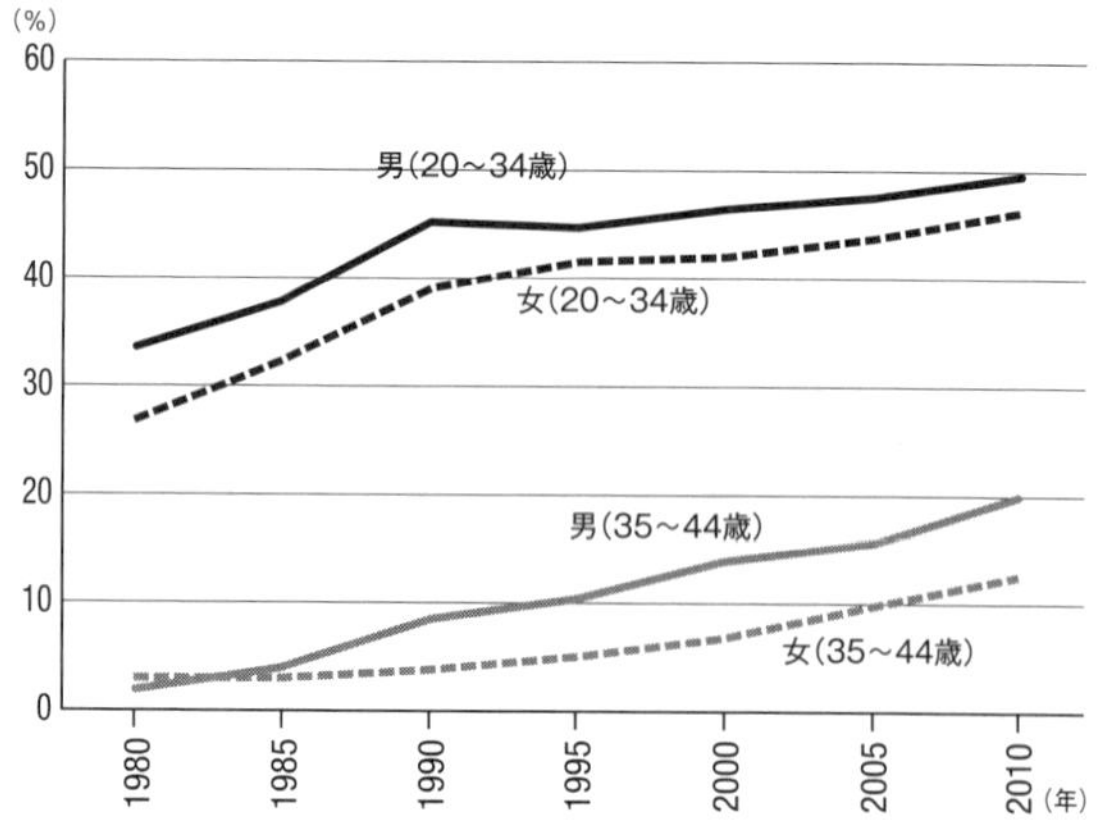

資料：総務省統計研修所ホームページ

家電から個電へ

また、二〇代の未婚率や単独世帯の増加により、「家電から個電へ」という変化が加速した。

腕時計などは、今では一人数個持っているのが普通だろうが、三〇年前は違った。私が八二年の入社早々に担当したもう一つの記事が腕時計の調査だが、ちょうどその頃、セイコーは「なぜ、時計も着替えないの」という広告を打っていた（このコピー自体は一九七九年から始まった）。仕事用とデート用とスポーツ用と、腕時計も複数持ちましょうという提案である。そういう提

図表2-7　男女別親と同居の未婚者数の推移

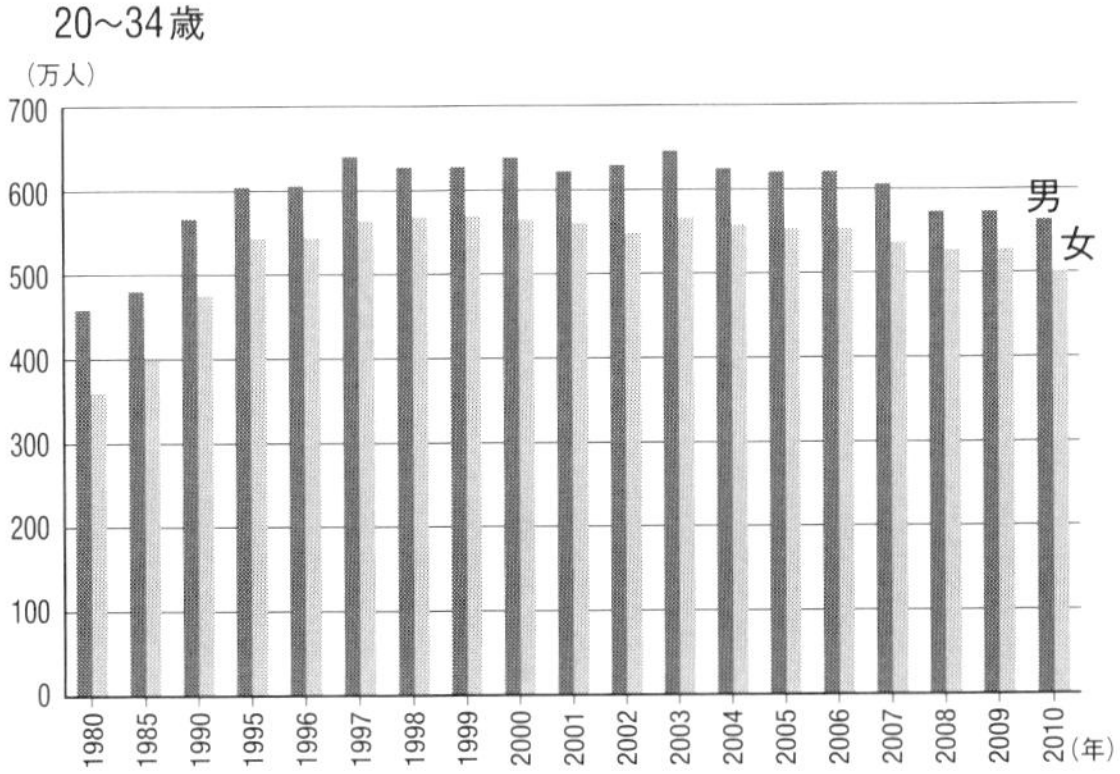

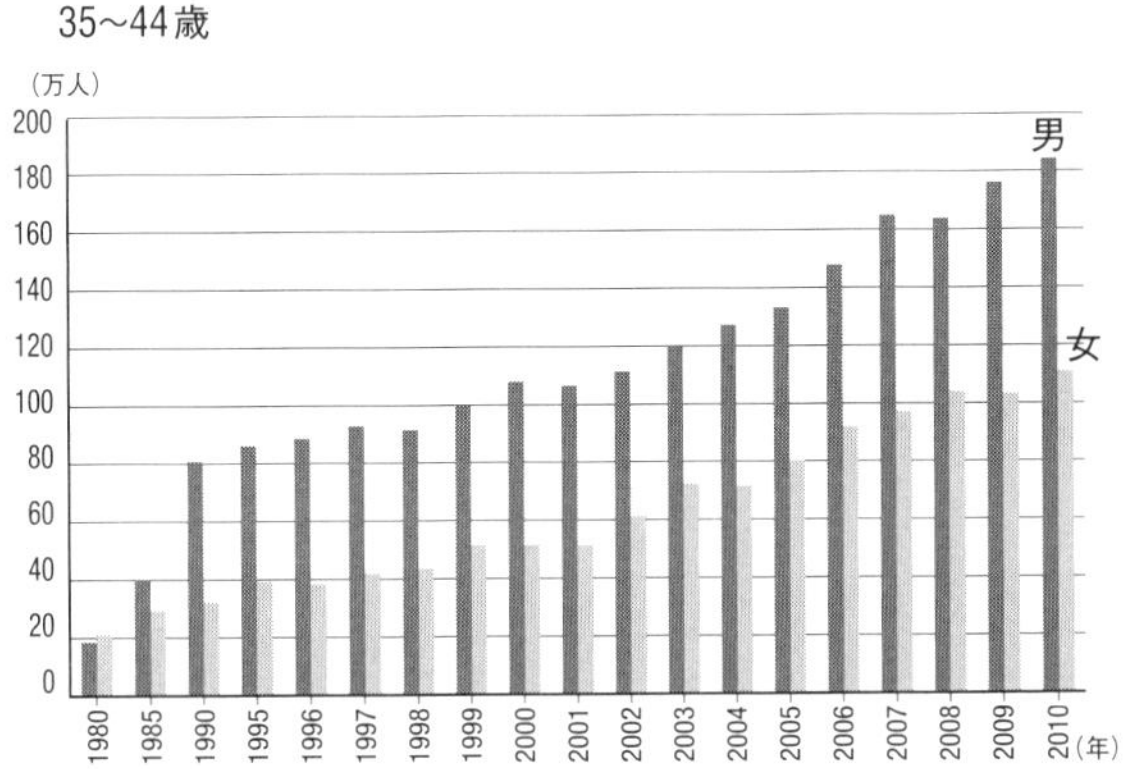

資料：総務省統計研修所ホームページ

案がされるくらい、当時は腕時計は一人一個だったのだ。

また、今の若い人にはわからないかもしれないが、一九六〇年代前半の若い一人暮らしの部屋には、家電製品はほとんどなかった。アパートに一人暮らしをすることすら多数派ではなく、工場や商店に住み込みで働くことが当たり前だった。あるいは賄《まかな》い付きの下宿屋や会社の寮に一部屋二人以上で住むことが普通であって、一人で一つの部屋に住む若者が増えたのは一九六〇年代後半からであろう。だから、一人暮らしの若者と言っても、テレビや家電製品が部屋に揃うようになったのは一九七〇年代以降である。

経済企画庁（現・内閣府）の統計により、単身者（三〇歳未満）の主要耐久消費財の保有数量（一〇〇〇世帯当たり）を見ると、一九六九年には冷蔵庫ですら一〇〇〇世帯当たり八六世帯しか所有していない〔図表2-8〕。これが七九年になると、六三〇世帯が所有している。二〇〇四年は九〇二世帯である。掃除機、洗濯機も同様の伸びを示している。単身者が家電を揃えるようになったのは一九七〇年代後半からなのだ。まさに第三の消費社会が始まって、家族から個人へと消費の単位が変わっていったときに、単身者における耐久財所有が伸びたのである。

また、近年は炊飯器よりも電子レンジのほうが保有数量が多い。ご飯を炊飯器で炊くのではなく、コンビニで買った冷凍のごはんやおかずを電子レンジで温めて食べるほうが増えたからである。

図表2-8 単身者(30歳未満)の主要耐久消費財の保有数量
(1,000世帯当たり)

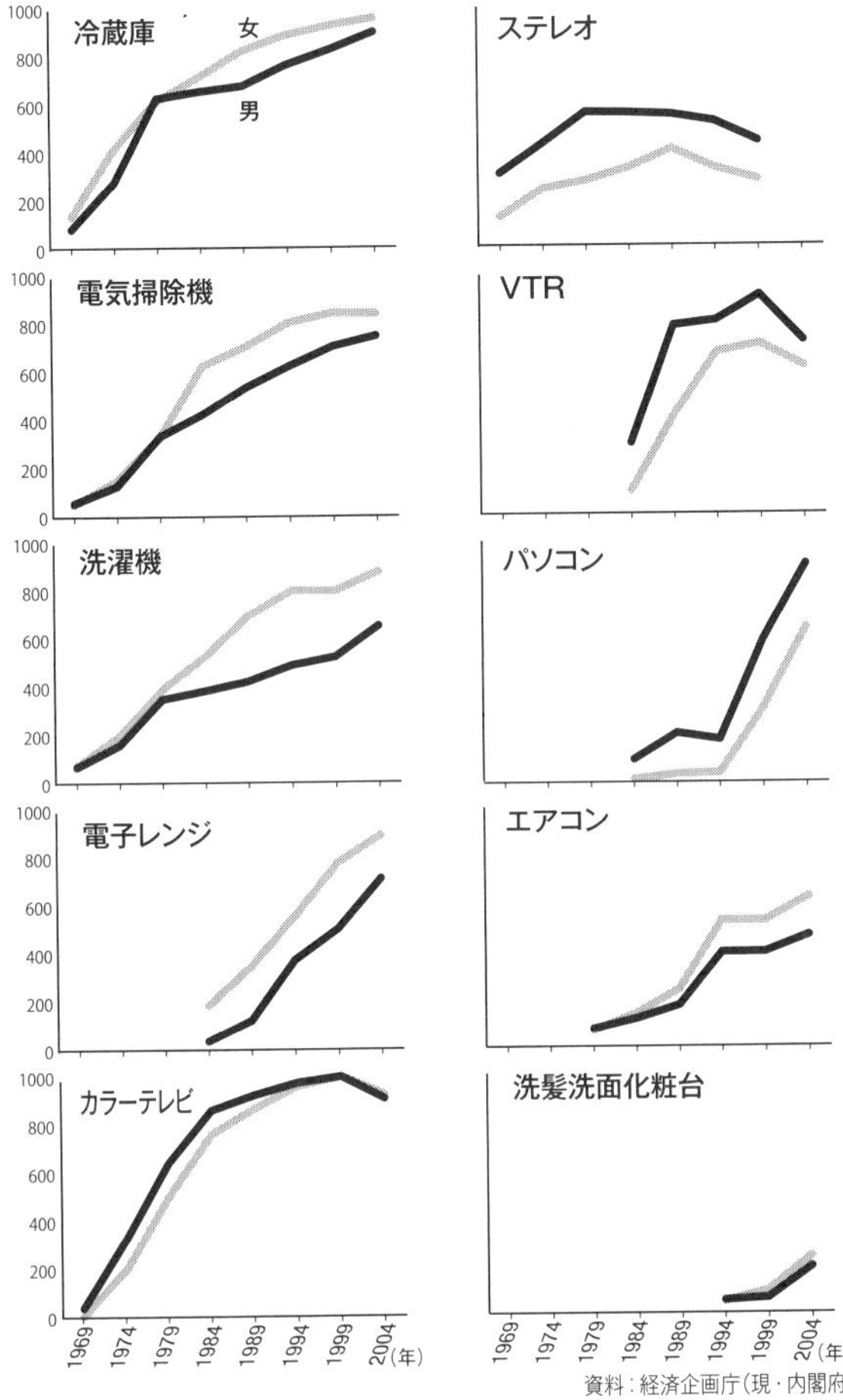

資料：経済企画庁(現・内閣府)

「消費」から「創費」へ

個人化に対応する形で、第三の消費社会では多様化、ファッション化が重視された。もっと自分らしいものが欲しい、個性は人それぞれ違うのだから商品のデザイン、機能などは多様化すべきだ、そして若い女性を狙うならファッション性が必要だ、しかし、女性も従来の女性らしさの枠に閉じ込められているだけではいけないとも考えられた。

パルコで言えば一九七五年の「裸を見るな。裸になれ。」「モデルだって顔だけじゃダメなんだ。」、西武百貨店で言えば一九八〇年の「じぶん、新発見。」という広告が、自分の時代、個性の時代の始まりを告げていた。

また、パルコでは『アクロス』で一九八三年から「創費者」という概念を提案した。これは一般に広まった概念ではなく、あくまでパルコが『アクロス』を通じて提起していた概念にとどまったが、『アクロス』は電通、博報堂などの広告代理店が数多く定期購読していた雑誌なので、その考え方自体はかなり広まったのではないかと思われる。

創費者という言葉を考えたのは、「第四山の手」同様、当時のパルコの専務増田通二だ。増田はある日、われわれ『アクロス』のスタッフに言った（「第四山の手」については拙著『郊外はこれからどうなる？』［二〇一一］参照）。

「消費ってのは何なんだろうね。消して、費やすって。消費者は物を買って、消して費やしているわけじゃないだろう。パルコでファッションを買う、インテリアを買うってのは、スーパーで大根買ってるんじゃないんだから、単なる消費じゃないだろ。創造しているんだろう。自分のライフスタイルを創造するために消費する。だから消費じゃなくて、創費だ」

会社や家族という集団に縛られない個人を求める風潮を表す広告が1975年以降増えた（アド・ミュージアム東京所蔵）

正確な言葉は覚えていないが、そういう趣旨のことを言ったと思う。創造するのは自分のライフスタイル、生き方。そのお手伝いをするのがパルコ。そういう発想だったと思う。

社会学などで学ぶ大衆社会の消費者は、砂のようにバラバラで、無力で、企業の言うなりに動かされる存在である。たしかに、テレビで奥様番組を見て、そこで宣伝される洗剤や食品の広告を見て、そして夕方スーパーに行くと、実際その商品が並んでいて、あ、これ、さっき宣伝していた商品だわ、といって買う。これはまさにマーケティング的に計算されたという意味で「合理的」な消費者行動である。このように「合理的」に消費者が行動してくれなければ広告を打つ意味がない。消費者は企業の意のままに、と言ったら言い過ぎだが、企業の出す情報に対して受動的に接している。

社会学を学んだ人間が広告代理店などに入社してマーケティングの仕事をするケースは多い。しかし、社会学というのは大衆を煽動する権力を批判する学問なのに、広告やマーケティングというのは消費者を踊らせるのが仕事であるから、社会学を学んだ人間は忸怩たる思いがする。

ところがパルコでは、消費者は受動的で弱い存在ではなく、能動的で強い、創造的な存在であると考えていた。ファッションのように不要不急の、生活必需品ではない物を買うのだから、消費者は商品をよく吟味する。大根や洗剤やインスタントラーメンなら人と同じ物を買うのでよいが、ファッションとなると、自分に似合う物、自分が最も素敵に見える物を買う必要がある。しかも流行も取り入れたい。そういうふうにいろいろなことを考えてパルコに来て服を選ぶわけだから、そう簡単にホイホイ買ってくれない。むしろ消費者のほうがパルコより強い立場にある。パルコが流行をつくって、それに消費者が乗るのではない。消費者が彼ら自身の相互作用によって流行を生み出すのであって、パルコはそれをいち早くキャッチして、対応していかねばならない。そういう考え方をしていたのである。

そんなに消費者は強いのか、と疑問に思われるかもしれないが、少なくともファッションの分野では、今では、街を歩く読者モデルが人気となっている。ファッション業界が提案する流行ではなく、街を歩く人々がお互いに、あ、あの服いいね、あの着こなしかっこいいね、と感じ取り合いながら、流行が生まれていくようになったのである。企業が発信する情報を鵜呑みにするのではなく、みずからが情報を発信する消費者。それが創費者であった。思えば渋谷パルコの開店時の広告コピーは「すれちがう人が美しい。渋谷公園通り」だった。まさに、街を歩く消費者自身が主役であるという意味であった。

この考え方は、非常に第三の消費社会的である。と同時に、第四の消費社会の萌芽を感じさせる。個人の生き方、ライフスタイルに合う物を買おうとする意味で第三の消費社会的であり、消費者、生活者のほうが主体となっているという意味で第四の消費社会的なのである。

第三の消費社会の消費が、単に消して費やす消費でなく、創造する消費だとするなら、創造のためには、その創造したものを見せる他者が必要である。大根を買うのに他者の視線も評価もいらない。しかし、ファッションを買う、着るからには、自分の欲求の充足だけでなく、他者からの賛同、賞賛、羨望などの視線が必要である。そのように評価されるように人はファッションを選ぶ。

『アクロス』一九八三年四月号「二元化する価値基準と『創費』マーケットの構造」によれば、商品にはまず「生きるために必要な商品（最低限の衣食住）」、第二に「社会生活を営むために必要な商品（ラジオ・テレビ・車など）」、第三に「差別化する、自己主張するための商品（流行・ブランド・毛皮など）」があり、第四に「自己啓発及び内的充足が得られるような商品（趣味、読書、芸術…）」があり、創費は第四の商品を買うことであると書いている。たまたまこの商品の四段階は、本書の第一から第四の消費社会に対応していると言える。

そのような意味で創費は、第四の消費社会における「共費」とやや通ずる、「確立した個人同士による他者との共同作業としての消費」という側面を持っていたと言えるかもしれない。その点についてはまた次章で述べる。

余談だが、私はマーケティング雑誌の編集に携わるようになった当初、この「差別化」という言葉にかなり違和感があった。一般的に、特に社会学、社会政策を学んだ人間にとって差別というものは悪いものである。なのにマーケティングの世界では日常的に、大げさでなく日に何度でも差別化という言葉を使う。それに最初抵抗があったのである。

もちろん社会的な差別（discrimination《ディスクリミネーション》）とマーケティングにおける差別（differentiation《ディファレンシエーション》）とは異なるだろうが、とはいえまったく別とも言いがたい。人と違うこと、違うことを見せびらかすこと、違うことで自分が優位に立つと思うこと、差別化とはそういう価値観だからである。

スーパーからコンビニへ

消費の個人化は、業態で言えば、コンビニエンスストアの売上げを伸ばした。第二の消費社

図表2-9　百貨店、スーパー、コンビニ、通信販売の売上高

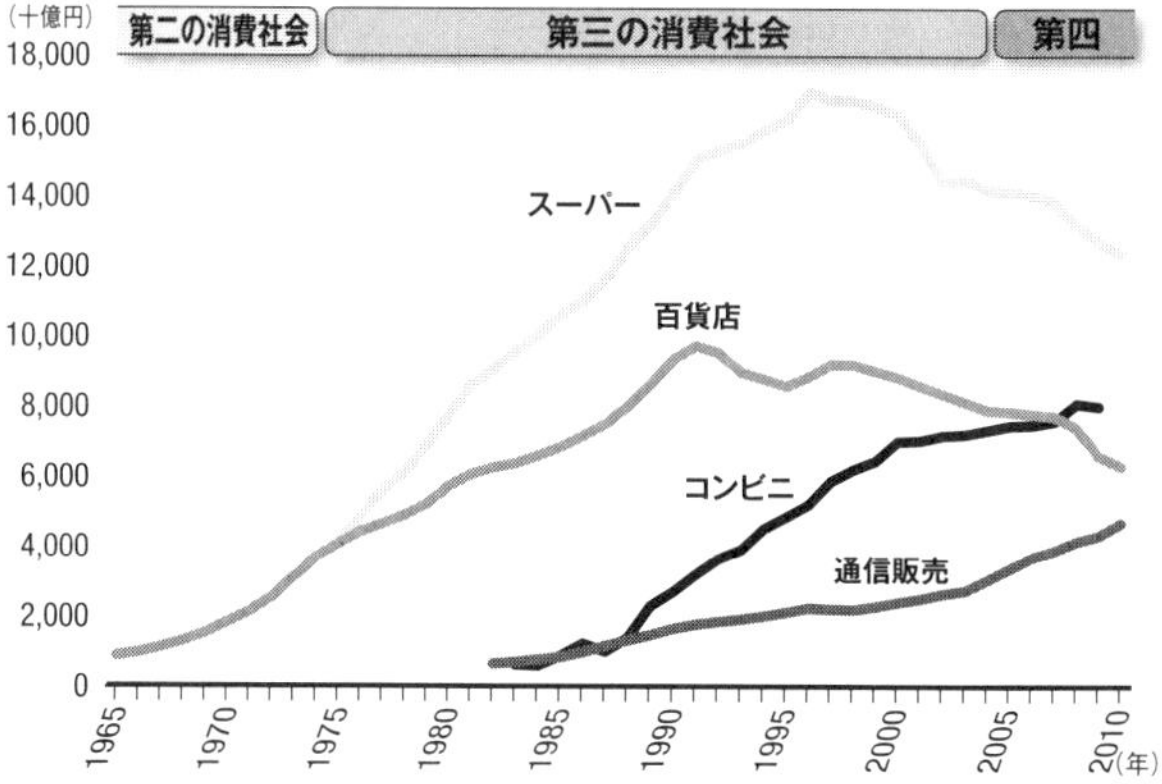

資料：日本百貨店協会、日本チェーンストア協会、日本フランチャイズチェーン協会、日本通信販売協会

会では家族が消費の主たる単位だから、伸びたのはスーパーマーケットの売上げである〔図表2−9〕。一九七二年にはダイエーの売上げが三越を抜くという歴史的な事件もあった。百貨店は前章で書いたように第一の消費社会の業態である。百貨店の売上げはバブル時代にピークを迎え、以来二十年以上売上げを低下させている。百貨店は、第三の消費社会のブランド志向の高まりによって売上げを伸ばしたが、第四の消費社会においてはかなり存立が難しくなっていると言える。

　コンビニエンスストアは一九七四年のセブン−イレブン豊洲店が最初と言われるが、今では全国に約五万店があり、売上高は八兆円を超え、すでに百貨店の売上高をはる

図表2-10　外食産業とカップ麺

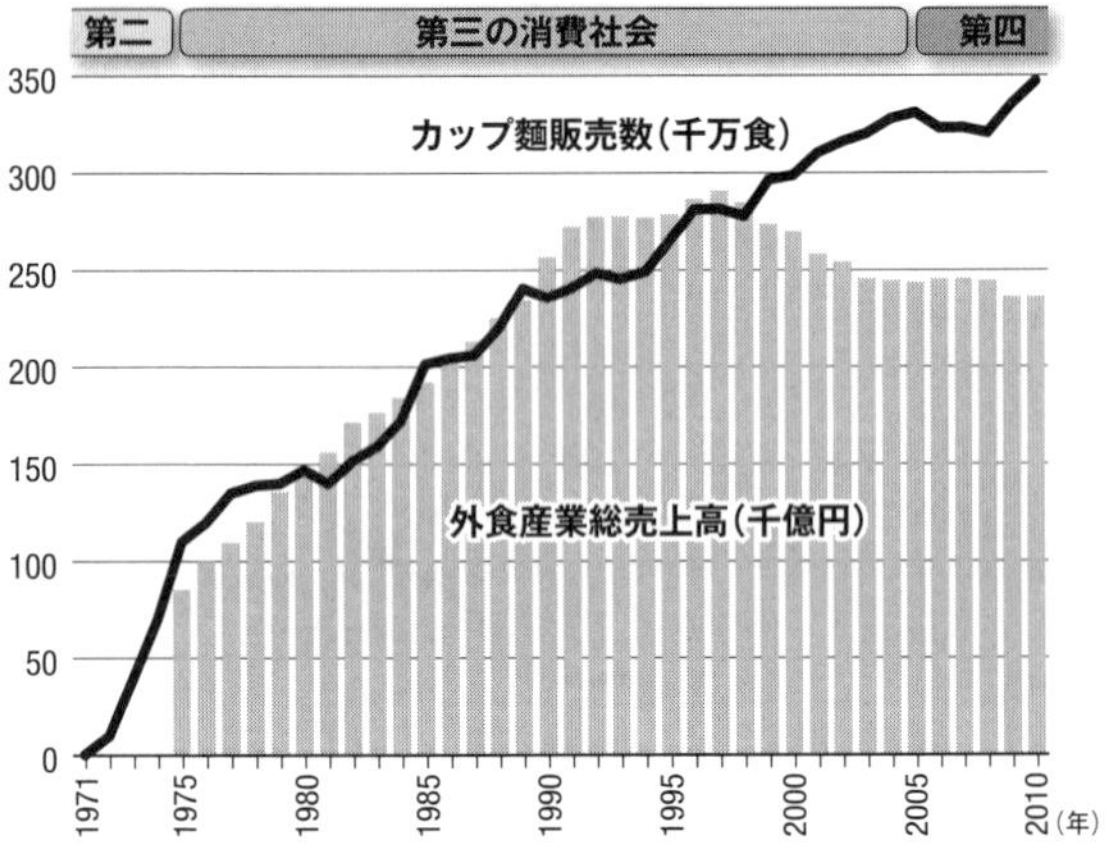

資料：食の安心・安全財団、日本即席食品工業協会

かに上回っている。第二の消費社会の業態であるスーパーも、コンビニに押されて売上げを減らしている。

また近年は、インターネットの発達、女性の就業に伴う生活時間の変化などを背景に、通信販売の売上げが伸びている。

物からサービスへ——外食産業の成長

また、消費の個人化は、消費の構造を物からサービスへと変化させた。個人化した消費者は、たとえば食事をするにも、自分で物を買ってつくるのではなく、外食をするケースが増える。物の消費ではなくサービスの消費が増えるのである。

そこで成長したのが、ファミリーレストラン、ファストフード店などの外食産業である。

図表2-11　外食率と食の外部化率の推移

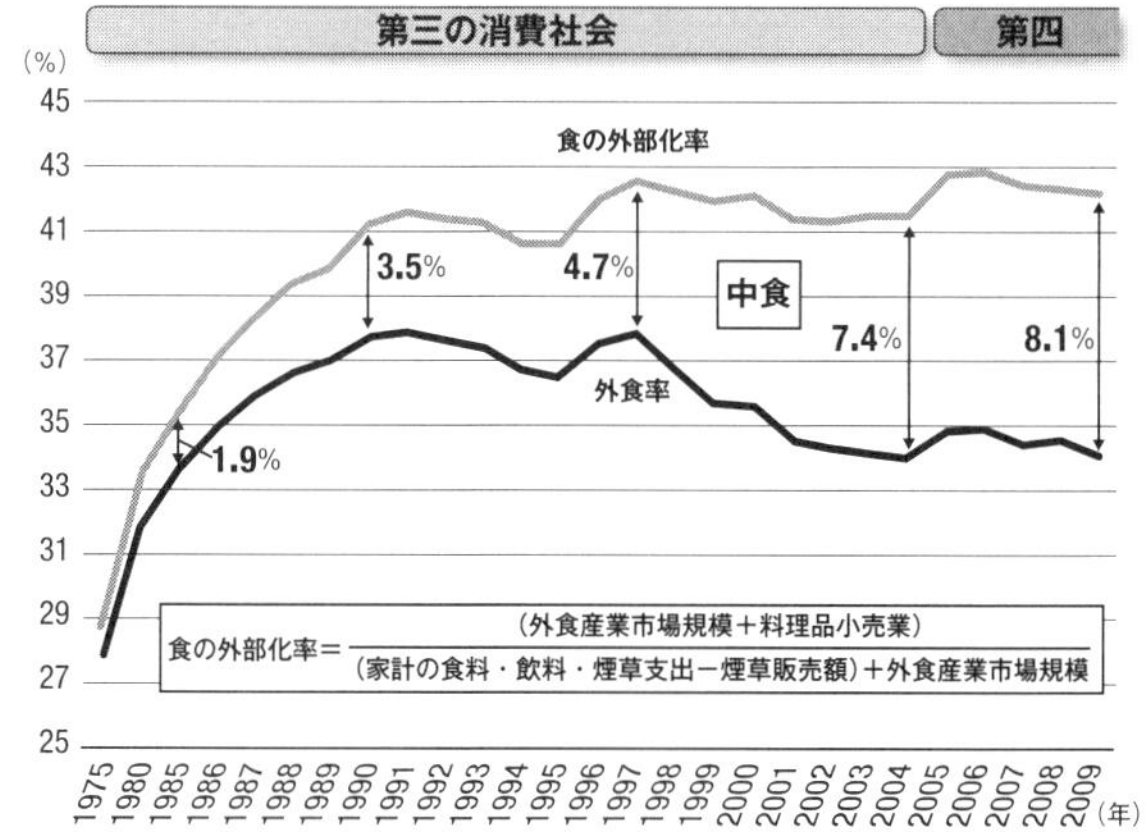

資料：食の安心・安全財団

マクドナルドが銀座三越に一号店を出したのが一九七一年、すかいらーくやケンタッキーフライドチキンは七〇年に登場している。

外食産業の市場規模は一九七五年には八兆五八〇〇億円だったが、八五年には一九兆二七七〇〇億円にまでなった。すかいらーくやマクドナルドなどの開店と同時期に発表されたカップ麺の販売数も外食産業と同じようなカーブを描いて伸びている〔図表2－10〕。

ファミリーレストランなどの外食産業の成長を支えたのは、団塊世代のニューファミリーであり、その意味でファミリーレストランは、その名の通り第二の消費社会的な業態である。

また、マクドナルドは、日本では銀座の歩行者天国を歩く若者が最初のターゲットであり、その後も単身者を主たるターゲットに据えているイメージが強いが、アメリカでは郊外のファミリー向けにチェーン化されたものである。日本でも八〇年代になると七〇年代に若者だった世代が結婚して子どもを持つようになり、郊外で親子連れがマクドナルドで食べるようになった。そういう意味ではマクドナルドもファミリーレストランと同様、第二の消費社会的な業態である。

しかし、八〇年代になると、ファミリーレストランは次第に一人暮らしの若者が食事をする場所としても定着していった。実際、私が一九七七年に大学に入り、JR中央線沿線の小金井市で一人暮らしを始めると、アパートのすぐ近くにすかいらーくができた。そこで、目玉焼きが上にのったハンバーグランチを食べるのは、いつもはチャーハンと餃子を食べている貧乏学生としてはちょっとリッチな食事だった。

大学三年生で国立《くにたち》市に引っ越すと、やはりアパートの近くにすかいらーくがあったし、その後また国分寺市に引っ越すと、またまたアパートの近くにすかいらーくがあった。特にこの国分寺のすかいらーくには、よく夜中に食事をしに出かけた記憶がある。昼間の母子連れ、土日の家族連れに加えて、夜の一人暮らしの需要というものがその頃から芽生えていたのではないだろうか。

おそらく現在ファミリーレストランを利用する若者にとっては、ファミリーレストランは必ずしも家族で利用するものではなく、友達同士がお茶をする、軽くお酒を飲むなど、いろいろな使い方をするのが当然であろう。子どもの頃に親に連れて行ってもらったファミリーレストランに、自分が高校生くらいになるとお茶をしに行く。そしてデートなどもする。成人するとお酒を飲む。そんなふうに人生全体を通じてファミリーレストランを使うことが当たり前になっている。これはファミリーレストランが第二の消費社会的な業態から第三の消費社会的な業態へと変化したということでもあろう。

ファミリーレストランがはやっている。対前年比３割増だそうだ。さてどんな所かとレポートする記事。写真は私が当時住んでいた小金井市の店舗だ（朝日新聞1977年４月28日付）

しかし、外食産業の売上げは、バブル崩壊後の九二年から伸びが鈍化し、九七年に二九兆七億円でピークとなった後は減少している。ちょうど第四の消費社会の始まりと共に、外食産業の市場が縮小し始めたのだ。

外食産業の市場規模の縮小の原因は、第一に、不況のために消費者が外食を減らし、家庭内で食べる機会を増やしたことがある。

第二の原因は「中食《なかしょく》」と呼ばれる、調理済み食品の台頭である。外で食べるのではないが、家で料理するのでもない。調理済み食品を家や職場で食べる。あるいは街中で歩きながら、あるいは地べたに座り込んだりしながら食べるというものである。街で食べる食事だから、私は中食を「街食《がいしょく》」と呼んでいる。

この中食が食費全体に占める割合は、九七年は四・七％だったが、二〇〇九年は八・一％に増えている〔図表2－11〕。中食にはカップ麺は含まれないので、本当に料理をして食べる機会はもっと減っていると言える。カップ麺の売上げは近年も伸び続けている。

第一の原因も第二の原因も、消費者がより安い、あるいは簡便な食事を求めた結果であるが、他方、家族や友人とのつながりを求めた結果であると言えないこともないだろう。その意味では中食は第四の消費社会らしい面も持った現象だと言えるかもしれない。

あるいはまたこういう言い方もできる。外食産業はサービス産業だと言っても、実態は、冷凍食品をセントラルキッチンから運んできて、厨房で電子レンジにかけ、若干の調理をして客に供するだけである。だから本当のサービスとは言いがたい。

たしかに一九七〇年代のファミリーレストランは、今と比べればかなり丁寧な接客をしていたので、その意味ではサービス産業に違いなかった。しかし、バブル崩壊後の低価格化競争などにより、スタッフによるサービスは削減され、客が自分でドリンクバーで飲み物を飲み放題というシステムが普及するなど、本来のサービスが提供されなくなってしまったのである。

そういう意味では、後述する第四の消費社会が、より高度なサービスを求める時代であるとすれば、ファミリーレストランは第四の消費社会には対応しきれず、本来ファミリーレストランがそうであるところの第二の消費社会的な、大量生産型の業態に戻っていくのかもしれない。

ブランド志向

第二の消費社会から第三の消費社会へのもう一つの変化は「量から質へ」である。それは一九八〇年代前半にマーケティング業界で腐るほど言われたことである。

当時、団塊世代がほぼすべて子育て期に入ったのに代わって、独身貴族市場に進出してきたのは、先述した新人類世代であった。彼らの消費の特徴はブランド志向である。女子大生でさえ海外高級ブランドを持ち歩く社会。高級輸入自動車の売上げも伸びた〔図表2-12〕。「量から質へ」の考え方は、そのブランド志向と結び付いて広まった。

第三の消費社会のブランド志向を表した小説が田中康夫の『なんとなく、クリスタル』だった。同書の文藝賞受賞は一九八〇年。まさに新人類世代が高校生、大学生になった頃であった。この小説が描いたようなブランド志向の若者たちは「クリスタル族」と呼ばれて、当時は大人たちから揶揄《やゆ》された。

私は田中康夫と同じ一橋大学の一学年下の後輩であるが、受験秀才の多い当時の一橋では、田中のような存在は相当異色であった。彼は学生時代から、大学に来るときもブランド物を着ていた（当時の私には何のブランドだかわからなかったが）。夜は足繁く六本木あたりのディスコに出かけているようであった。

今思い起こせば、東京や横浜出身の学生たち、特に女子学生たちは、平均的な学生よりもおしゃれだったし、ブランド物も着ていたように思うが、そういう学生たちと比べても田中の存在は際立っていた。しかしおそらく、慶応、青学、立教などの大学なら、田中のような学生もたくさんいたのであろうが。

だが、私がパルコに就職してみると、当然だが、まわりの社員はすべて田中康夫が描いたようなクリスタル族ばかりであった。私は昔気質の国立大学生であったし、パルコといっても出版部に配属を希望しており、そこで美術書をつくりたいと思って就職したので、ファッションだのブランドだのには無関心な人間だった。だから本当にクリスタル族がたくさんいるのでびっくりした。当時大流行していたボートハウスというブランドのトレーナーを着ている社員もいた。社会学を学ぶような人間は、少なくとも当時のそういう学生は、流行を追うこと自体が愚かな大衆的行為だと思っていたので、自分の会社にそういう人間ばかりがいるのを見て、か

図表2-12　輸入車新規登録台数の推移

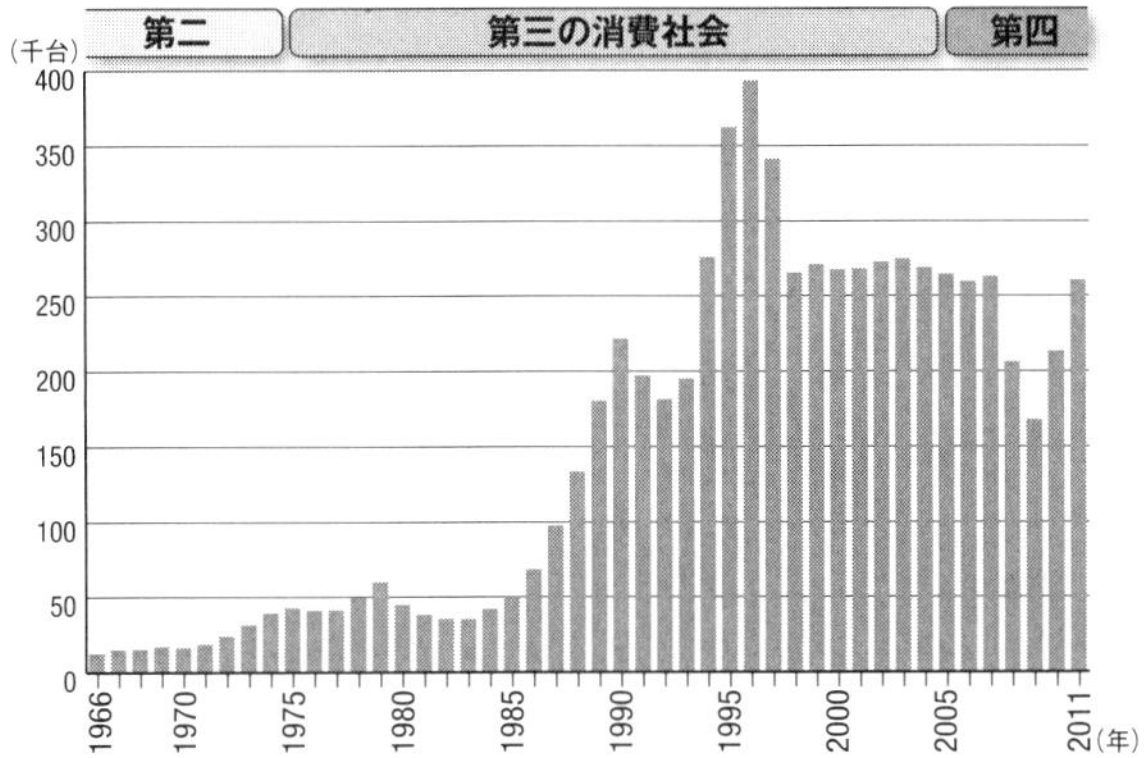

1966年は3月～12月の合計

資料：日本自動車輸入組合

なりカルチャーショックを受けた。公園通りには、雑誌『JJ』のモデルと同じ格好をした女子大生がたくさん歩いていた。これはまさに大衆社会だなと私は思った。

考えてみれば、国立《くにたち》のような緑豊かな郊外にある大学で、ぼんやり本を読むだけでは社会はわからない。社会学のように、最新の現代的な現象を分析するべき学問を学んでいる人間にとっては、国立のような環境は必ずしも適していない。まして私はマックス・ウェーバーの宗教社会学を原書で読むという、浮世離れした生活をしていたので、大衆社会の現実には触れずに大学生活を過ごしていたのだ。

しかし、パルコに入社して、美術書出版ではなく、マーケティング雑誌の編集をすることになり、消費の最先端の分析をしなければならなくなったのだが、消費とは現代の宗教であると思えば、宗教社会学の経験も生かせるかなと思った。いや、まさに一九八〇年代の渋谷は、消費教という宗教が支配する街だったと言ってもよいだろう。

カタログ文化の台頭

ブランド志向の高まりとともに拡大した消費文化を、当時は「カタログ文化」と揶揄することも多かった。『なんとなく、クリスタル』もまさに、着せ替え人形のような主人公が恋をするカタログ小説として、少なからぬ批評家から批判されたのである。

このカタログ文化というもの、一体どこから来たのか。もちろんカタログというものは古くからあるが、カタログを有償の雑誌にしたものが登場したのは一九七〇年代である。

そのきっかけは、一九六八年、アメリカで出版された『Whole Earth Catalog』という本だ。スチュアート・ブランドという作家が出版したものであり、カウンター・カルチャーの流れの中で、自分たちの生活に必要な物は自分たちでつくろうというメッセージを込めたカタログだった。カタログに紹介されているのは「役にたつ道具」「独立心を養う教育に意義がある」「質が高く、値段が安い」「まだあまり知られていない」「通販などで簡単に入手できる」という基準で選ばれた物。編集方針の根底にあるのは、大量生産大量消費の拡大したアメリカの一九五

家庭

「全地球カタログ」物語

●●・下

「本物との対話」めざす

宣伝から意識革命の媒体へ

「全地球カタログ」の精神を引きついで、カタログ作りの後継者が続いたが、「全地球カタログ」そのものも、これで終わったのでなく、見事に復活した。最終版カタログのバックナンバーの購入希望者があとを絶たず、紹介している本の定価の訂正などで内容の改訂が必要なこともあったが、世界的な反響も大きくて、主宰者のブラントはふたたび続編を作ることを決心したのだ。

◆情報広げ続編

新しくメンバーをつのって、一九七四年九月には、「全地球エピローグ（The whole Earth Epilog）」が刊行された。道具や機械などのカタログも加え、より実用的な面を強調し、エネルギー危機に備えて、風力や太陽熱利用の発電装置のつくり方から、織物や陶器など、工芸をめざす人たちのための情報ソースまで入れた。ページ数も、この「エピローグ」が「全地球カタログ」の最後のページを引きつぐ形でつけてある。

全地球カタログの日本への影響がハッキリ出て来たのは、ことしから。雑誌「宝島」が三月号で特集した「全都市カタログ」は「全地球」の心をつぎ、「高度成長・消費社会、情報化社会の落とし子である若者が、『自分のことばを持つために、自分で自分を教育するための教材』として、役立つ道具を探ろう」とうたっている。

◆感激から出発

四月末に発売以来すでに十五万部を売った「メイド・イン・USA」企画者の平凡企画センターの木滑（きなめり）良久氏は、最初の動機はやはり一九七〇年ごろアメリカで、初期の全地球カタログと出会ったときの感激だったと語っている。

「いまのアメリカで感じるのは、ベトナム戦終了後の国民が、みせかけでない本物を目ざして、誠実に再出発しようとしている姿です。日本人に、ほんとうの物との対話が必要なのはこれからで、そのためにこの種の足で求めた情報がもっと必要になるでしょう」といっている。

日本に全地球カタログが入って来たのは、やはり七〇年はじめからだが、急に売れゆきがのびだしたのはこの一年くらい前から。東京・銀座の洋書店「イエナ」でも最近品切れになって追加注文を出しているが、デザイナーや知識人、ヤングの注文が多いという。「エピローグ」や「ソースブック」もかなり出ているそうだ。

◆復刻版も好評

もともと、欧米には通信販売を目的としたカタログの伝統がある。広い土地でショッピングの不便な風土で生まれたチエだが、一冊のカタログに盛られた商品の知識は、それだけで百科全書や読物のような役割をして、知識欲や創造力をそそる面をあわせもっていた。カタログ販売では歴史のあるシアーズ・ローバックの一九〇二年、一九〇八年、一九二三年のカタログの復刻版が最近つくられて読まれているのは、それが古きよき時代への郷愁をそそるからだけでなく、当時の風俗や生活の姿を知る貴重な資料だからでもある。

「全地球カタログ」も、この伝統の上に生まれた新しい運動だが、単なる商品の宣伝から一歩進んで、意識革命の媒体となった点に現代的意味があるのだろう。ただ、日本にも飛び火したこのカタログ・ブームが、単なる舶来品のあこがれをそそる商品カタログとして終わるのか、自分たちの生活や意識を切りかえていく媒体として育っていくのかは、もう少し様子を見ないと、何ともいえない。

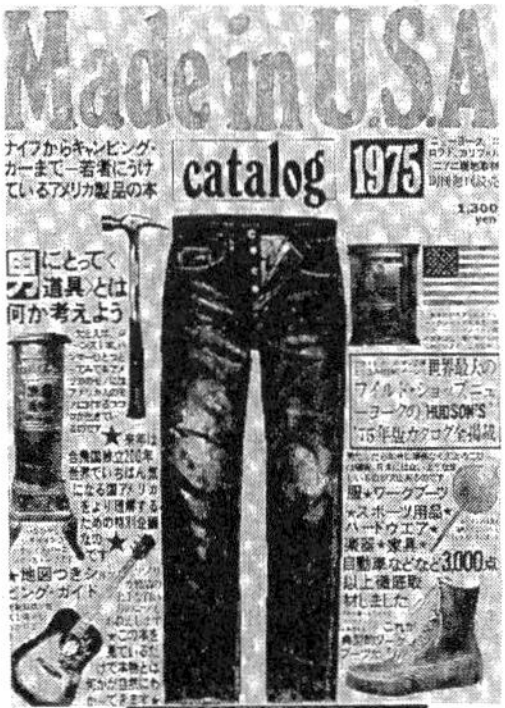

▲若者向けにアメリカ製品の情報を集めた「メイド・イン・USA」の表紙

▶一九〇二年刊シアーズ・ローバックのカタログ復刻版の表紙

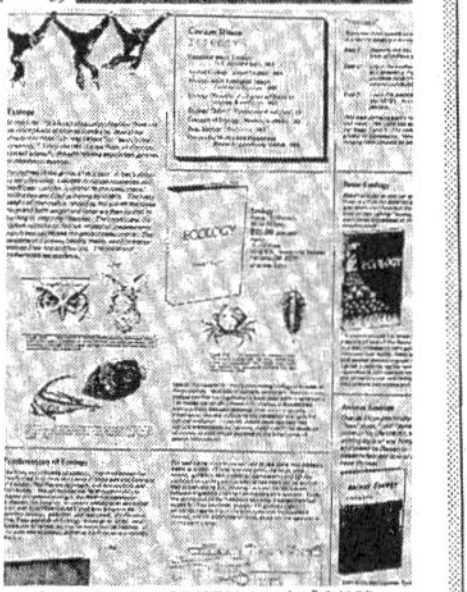

㊤全地球カタログの続刊となった「全地球エピローグ（1974年）」の表紙。アポロ12号から撮った地球が描かれている ㊦そのあるページで、エコロジーに関する本を紹介

アメリカの『Whole Earth Catalog』とその日本への影響について解説した記事（朝日新聞1975年８月21日付、三浦蔵）

〇年代以降の社会において、人間が主体性をなくし、単に物を買うだけの消費者となっていることに対するアンチテーゼであった。

『Whole Earth Catalog』は以後何度か改訂版が出されていったが、一九七〇年代になると日本でも知られるようになり、それを真似た本が出るようになる。まず、一九七五年、JICC出版局（現・宝島社）から雑誌『宝島』一九七五年一一月号の特集「全都市カタログ」として、さらに七六年四月『別冊宝島』創刊第一号「全都市カタログ」として出版されたのである。

もうひとつが『Made in U.S.A. Catalog』であり、七五年六月に『週刊読売』別冊として発行された。これは、ニューヨーク、コロラド、カリフォルニアなどに現地取材し、「ナイフからキャンピング・カーまで――若者にうけているアメリカ製品の本」と銘打たれていた。今はあまり信じられないが、当時はまだ若者の流行の発信源はアメリカにあったのだ。

実はこの本は、マガジンハウス（当時平凡出版）の名物編集者で、後に『ポパイ』編集長となる木滑良久が『Whole Earth Catalog』を見たのをきっかけに、マガジンハウスでの出版を上司に提案したが、「カタログは無料でもらうものだ」と一蹴されて、読売新聞社に持ち込んで出版したものだった。つまり、『Whole Earth Catalog』の日本版のようなものなのである。後にマガジンハウスの『ブルータス』の編集に携わる松山猛も同書の編集に参加している。もちろん七六年に創刊した『ポパイ』自体がカタログ雑誌文化を代表する雑誌になっていくことは言うまでもない。

女性誌では、『ノンノ』の別冊として七四年に創刊した『セゾン・ド・ノンノ』がある。残念ながら私は創刊号を見たことがないが、私が集めた七六年の第一一号は、「大特集　豊かな暮らしのカタログ」「いまを生きる女のコの4つのライフカタログ」「ファッションカタログ」など、ほとんどの記事に「カタログ」というタイトルが付いている。まさにこれは日本におけるカタログ雑誌の元祖と言えるかもしれない。その他にも、七五年には『アンアン増刊・カタログ集』『週刊サンケイ特別増刊 DO CATALOG』も出版された。

このように、本来はカウンター・カルチャーであった『Whole Earth Catalog』から派生したと思われる「カタログ」という名のメディアが、日本では、消費を伸ばすためのメディアとして発展していった。そして『ポパイ』『ブルータス』などが先導したカタログ雑誌は、その後、主として若者向けの物欲雑誌やブランド雑誌の定型となっていく。それはまさに「政治から消費へ」という時代の変化でもあった。

ただし、DIY的な思想は、各種のDIY店や東急ハンズのような店として具体的に展開することになった。東急ハンズの売り場づくりは、一般的なDIY店に比べればカタログ的だと言えるが、『Whole Earth Catalog』の思想とカタログ消費文化を合成したものがハンズであると言えようか。

「高級化」したインスタント、ハイソカーでデート

ブランド化、高級化による差別化欲求を満たそうとしたのは、ファッション業界だけではない。インスタントラーメンという、まさに第二の消費社会的な大量生産品ですら、一九八一年には明星食品から「中華三昧」という「高級品」が発売された。インスタントラーメンなのに高級という商品だが、今も発売されている。

また、ネッスル日本（現・ネスレ）が、高級インスタントコーヒーの新製品「ネスカフェプレジデント」の発売CMで、ベルギー王家の継承者ルドルフ殿下を登場させて、貴族がインスタントコーヒーを飲むのかと突っ込まれながらも話題になったこともある（現在は「ロドルフ」と表記されている）。インスタント食品にまで「高級化」という差別化戦略が導入されたことに、中流商品が飽和した時代がよく現れている。家電などが「一家に一台」を「一家に数台」「一人一台」あるいは「一人数台」という戦略をとることができたのに対して、食品は食べる総量は限られている。だから、商品の単価を上げるために高級化が必要だったのである。

また、自動車については、一世帯当たり保有台数を増やすだけでなく、やはり高級化が進められた。その代表が、トヨタソアラ、日産シルビアなどのスペシャリティカーである。

日本自動車工業会ホームページによれば、「スペシャリティカーというカテゴリーを作り出

雑誌『ノンノ』の創刊号の表４広告はなんと新発売されたばかりのトヨタセリカだった。コピーはデートカーらしく「恋はセリカで」。運転するのは『ノンノ』の読者自身ではないだろうから、セリカを持っている彼氏が欲しいと思わせる広告だったのだろう。外装や内装の種類が当時としては豊富で「あなたにぴったりのセリカを注文」できる点が売りだった（三浦蔵）

したのは、フォード・マスタング」であり、「１９６４年に発表された初代マスタングは、スポーティーなエクステリアデザインや走りの性能、若者にも手が届く価格、フルチョイスシステムと呼ばれる多彩なオプション設定などで人々の心を掴み、アメリカ市場でＴ型フォード以来と言われるほどのフォードの大ヒット作となった」という。「マスタングの成功は世界中のメーカーに大きな影響を与えたが、日本でも70年から90年代ごろまでさまざまな日本型のスペシャリティカーが登場し」た。「日本で、フォード流のスペシャリティカーを最初に実現したのは70年に登場したトヨタ・セリカ」であり、マスタング同様のフルチョイスシステムを導入した。さらに同時期には「いすゞ１１７クーペ（１９６８年～81年）、マツダ・コスモスポーツ（１９６７年～72年）」、スカイラインハードトップ、三菱ギャランＧＴＯ（１９７０年～76年）などが発売されている。

一九七三年のオイルショック後には排ガス規制が開始されたが、「スペシャリティカーに対する需要は衰えることはな」く、「日産シルビア（1975～79年、79～83年）、ホンダ・プレリュード（1978～82年、82～87年）なども相次いで登場」。さらに「80年代に若者の間で『ハイソカー』ブームが巻き起こ」る。「ハイソカーの契機になったのはトヨタ・クレスタ」であるが、「ハイソカーブームの頂点に位置するクルマが2ドアハードトップの初代ソアラであった」。ハイソカーは「若者にとって憧れの存在」であり、「デートカーと呼ばれるように、ワインディングをスポーツ走行するシーンよりは、デートのために海岸沿いの道路を走るシーンが開発段階から想定されていた」という。ホンダの二代目プレリュードは、助手席のシートを運転席からの操作で倒すことができたというから驚きだ。そういえば、当時パルコ社長だった増田通二もソアラを個人的に買ったが、いかにも時代を感じさせる。

これと関連して興味深いのは、一六～二四歳の若者が自動車を運転して起こした死亡事故で、スピード違反が主因になったものは一九九〇年には約一六〇〇件あったが、九九年は六二八件、二〇〇九年は一二〇件と減少しているという点だ。かつての若者は、スポーツカー、スペシャリティカーで飛ばしたが、現代の若者は日産キューブあたりに乗ってスローな運転をするからだろう。

3　消費者心理の変化

洗練された消費

消費教は、第二の消費社会と第三の消費社会とでは教義が違う。第二の消費社会の教義は「大きいことはいいことだ」であり、「追いつけ、追い越せ」であって、それはあくまで量的な拡大である。

しかし第三の消費社会の教義は、よりよい洗練されたライフスタイルであり、ハイソカーにも現れた美しさであり、インスタント食品をすら高級化させることであり、つまりは、生活の質の向上である。その背景には、物の豊かさから心の豊かさを求める消費者の増加があったとも言える。

内閣府の「国民生活に関する世論調査」でも、これからの生き方として、「まだまだ物質的な面で生活を豊かにすることに重きをおきたい」か、「物質的にある程度豊かになったので、これからは心の豊かさやゆとりのある生活をすることに重きをおきたい」かでは、第二の消費社会の末期である一九七〇年代前半まではまだ物質志向のほうが多かったのに、第三の消費社

図表2-13 これからは心の豊かさか、また物の豊かさか

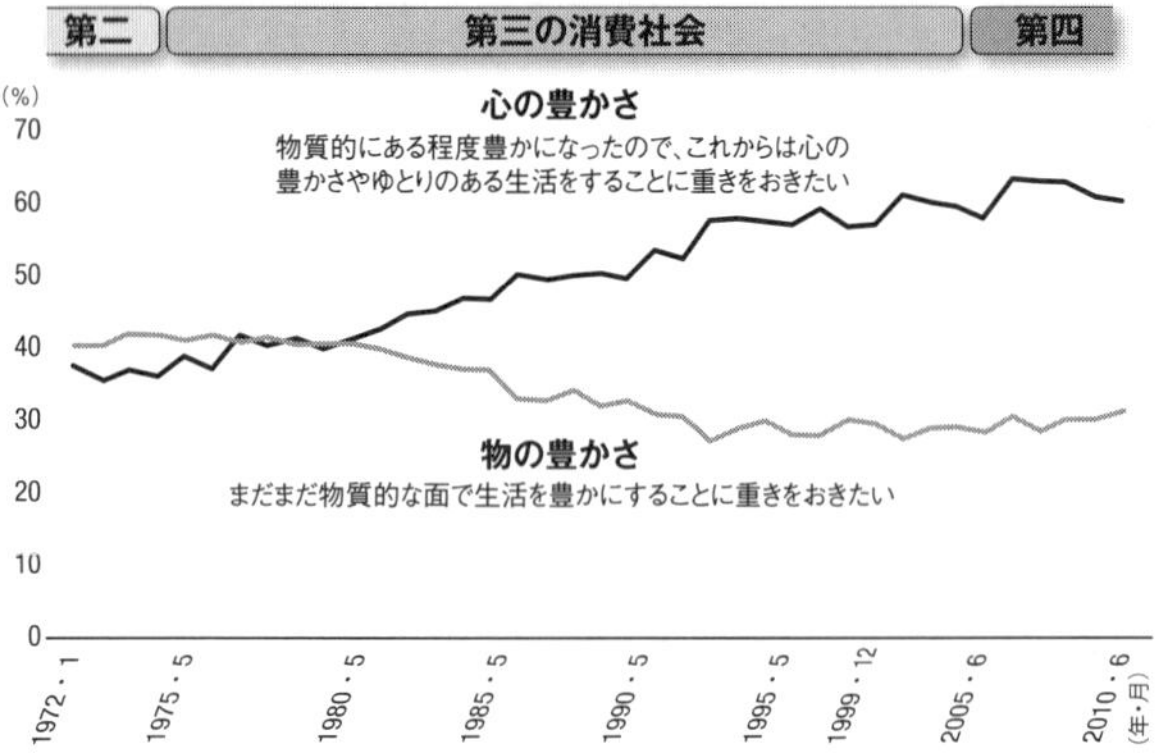

資料：内閣府「国民生活に関する世論調査」

会の初期である一九七〇年代後半になると心志向のほうが多くなり、第四の消費社会の予兆が見え始める一九九八年を過ぎると、ほぼ六割以上の国民が心志向になっていく（ただし二〇〇八年のリーマンショックを境に、物質志向もわずかだが増勢に転じているようにも見える。所得格差拡大の中で、物質的な豊かさを求める人々が再び増えているのであろうか）〔図表2-13〕。

健康志向

「物から心へ」という変化を考慮すると、「量から質へ」の転換は、単にブランド志向によってのみ展開されたはずはなく、もっと別の現れ方をしたはずである。

典型は健康志向であろう。単に空腹を満た

すための食事ではなく、単に体を大きくする、カロリーをたくさんとるための食事でもなく、健康という体の質を高める食事をするという志向性が一九七〇年代中頃から現れてきた。あるいはジョギングブームなども一九七〇年代中頃から起こった現象であり、以来四〇年近く健康ブームは長期トレンドとして継続している。ただし、第三の消費社会も後半になると、健康ブームにも少し変質が起こり、よりメンタルな健康を求める傾向が増してきた。それがいわゆる「ヒーリング」である。健康（health）もヒーリング（healing）も、語源は同じであるが、ヒーリングというと、精神的なストレスの解消、心のコントロールの意味で使われる。一九九〇年代にアメリカで流行し、日本にも波及してきたブームである。こうしたヒーリングブームも健康の質をより高めようという意識の表れであろう。

その流れで言えば、おそらく第四の消費社会における健康はホリスティック（wholistic）であろう。ホリスティックも語源はヘルス、ヒーリングと同じで「全体」という意味である。不健康とは、本来あるべき全体から何かが欠如している状態であり、その全体を取り戻せば健康になると考える。ヨガはまさに全体を回復する方法だと考えられている。

では全体とは何かというと、単に身体ではないし、心身だけでもない。生活の全体、生き方の全体を見直していかないと健康は得られないということである。そういう意味で、第四の消費社会においては、単なる身体のヘルス、心身のヒーリングを超えて、さらに人生全体のホリスティックな見直しが求められていくであろう（この点については二六七ページ参照）。

物からコトへ――有楽町西武

消費の個人化が、物からサービスへ、百貨店からコンビニへ、という流れを作り出し始め、かつ新人類世代を中心としたファッション化が進んでくると、小売業界は、パルコのようなファッションビルを模倣し始め、ニチイがビブレ、東急がワンオーナインをつくるなどの動きが出てきた。また、七八年には渋谷に東急ハンズ、八七年にはロフトができるなど、「専門大店」と呼ばれる業態も人気を増してきた。百貨店ではなく、商品を絞り込んだ「十貨店」でいいのだ、という論調もあった。すでに物があふれ始めていた消費者の暮らしの中に、さらに物を買ってもらうための模索が始まっていた。

そうした流れの中で、百貨店業界の中には、単に物を売るだけでなく、サービスを売る、情報を売る、コトを売る業態が出てきた。二〇一〇年に閉店した有楽町西武がそれである。

有楽町西武は一九八四年に開業。「生活情報館」と銘打った。一階には館内テレビ局を設置、飲食売り場ではルノートル（高級菓子・総菜店）の出張サービスを始めた。下着売り場では下着の修理サービスを行った。ファッションアドバイザーという制度をつくり、顧客のファッションに関する相談を受け付けた。ラルフ・ローレンのファンクラブ「ポロクラブ」も組織。家具売り場では、コンピュータを使ったカラーコーディネートやレイアウトプランのシミュレーションができた。自費出版の相談も受け付けた。

このように有楽町西武は、単に物を売るだけでなく、サービスを売る、情報を売る、コトを売るという側面を強く打ち出した新しい百貨店であった。だが結果としては、その試みは必ずしもうまくいかず、特にバブル時代になると、高級ブランド品を売る百貨店に転換していき、本来の試みは後退した。

しかし、物からコトへという試みは、早咲きの花ではあったが、いかにもセゾングループらしい、堤清二らしい挑戦だったと言える。実際、有楽町西武で試みられた各種のサービスはその後百貨店業界に限らず、いろいろなところで実践されるようになったとも言えるだろう。今は当たり前に行われているサービスだが、三〇年近く前には相当挑戦的な事業だったのである。

ただし、有楽町西武における「コト」とは、ほぼサービスという商品を売ることにすぎなかったのであり、その意味では第四の消費社会における「人と人のつながり」を喚起するようなものとは言えなかったのではないか。

「モーレツからビューティフルへ」と「ディスカバー・ジャパン」

いささか時代が前後するが、第二の消費社会から第三の消費社会への転換は、オイルショックによって突然起こったわけではない。一九七〇年の富士ゼロックスの広告「モーレツからビューティフルへ」、同じく一九七〇年の国鉄の広告「ディスカバー・ジャパン」のように、第三の消費社会どころか、第四の消費社会の原点であるとすら言える表現もすでに登場していた。「モーレツからビューティフルへ」「ディスカバー・ジャパン」のキャンペーンを二つとも企画した当時電通の藤岡和賀夫は、一九八八年に書いている。

「今年、昭和六十三年は、『ニューバリュー』芽生えの年です。本当に長い間経済軸一本槍でやってきて、何事も経済価値で測らなければ理解できなかった、気が済まなかった、そんな時代がずっと続いてきたのに、このところ、正直、ちょっと違う兆しが現れているのです。(中略)経済価値や経済効率を少々犠牲にしても、『美しいもの』は『美しい』からいいんだという、そういう素直な感じ方が一人一人の心の中にも社会の中にも育ちそうな気配が見えるのです。(中略)すると、人は、それは『モーレツからビューティフルへ』ということなんですね、と。全くその通りなんです。十七年前に唱えたこの言葉は、今こそ現実的な重みを持ってきました。こうなるのに十七年の歳月が必要だった。経済の栄耀《えいよう》だけでは誰も豊かになれないと、現実の生活実感が人びとの感覚を目覚めさせたのです」(『藤岡和賀夫全仕事2　モーレツからビューティフルへ』一九八八)

今の日本人、特に若い人々がこの藤岡の文章を読んだら、タイムマシンに乗って別の時代に

「経済の栄耀を味わうだろう。「『美しいもの』は『美しい』からいいんだ」「経済の栄耀だけでは誰も豊かになれない」なんて、今の若者はあたりまえのことだと思っているはずだから。一九七一年は第二次ベビーブームの最初の年である。二〇一一年で四〇歳になった世代は「モーレツからビューティフルへ」という言葉がまだ鮮烈なイメージを持っていた時代に生まれ、それが次第に普通のことになっていく過程で成長し、大人になっていったのだから。

「ディスカバー・ジャパン」のほうはどうか。これについては拙著『愛国消費』(二〇一〇)でも触れたが、正確には「ディスカバー・ジャパン　美しい日本と私」という広告である。一九七〇年から七七年まで、七年の長きにわたった「広告史上最長不倒」(藤岡自身の言葉)のキャンペーンである。同書で、藤岡は書いている。

「見境いもなく発展をとげてきた文明の醜い姿として、私たちは公害を思い出せば十分である。(中略)しかし(中略)公害を文明の問題としてとらえるより、『こころ』の問題としてとらえる姿勢がすべての人になければならない。

見境いもなくなってきたのは、むしろ疑いもなく『こころ』なのである。(中略)銀座の柳が枯れ、隅田川の魚が死んだとき、人は何を感じたか。物質的欲望を牽引車《けんいんしゃ》に経済発展を謳歌していた私たちには一片の感傷もなかったというのだろうか」

「従来の旅はややもすれば絵葉書型の目的地販売でありました。そうだと、それはテレビ情報と同じ次元の単なる観光に終ってしまいます。旅の喜びは自ら創る喜びでなければなりません。そこに自分自身が日本を発見し、又その中で自分自身を再発見するといった旅でなければなりません。私たちがこのキャンペーンに『DISCOVER　JAPAN』と名付けたのはその意味であります。名もない田舎の埃にまみれた一本の道、そこにも永い歴史の道があったかも知れません。或いは幾多のドラマやロマンがその道を往来したかもしれません。汗の臭いや、収穫の歌が聞こえてくるかも知れません。そういったところに自分自身の足で立って見る、それが旅であり、DISCOVER　JAPANなのです」（『藤岡和賀夫全仕事1　ディスカバー・ジャパン』一九八八）

　このように第二の消費社会のもたらした物質主義への反省として、心の問題が、おそらく広告史上大々的には初めて扱われたのである。その後フリーのプロデューサーとなった藤岡は、現在は日本中の里山をめぐる旅をしている。彼にとっては「ディスカバー・ジャパン」や「モーレッツからビューティフルへ」は、単に仕事として行った広告ではなく、彼自身の人生観でもあったのであろう。

ハッピーな世界など描けません

　ここでしばし私事を書くが、「モーレッツからビューティフルへ」について思い出すと、私は同時代に話題になったいくつかのテレビコマーシャルや、流行語を思い出す。

当時は、モーレツへの反省から、もっとゆっくり生きようという「ユックリズム」といった言葉が流行り、また交通事故の増加に対して「狭い日本、そんなに急いでどこへ行く」という交通標語がつくられた時代でもあった。

それで思い出すのはある日の「サザエさん」。波平さんが仲間と客間で「日本人も、もっとゆっくりしなければなりませんな」と話している。「そうです、そうです、『ゆっくり運動』をしましょう！」と仲間たち。その直後、みんな一斉に立ち上がり、「それでは早速やりましょう！」と駆け出す、というオチである。

かくのごとく、時代はスピードを求めており、人々はせっかちであった。それは軍国主義、いや明治維新の時代から連綿と続く日本人の態度だった。そんな時代の中で、ビューティフル、ユックリズムということが言われ始めたのである。

中でも思い出深いのは、モービル石油の「♪気楽に行こうよ　おれたちは　あせってみたって　同じこと」という歌と、いかにも当時の、自由を求める若者の姿が印象的なテレビコマーシャルである。

このCMのアートディレクターは杉山登志。一九六〇年代からCM界の鬼才として、資生堂、カルピス、トヨタなどのCMを数多く手がけてきた。私は、杉山登志という名前などはもちろん知らずに、小学校から中学校にかけて、彼の作品にいつも見入っていた。
ところが一九七三年の年末のある日、新聞に彼の死亡記事が顔写真入りで出たのである。自殺だった。「リッチでないのに　リッチな世界などわかりません。ハッピーでないのに　ハッピーな世界などえがけません。『夢』がないのに　『夢』をうることなどは……とても。嘘をついてもばれるものです」と書かれた遺書が残されていたという。オイルショックの後の鬼才クリエイターの死。それは明らかに「ひとつの時代」の終わりを告げていた。
しかし私は、彼のCMに、リッチやハッピーや夢を感じたことはないと思う。ただ、ひたすらセンスがよく、美しく、しばしばユーモアもあるCMだったと思う。クリエイターの悩みを

「のんびり行こうよ」破産

一人の男が、自ら命をたった。二週間ほど前のことだ。広告の世界、とりわけテレビCF（コマーシャル・フィルム）の世界で「鬼才」といわれた人だった。

杉山登志さん

テレビ広告映画のディレクター自殺

「夢がないのに夢売れぬ」と遺書

杉山登志という。三十七歳だった。今月十三日の夕方、東京・赤坂のマンションの自室で、遺体となって見つかった。

机の上に、原稿用紙が一枚、さりげなく置いてあった。

リッチでないのに
リッチな世界などわかりません
ハッピーでないのに
ハッピーな世界などえがけません
「夢」がないのに
「夢」をうることなどは……とても
嘘をついてもばれるものです

日大芸術学部の学生時代から、この世界にはいり、日本天然色映画会社のディレクターとして、十三、四年もCFを作り続けてきた。発想のうえで、技法のうえで、いつも、ずば抜けていた、といわれる。

資生堂・女性用化粧品のテレビCFは、ほとんど彼の手になる。たとえば今秋のアイ・メイクのシリーズ。図書館で、軽井沢で、中学生の男の子が、ふと、中年の女性と目があい、淡い恋心をいだく……。ほかに「のんびり行こうよ、世の中は」のガソリン。「いいじゃないか」の車。

妻や子はいない。最近、繰り返し聞いていたレコードがあるという。「長くつらい旅だったでしょうね」という意味の言葉ではじまる、女性歌手ヘレン・レディの「長くつらい登り道」である。

資生堂などで名作CMをつくり続けた鬼才、杉山登志の自殺を報道する記事（朝日新聞1973年12月26日付）

知るには中三の私は若すぎたのだろう。

私は大学に進むと、ある日、アパートの近くの書店で『ＣＭにチャンネルをあわせた日』（一九七八）という本を見つけた。まさに杉山登志のアンソロジーであった。私は、あ、あの杉山登志の本が出たんだ！　と小躍りし、すぐに買った。

発行はパルコ出版。編者の一人は先日亡くなった石岡瑛子。資生堂時代の杉山の後輩であり、パルコの広告全盛期を支えた名ディレクターであり、その後世界的なディレクターになったことは言うまでもない。

結局私は、杉山登志の本を出し、石岡瑛子が広告をつくるパルコに憧れて入社し、消費の夢、ファッションの楽しさを語るマーケティング雑誌を編集することになった。

それにしても、杉山が第三の消費社会に生きていたら、どんな広告をつくったのだろうか。

経済成長の矛盾と太陽の塔

杉山の死が象徴するかのように、一九七〇年代前半は、経済成長への反省が世界的に広がった時代だった。イタリアのオリベッティ会長アウレリオ・ペッチェイとイギリスの科学者で政策アドバイザーでもあったアレクサンダー・キングが設立した民間シンクタンクであるローマクラブは『成長の限界』を一九七二年に発表し、「人口増加や環境汚染などの現在の傾向が続

図表2-14　交通事故死者数

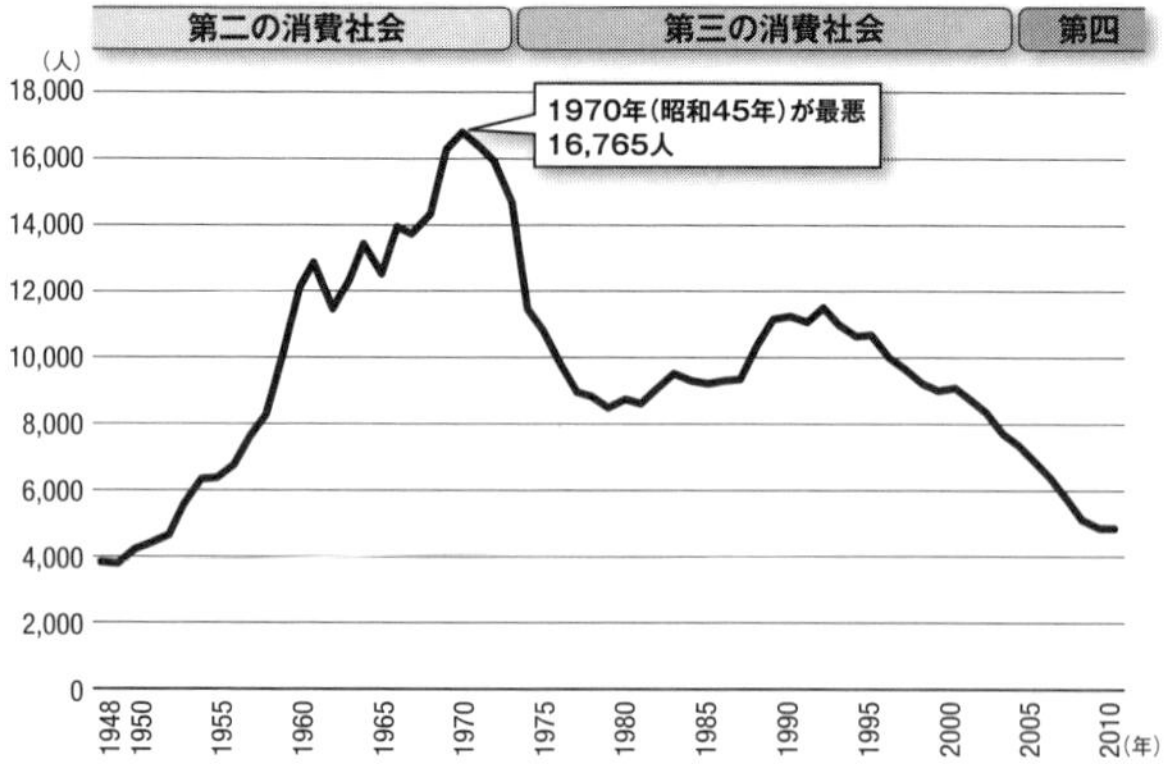

資料：警察庁交通局「平成22年中の交通事故死者数について」

けば、一〇〇年以内に地球上の成長は限界点に達する」と警鐘を鳴らした。

日本でも、あまりに急激に進んだ経済成長の矛盾として、公害、環境破壊、交通事故の増加などが大きな社会問題になっていた。日本中の川が異臭を放ち、多くの海がヘドロで汚れた。交通事故死者数が急増していた〔図表2-14〕。そのため一九六七年、公害対策基本法が施行され、一九七〇年、内閣に公害対策本部が設置。一九七一年、環境庁が発足した。また、エコロジー運動が盛んになり、環境のために自転車に乗ることがバイコロジーとして注目された。

また、一九七三年には、イギリスの経済学者、シューマッハーが『スモール・イズ・ビューティフル』を出版し、話題を呼んだ。イギリス石炭公社の経済顧問であった著者は、来るエネルギー危機を同書で予言し、それは第一次オイルショックとして現実化した。また同書は、大量消費を幸福度の指標とする現代経済学と、科学万能主義に疑問を投げかけ、自由主義経済下での完全雇用を提唱した。

そもそも一九七〇年に開催された大阪万博のテーマは「人類の進歩と調和」であった。進歩のもたらしたさまざまな矛盾に対する反省がそこにあった。岡本太郎は、丹下健三の設計した近代的なお祭り広場の天井に穴を開け、縄文土器にヒントを得た太陽の塔をつくり、塔の中に原始の細胞から人類までの「生命の樹」をつくり、近代文明を相対化してみせた。

岡本は書いている。長くなるが引用する。

太陽の塔で「私は『ベラボーなもの』をつくると宣言した。日本人は勤勉で純粋だが、底ぬけの豊かさに欠けていると思うからだ。1970年を境に、新しい日本人像が出現したら。どんなに経済成長をしても、うまく立ちまわっても、それだけではつまらないではないか。ふくよかな、幅のひろい人間的魅力がほしい」。「人間はすべてのその姿のままで宇宙にみち、無邪気に輝いているものなのだ。《太陽の塔》が両手をひろげて、無邪気に突っ立っている姿は、その象徴のつもりである。素っ裸の心で、太陽と、宇宙と合体する。日頃のこせこせした自分を脱け出して……『祭り』のよろこび、生きるよろこびがそこに生まれる」

だが、「現代ほど祭りの不可能になった時代はない。祭りの幻影、コマ切れになったエセ祭

太陽の塔には現代文明への批判が込められていた（写真／朝日新聞社）

りは、日常生活のいたるところに氾濫し、精神を分散させている」。「しかし、何か空しい」。「今日の社会は人間の共同体としての、共通のリズムを失ってしまっている。ひとりひとりばらばらで、その個人がまた全体像のふくらみを持っていない。つまり自分自身が十全に自分ではないのだ。これからますます近代社会が組織化され、システムの網の目が整備されればされるほど、人間はその中の部品にすぎなくなり、全体像、ユニティの感動、威厳を失ってくる」

「厖大な生産力は人々の生活水準を高めた。しかしそれが果たして真の生活を充実させ、人間的・精神的な前進を意味しているかどうかということになると、たいへん疑問である」。「《太陽の塔》は根源から噴きあげて未来に向かう生命力の象徴である」。「日本人一般のただふたつの価値基準である西欧的近代主義と、その裏がえしの伝統主義、それの両方を蹴とばし」、「集まって来た人が『なんだこれは』、と驚き呆れながら、ついつい嬉しくなってにっこりしてしまうようでありたい」。「このような投企が、日本人の心の奥底に秘められていたヴァイタリティーをよびさまし、1970年以降の日本の人間像の中に、たとえわずかなキザシでも、平気で己れを開き、野放図にふくらむ精神が現われてきたら……私の万国博への賭けは大成功である」（川崎市岡本太郎美術館『岡本太郎・EXPO'70・太陽の塔からのメッセージ』二〇〇〇。初出『日本万国博　建築・造形』一九七一）

この宣言文は、ニーチェに影響されたという岡本らしく、近代人の心の叫びを代弁しているかのようであり、また第三の消費社会の始まりを告げるようでもあり、さらには第四の消費社会を予言したかのようでもある。

「生きていること自体の価値」と「進化することとの価値」

第二の消費社会、高度経済成長期というと、何もかもがうまくいって、明るく希望に満ちた時代であるかのように思われているが、実態はそうではない。内閣府の「国民生活に関する世論調査」においても、「現在の生活に対する不満」は、一九五九年から六三年にかけて三〇～三四%ほどなのに、七一年から七三年にかけては三八～四一%ほどであり、実は高度経済成長期の中で国民の間には不満が拡大していたのである〔図表2－15〕。公害、交通事故などの増加、今よりもはるかにすごい通勤地獄、遠い家、過密な都市、決まりきったルーティン労働による人間性の疎外などなどが不満の増加の理由であろう。

この不満は七四年から七五年にピークに達したが、九五年までは漸減していき、その後はまた漸増気味である。近年で最も不満が多い二〇〇三年は三九・六%であり、七〇年代初頭と同程度である。だが、不況が長引く今日と、大阪万博の時代とで、国民の不満が同じくらい高いということに、特に当時を知らない若い世代は驚くのではないか。

内閣府の「社会意識に関する世論調査」でも、わが国にとっての経済成長に対する評価をたずねたところ、一九七一年は「よい面が多かった」が二七%だったが、七四年は一八%に減り、「悪い面が多かった」は一四%から二四%に増加している。

また、「あなたの自身の生活にとっての」経済成長の評価は、「大いによかった」が一五%から七%に減少、「よくなかった」は八%から一一%にやや増え、「両方同じくらい」は四六%で変わらなかった。

図表2-15　現在の生活に対する満足度

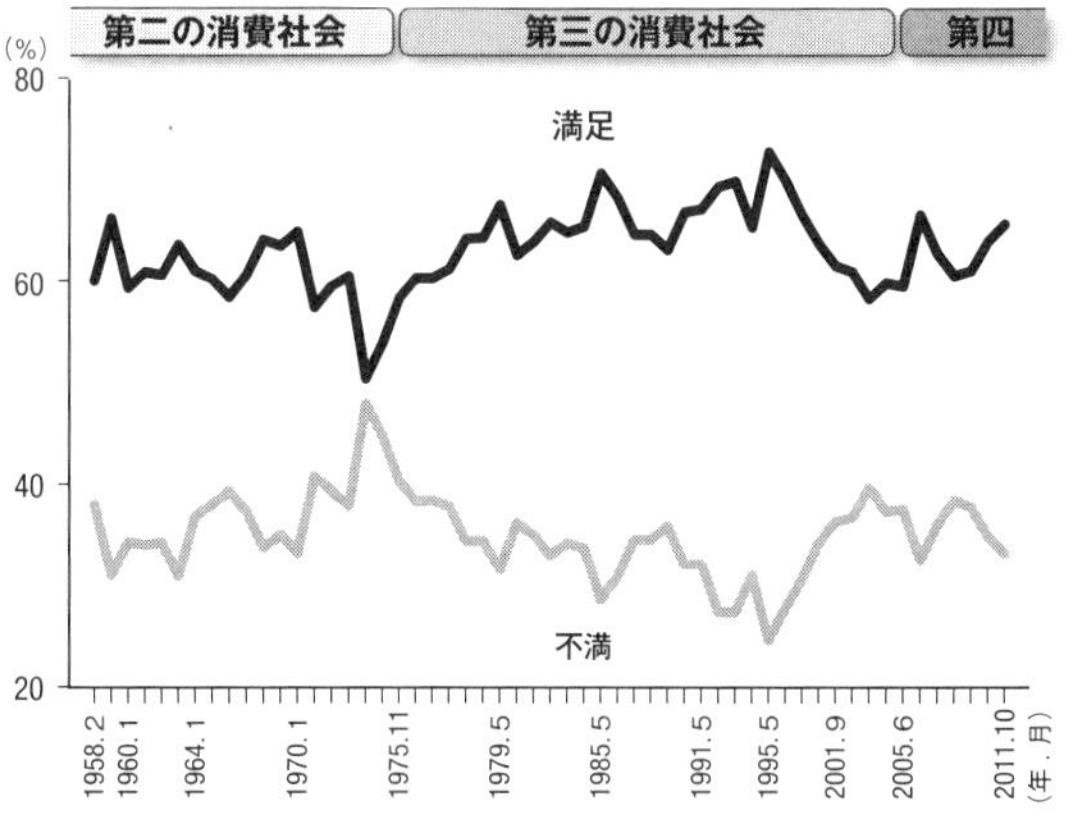

資料：内閣府「国民生活に関する世論調査」

NHKの世論調査でも、これまでのような経済成長が今後も続くとしたら、それは国民生活にとって「望ましくない」と回答する者が、七〇年の四五％から七二年には五三％に増加している。こうした事実をもって、七〇年から七二年を境に「高度経済成長のひずみが激化し、これまで謳歌されていた経済成長は、国民の支持を失ったのである」とNHK放送世論調査所は分析している（『図説　戦後世論史』一九七五）。

このように、第二の消費社会、高度経済成長期は、少なくともその末期においては必ずしもバラ色の時代ではない。それはむしろ「終末」としてすら意識されたのである。

SF作家で、未来学者でもあった小松左

京は、すでに一九六七年の著書『未来の思想』で述べている。

「わずか二世紀前からはじまった人類の『科学技術文明』が、あとになるほど加速され、拡大され、ついにはその変化発展の幅とスピードが人類を不安におとしいれるほどにまでなったので、この速い流れの中で、なんとか生きのびて行くために、あるいは流れをコントロールするために、未来に対する『予測』ないしは『展望』といったものが、先進社会の中で必要になり出した」。そして「『このようにして現在に至った人類は、この先どうなって行くのであろうか』ということ」を「はじめて科学的に問うことが可能になってきた」。われわれは「いったい生命は『進化』することに価値があるのか？　それとも生命は、あるがままで価値があるのか？」という問いに立ち帰らなければならない。「『生きていること自体の価値』と『進化することの価値』との間には、何かバランスのとれた循環運動が起り、そこに、より調和的な進化という方向がひき出されるかも知れない」

まさに小松は進歩と調和の問題を問うたのだ。第二の消費社会は、人類初の大量生産大量消費社会であったがゆえに、われわれに多くのことを反省させる時代でもあったのである。そしてその問題は、第三の消費社会を経て、まさに第四の消費社会における大きなテーマとしてわれわれの前に立ちはだかっていると言えるであろう。

4　大衆の分裂と格差社会の予兆

大衆から少衆へ

「モーレツからビューティフルへ」「ディスカバー・ジャパン」の藤岡和賀夫は、一九八四年に再び時代の転換を告げる。著書『さよなら、大衆。』である。ここで藤岡は「少衆」という言葉を提案する。同書の冒頭でこう書いている。

「今や、『大衆』というのは懐かしい呼び名になりつつあります」。何を作っても売れない、どんな商品もヒットしない、ヒットしてもポテン・ヒットだ。そんな状況が数年続いているから、一体、あの『大衆』はどこへ行ったんだと」いうことになった。

そして、どういう統計かは知らないが、ミニスカートが「一九六五年からの数年間、何と一億枚以上売れた」ことを例示し、そんな時代はもう来ないと宣言する。

そこで藤岡は、従来の「消費者を物理的な属性で区分けする」マーケティング、つまり「性別、年齢別、学歴、職業、所得」などで「分類された『大衆』」が「共通の価値観、共通のニーズを持っている」という前提を疑い、新しい「感性のマーケティング」が必要な時代になったと言う。

言い換えると、「戦後の豊かさイメージが所有の豊かさだったとすると、そのハビングが飽和状態になったところで、人びとは持つことではなく、いかにあるべきか、ビーイングということに、自分だけの、あるいは自分らしい豊かさを求めざるを得なくなった」。ビーイング時代になると「みんなと同じ顔でいるということがたまらなくいやになってきます」。「同じ属性の中にいるのなら、せめて表情は、生き方は変えていきたいと思う。以前は隣が買ったからうちも買おうとか、みんなが買ったから自分も買おうといったのが、いまはまるで逆になりました。みんなが買うなら自分はいやだと、流行しているなら自分はいやだと」いうふうになってきた。

そうなると「物の価値が下がってくる」。「趣味だ、教養だ、スポーツだと、生活時間、生活の余暇時間をどう過すかに生きがいのウエイトが傾いていく」。「しかし、それもみんなと同じではあきたりないから、そこに如何に『自分らしさ』を見つけるかが誰にとっても一番大切なことになってくる。だからビーイング時代のキイ・ワードは、この『自分らしさ』だと実は私は思っているんです」(『さよなら、大衆。』)。

ここに「自分らしさ」の時代がはっきりと提案された。パルコの「裸を見るな。裸になれ。」といった元祖自分らしさ志向の広告が世に出てから一〇年近く後のことであったが、一部の人々が主張していた自分らしさ志向が、ついに消費者の一般的な傾向として捉えられるようになったと言うことができるだろう（ちなみに『アクロス』一九八二年四月号ではすでに「DOの時代からBEの時代へ」をテーマにした特集を組んでいる）。

感性と自分らしさの時代へ

そして藤岡は「『自分らしさ』を発揮するというのは、結局、自分自身の『感性』の働きにまたなければならない」として、「自分はこういうセンスで、こんな趣味で、こんな生き方で他の人とは違う自己実現をしたい、こういう欲求はほとんど『感性欲求』と言っていいと思うんです」と書いている。こうして「自分らしさ」と「感性」が消費社会の中心的な概念になっていくのである。

だが藤岡は、「自分らしさ」と「感性」の時代になると、大衆が分裂して少衆になり、欲求が減退し、物が売れなくなると言っているのではない。「感性欲求が高まるということは、『これまでのものではあきたりない』、『皆と同じではあきたりない』のだから、『新しいものが欲しい』という面では、いわば際限のない需要を作り出すといっていいのです」と書いている（傍点三浦）。これまで述べてきた、第三の消費社会におけるブランド志向、量から質への転換、あるいは「モーレツからビューティフルへ」という転換も、消費者が物を機能、性能だけではなく、記号的な価値、気分で選ぶようになってきていることを意味した。

同時にそれは物が理性、論理だけでなく、感性、感覚によって選ばれるようになったことを意味する。家電のように、家事労働を軽減するという単なる便利さではなく、上流らしい雰囲気とか、お嬢様風とか、仕事ができるキャリアウーマン風などのイメージで買う傾向が強まったのである。

もちろんそうした記号的な価値は第二の消費社会にも存在したが、それが第三の消費社会になってさらに強まり、むしろ記号的な価値のほうが重要になったとすら言える状況が現出した。

そのため、家電ですら、一九七〇年代初頭から、機能的にはまったく不要なカラフルな塗装をされた製品が発売され始めるようになり、八〇年代になると、ペンギンやスペースシャトルの形の缶ビールなども「面白商品」として売り出されるようになったのである。

よく例に出される西武百貨店の広告「おいしい生活。」も、消費が論理的なものから感性的なものになった時代を表現していると言われる。それはもちろん、生活水準が上がり、基礎的な生活がゆとりをもってできるようになった第三の消費社会ならではの感性であった。

『金魂巻』

しかし、消費行動が所得だけでなく感性によって多様化すると、消費スタイルは断層格差を示すものになっていく。そのことを最初に指摘したのは、社会学者でも経済学者でもなく、イラストレーターの渡辺和博の『金魂巻』（一九八四）であった。三一の職業の人物を㊎と㋞に分類し、イラストで解説した同書は、戦後消費社会史に、そして階層論史にその名を刻む歴史的な書物である。「まえがき」にはこうある。

「㊎の強味は、お金が余って幸福なので、いつもニコニコしていることです。その結果、彼は善人に見えるので他人から好かれ、他の多くの㊎仲間が合体して、よりいっそう㊎の地位を固めていきます。一方㋞の弱味は、㋞も㊎になりたいと願ってしまうことです。高級インスタントコーヒー。日やけサロン。原宿竹下通りで家内製手工業で生産されたコムデギャルソンのようなもの。㋞の憧れを逆手にとった」「㊎のグッズは、世の中にあふれています。その結果、㋞はやりくりが苦しくなってますます㋞への道を盲進してしまうのです」。そして「やっかいなのは、一度歩み始めた㊎と㋞のコースは、なかなか変更できないことです」。

このように『金魂巻』は、一億総中流だと思っていた国民に、階層格差とその固定化の現実をつきつけ、㊎と㋞では、持ち物、食べ物、趣味などすべてが異なっていることを白日の下にさらした。

階層による消費や趣味の違いを指摘した社会学の代表的な書物としては、フランスのピエール・ブルデューの『ディスタンクシオン』があるが、この原著が刊行されたのは一九七九年である。しかし翻訳が出た一九九〇年に私は『ディスタンクシオン』を読んで、そこに書いてあることは当たり前だと思った。『金魂巻』だけでなく、一九八五年頃からは、マスコミでお嬢様ブームが起こり、お嬢様向け雑誌がいくつも創刊するなど（『CLASSY』の創刊は八四年）、一億総中流化とは言えない現象が起こっていたからであり、そもそも階層によって趣味が異なるのは当然だと思っていたからである。

だが、この上ない厳密さを求める日本の階層研究者が、階層による消費や趣味の違いを認め始めたのは、それからまだ相当後のことらしく、論文としては片岡栄美が一九九六年以降に書いたものくらいしか見当たらない。言い換えれば、一九九八年以降、第四の消費社会の予兆が見え始めると共に、正規雇用と非正規雇用という明確な格差が広がり始めた頃から、ようやく少しずつ階層による消費や趣味の違いが指摘され始めたのである。

「分衆」の誕生

『金魂巻』の翌年になると、相次いで消費の階層化に関わる本が出た。一つは博報堂生活総合研究所の『「分衆」の誕生』。もう一つは日本長期信用銀行調査部、小沢雅子の『新「階層消費」の時代』である。

階層研究は社会学の一分野であるが、一九五五年以来、一〇年ごとに行われている「社会階層と社会移動全国調査（ＳＳＭ調査）」によって、五五年から七五年までは階層意識の中流化が進んできたことが確認されていた。ところが、八五年になると、中流化はもはや進まず、逆に階層差の拡大の予兆が見られるようになったらしい。ちょうどその八五年に広告代理店と銀行の調査セクションから、消費の階層化を指摘する本が出たのは非常に興味深く、また、アカデミズムではない民間企業の調査力、予測力を示すものであろう。

『「分衆」の誕生』は、冒頭にこう書いている。

「最近、大ヒットするオバケ商品が減ってきた」。「皆に受けるものを作ろうとすると、かえって失敗する」「高くていいものか、極めて安いものにしか消費者は関心をいだいてくれない。中流九割といわれていたが、どうも近頃、その内部は二極化してきたのではないか」

こうした状況から、博報堂は「分割された大衆」という意味で「分衆」という概念を提案したのである。分衆化が進む背景は、感性の多様化と資産の格差である。「いま、人々は自分の感性、嗜好、好き嫌いに忠実に生き始めている。人並みな暮らしを目指し、横並びを志向した大衆の時代を経て、再び人々はばらばらな生きかた、暮らしかたを志向し始めている」。「他人と同じでは、気がすまないのである」

こうした認識は藤岡和賀夫とまったく同じである。しかし博報堂はそれが「感性、嗜好、好き嫌い」の多様化だけではなく、資産の格差によってもたらされていることを指摘した点が新しかった。
消費者へのアンケートで「あなたのお宅は貧乏だと思うか、貧乏ではないと思うか」と「暮らし向きは、ゆとりがあるほうだと思うか、ゆとりがないほうだと思うか」を尋ね、貧乏でなく、ゆとりのある「ニューリッチ」が全体の三四%であるのに対して、貧乏ではないが、ゆとりのない「ニュープア」が五二%と、多数派を占めることを発見し、むしろこの「ニュープア」こそが分衆のリーダーだと指摘したのである。

つまり、第二の消費社会のように、誰もが人並みに豊かになれるという時代ではなく、第三の消費社会では、豊かでゆとりのある人と、豊かだがゆとりのない人に分化する。その意味で、豊かだがゆとりのない「ニュープア」が「中流＝大衆」の崩壊を推進しているというのである。

そして「ニュープアたちはゆとりのない生活の中から、新しい生活意識に基づいた、新しいライフスタイルを築き上げつつあるようだ」とし、ゆとりがないから、低価格・低感度の商品を買うのではなく、低価格でも高感度な商品、高級品から過剰品質を取り去り、高感度を加えた商品こそがニュープア商品だと指摘した。

後述する無印良品などは、一九八〇年に発売開始されたが、まさに低価格・高感度商品の代表であろう。『アクロス』でも、一九八四年二月号において無印良品に関する記事を書き、無印良品は、ブランド品の過剰さを取り去って、いちばん基礎にある素材で勝負し、その素材をどう料理するかは消費者の感性にゆだねるものだと指摘している（この点は巻末対談で辻井喬氏も認めている）。

また『アクロス』は一九八三年一〇月号で「中流瓦解」という特集を組んだが、その根拠は、内閣府の「国民生活に関する世論調査」において、生活の程度を「中の中」と回答する者が一九七九年以降減少していることにあった。たしかに、わずかだが、階層格差の拡大が始まっていたのである。

階層消費

実は『「分衆」の誕生』が大衆の分裂が経済格差にあることを指摘した根拠は、小沢雅子が『新「階層消費」の時代』（一九八五）としてまとめる前に日本長期信用銀行『調査月報』一九八四年七月号に書いた「幕開ける『階層消費時代』――『中流幻想』の崩壊と大衆消費時代の終焉」であった。

小沢によれば、高度経済成長が終わると、産業別、企業規模別、男女別、職種別のいずれでも賃金の格差が拡大した。具体的には、一九六五年には、賃金が最高の産業と最低の産業の格差は、一・六五倍だったが、八〇年には一・四一倍、しかし八二年には一・五二倍に増えた。

企業規模別には、六五年以降一貫して格差が拡大しているが、七五年以降格差拡大の速度が上昇している。男女別の賃金格差も、七五年までは縮小していたが、七六年以降は拡大。ホワイトカラーとブルーカラーの賃金格差も同様である。

さらに資産格差が拡大した。六八年ごろまでは、農家とサラリーマンの純金融資産額はほぼ同じだったが、七九年になると農家がサラリーマンの二倍になっている。首都圏ではその傾向がさらに顕著であり、六八年には農家がサラリーマンの一・八倍だったが、七九年は四倍になっている。

また同じサラリーマンでも、地価の安いときに住宅を購入した人、地価が高くなってから購入した人、親から住宅を受け継いだ人とでは当然格差があるが、七七年までに買った人と七八年以降に買った人の間に差が生じている。その他、詳細は省くが、こうした賃金と資産の格差の拡大のために、個人の消費額にも格差が生まれていると小沢は指摘したのである。

格差論がバブルで雲散霧消

しかし、こうしたニュープア論や格差論は、八六年から始まる円高、地価高騰によるバブル経済の拡大によってかき消される。実際は、バブル時代は、単に親から受け継いだ土地を持っていた人々と、通勤時間二時間を超える地域にしか家を買えない人々の格差の拡大をもたらしたのだが、マーケティング業界、広告業界、およびマスコミの論調としては、好景気に沸く消費現象にのみ注目してしまった。もちろん、地価高騰問題についてはNHKなどで何度も討論番組が放送されたが、世の中全体の論調としては少数派だったように思う。

さらに、バブルがはじけてもなお、当分の間は、すぐにでも景気は回復するという期待もあり、ニュープア論は復活しなかった。社会学、経済学の分野では、橘木俊詔の『日本の経済格差』(一九九八)、佐藤俊樹の『不平等社会日本』(二〇〇〇)、山田昌弘『希望格差社会』(二〇〇四)などが出版されるようになったが、まだ一般的な論調は形成できなかった。

ニュープア論が再燃するのは、小泉政権時代の景気回復が雇用なき景気回復であり、非正規雇用者の問題などが顕在化してからである。拙著『下流社会』(二〇〇五)もそうした時代の中でベストセラーとなった。『「分衆」の誕生』『新「階層消費」の時代』から、なんと二〇年が経っていたのである。

一九九九年、渡辺和博は『週刊SPA!』において再び金魂巻を書く(5月5日・12日号「新・金魂巻'99」)。これはなぜかあまり注目されなかったが、興味深いのは、八四年の『金魂巻』では、金持ちほど派手、貧乏人ほど地味に描かれていたのが、九九年では金持ちほど地味、というかシンプルでカジュアル、貧乏人ほど派手でフォーマルに描かれている点である。バブル時代を経て、㊥クラスの女子中学生でもヴィトンの財布を持つようになり、女子高生にもなればシャネルの化粧品でメイクをするようになると、あからさまにブランド品で着飾ることは㊎の存在証明ではなくなったのである。むしろ、㊎女性は、無地で、落ち着いた色合いの、何十年もデザインが変わらないかのように見えるベーシックな服を着るようになった。ユニクロのカシミアセーターを着ていても、その着こなしぶりで㊎であることがわかるというあたりに、㊎女性の自己主張がされるようになったのである。だからこそ、上流なほどユニクロ、無印を着るという、第三の消費社会とは反対の現象が起こったのだ（一三七ページ参照）。

5 何が欲しいかわからない時代

ニーズからウォンツへ

一九八〇年代前半には、「ニーズからウォンツへ」という言葉もマーケティング業界では頻繁に使われた。英語ではニーズは潜在的な欲求、ウォンツは顕在化した欲求を指すが、八〇年代に言われた「ニーズからウォンツへ」は、必要な物から欲しい物へ、という意味である。言い換えると、生活必需品から、必需ではないが、あると楽しい物へ、といった意味である。「必需品から必欲品へ」ということもよく言われた。

ところが、必需品としては何が必要かを消費者は明確に意識することができるのに、必欲品が何かは消費者にすらよくわからない。米とかパンとかバターとか洗剤とか、そういう必需品なら、今日はこれが足りないとわかる。新生活を始めるときに、洗濯機とか冷蔵庫とかが必要なこともわかる。だが、必需品以外で欲しい物は何ですかと聞かれると、消費者はハタと困るのである。消費者自身が、自分が次に何が欲しいのか、わからないからである。

そういう時代の気分を見事に表現したのが、またもや糸井重里が西武百貨店のために一九八八年に書いた「ほしいものが、ほしいわ。」という広告コピーであった。

当時、西武百貨店の取締役店長であり、八七年のロフト開業の陣頭指揮を執った水野誠一は、著書『ロフト・グラフィティ――「ほしいもの探し」の時代』(一九九〇)でこう書いている(九〇年時点では代表取締役社長)。

「『顧客が成熟化してきている』という言葉をしばしば聞くようになった。だが、実感として、『顧客の成熟化』とは何をさしていうのか、本当にわかっている人は少ない」として、「『衣・食・住』足りて、ひと息入れようとしたところで起こったオイルショックは、ある意味で単純な『所有の時代』の終焉の引き金になる事件」だったと指摘し、「『マズローの五段階欲求』ではないが、人は所有段階が満たされると、次の段階へと進む。それはまた、単なる所有そのものに固執する空しさからの逃避でもある」。

「空しさからの逃避」というところがイイ。所有を煽らなければならない百貨店の社長が、所有が空しいと言ってしまう。そこはとてもセゾンらしい。

なお、誤解のないように書いておくと、第二の消費社会から第三の消費社会への変化を、ニーズからウォンツへ、必需品から必欲品へと言うこと自体は正しいが、だからと言って、すべての商品が必需品から必欲品に変わったわけではないということである。

たとえば、第二の消費社会を代表する商品である自動車は、第二の消費社会においては必需品ではなく必欲品だったのである。憧れて、買いたくても買えなくて、いつかどうしても欲しい物だったのである。ところが現在、自動車を欲しがる若者が減ったことからも明らかなように、自動車は必欲品ではなくなってきた。むしろ、水道や電気のように日常生活にとって必要な物であり、好きではなくても、どうしてもないと困る必需品として使われることが多くなっている。必欲品から必需品に逆走したのである。

ステレオもそうであろう。第二の消費社会においては、ステレオは憧れの必欲品であった。だが、ステレオを買ったお父さんが、実際にどれだけ自分でレコードをかけて聴いたかというと、そんなに聴いていない。頻繁に聴いたのは息子のほうであろう。お父さんにとっては、ステレオを所有することが目的であり、利用することは目的ではなかった。そこに置いてあればよかったのである。まさにｈａｖｅの時代を象徴するのがステレオである。

だが、今、ステレオという商品はマイナーになり、音楽を聴くのは携帯電話やスマートフォンが主流になった。それらのメカはすでに日常的な必需品であろう。

だから、ニーズからウォンツへ、とか、必需品から必欲品へ、といった言葉は、言葉通りに読むと正確ではない。消費者のニーズが多様化したために、個別化した消費者が「自分はこれが欲しい」と思うには、それぞれの感性にあった色や形やイメージが重視されるようになった。それが第二の消費社会から第三の消費社会への変化であると考えておくべきであろう。

beの時代の専門大店

さて、著書において水野は、基本的に藤岡と同じようにhaveの時代からbeの時代への変化を指摘する。ただし、水野はhaveとbeの間にdoを挟む。doとは、テニスやスキーのようなスポーツを楽しむことであり、海外旅行をすることである。カルチャーセンターに行くのもdoである。「衣食住」に加えて「遊」と「知」を求める行動。それがdoである。

その行動はさらに進化し、「同じスポーツをするにしても、『健康のために』泳ぐ、あるいは『美しくなるために』フィットネスクラブへ通う、親しい友人と『よりコミュニケーションを深めるために』ゴルフへ行くなど、遊びや知でさえも『健康・美・交際・安全』といった『BE(〜ありたい)』という欲求のための」の「手段」になると水野は指摘する。人と同じ物を持つ（have）時代から、自分がどうありたいか（be）が問われる時代になったのである。

しかし消費者は、自分がどうありたいかを必ずしも自分自身で理解していない。自分がどうありたいかという「目的」がわからないのに、「手段」として何を買えばいいかはわからない。つまり、「ほしいものが、ほしいわ。」とは、「自分はどういう自分でありたいか、それを自分が知りたいわ」という意味であったと言える。逆に言えば、これが欲しかったんだという物を見つけることで、消費者は単に物を発見するのではなく、自分を発見しようとしていたのである。そういう欲求のゆらぎ、さまよいに対して、企業は、特に小売業は対応しなくてはならなくなった。それが一九八〇年代という時代なのである。

八〇年代とかバブル時代というと、テレビで紹介されるときはディスコのお立ち台で大きな扇子を振りながら踊るミニスカートの女性が映し出される。NHKでも必ずと言っていいほど、そうである。NHKにはよほどお立ち台ギャルが好きな人が多いのかと疑いたくなるほどだ。しかし、あの映像だけで八〇年代を代表させるのは相当無理がある。映像による単純化の悪い例である。

お立ち台ギャルの映像だけでは、八〇年代は単に景気がいいだけの、とても単純でお馬鹿な時代だと思われてしまうだろうが、これまで述べてきたように、消費者心理という点から見ると、かなり複雑な時代が始まっていたのである（そもそもお立ち台が有名なディスコ、ジュリアナ東京の開業は九一年であり、バブルピーク時とは言えない）。そういう複雑な時代においては、誰もが明らかに共通して欲しいと思う、あるいは必要だと思う商品は百貨店では売りにくくなる。消費者は、必需品ならディスカウント店で買うようになったからだ。

百貨店は、パルコなどの先進的な業態と同じように、私だけが、そして私と同じ感性を持った少数の人たちだけが欲しいと思う商品を売らなければならなくなった。必然的に、商品のジャンルを絞って、各ジャンルの中でのアイテムの数は増やさなければならない。それがロフトのような「専門大店」という新業態を生んだのである。

東急ハンズと生活者のクリエイティビティ

専門大店という観点から忘れてはならないのが、東急ハンズである。東急ハンズ一号店は神奈川県藤沢市に一九七六年に誕生した。まさに、第三の消費社会の最初の時期である。しかし藤沢店は、あくまで渋谷店を出すための実験店という位置づけであり、本格的なハンズは七七年の二子玉川店を経て、七八年の渋谷店として登場する。

渋谷の東急ハンズは若者を中心に圧倒的な支持を得た。その名の通り、コンセプトは「手の復権」。コンセプトメイキングに当たっては小売新業態開発のカリスマ、浜野安宏が重要な役割を担った。企業戦略構想、店舗基本構想、商品基本構想、店舗ネーミング、ストアマークデザインまでを浜野商品研究所が担当したのである。

みずからがプロ並みにアウトドアレジャーを楽しむ浜野は、みずからの手を使って生活の創造をする楽しみとしてDIYを規定し、「クリエイティブ・ライフ・ストア」というハンズの基本コンセプトを生み出す。結果、単なるDIY店、ホームセンターを超えて、ハンズは、発泡スチロールのような素材までも商品として陳列し、みずからが生活を創造したいという欲求を掻き立て、こんな生活を楽しみたいというイマジネーションを刺激する売り場を作り出した。

東急ハンズを分析した素晴らしい本、東京マーケティング研究会『「ハンズ現象」――東急ハンズからモノ＝コト社会を読む』（一九八六）は書いている。

「およそ人間に対してイマジネーションを呼びおこすためには、変な押しつけがあってはならない」。「そういうやり方だと、人間のイマジネーションは萎縮してしまう」。「イマジネーションを喚起するためには、モノがひとつの『素材』として存在している必要がある」。「どうとでも使ってくれ、とモノが語りかけてくる時、それじゃあどう使ってやろうか、というイマジネーションがわくのである。普通の金物屋や、普通のスーパーの金物売場にある釘は、ただの釘でしかないが、ハンズにある釘は、同じ釘でも、それを見た人がそれを使ってこうしたい、ああしたい、と考えることのできるイマジナティブなモノになる」。釘のような素材商品だけでなく、ハンズの場合「実験用のビーカーとか、ドラム缶とか、植木鉢を置く棚とか、工事現場用のライトとかいった、すべての商品を『素材』に変えてしまうのだ」。

つまり、実験用のビーカーを実験に使うのではなく、食品の保存に使おうとか、植木鉢を置く棚を雑貨を置くインテリアとして使おうとか、工事現場用のライトを自分の部屋の照明に使おうとか、本来の用途とは違う使い方をイマジネーションするよろこびを与えるのが、ハンズなのである。そういう意味では、ハンズは、「純然たるマテリアルとしての素材も、純然たる完成品としての製品も売っていないということになる」。「どんな商品（モノ）も『半マテリアル』『半製品』なのである」。「マテリアルとしても、製品としても『半』だからこそ、使う側が残りの半分を思いのままに埋められるのである」

半製品の思想の日本的性格──無印良品

「半製品」の思想は、無印良品にも通ずるものであろう。無印良品の登場は一九八〇年だから、渋谷東急ハンズとほぼ同時期。この時代は、ありきたりの大量生産品、あるいは単なる有名ブランドを受動的に買うのではなく、商品を素材としてとらえ、それを消費者みずからが加工し、創造し、使い方を考えていこうという欲求が芽生えていたと考えることができる。

ハンズも無印良品も、過去三〇年以上にわたって第三の消費社会を生き抜き、第四の消費社会においても重要な地位を占めているように見えるのは、本当の意味での消費者のクリエイティビティ、パルコが言うところの「創費」への欲求に応え続けてきたからであろう。

また、「半製品」の思想は、とても日本的なものだと思う。庭石を山に見立て、玉砂利を海に見立てる思想、小さな茶室を宇宙に見立て、欠けた茶碗に美を見出し、別の用途に使ってみようとする態度、そうした態度と「半製品」の思想は通底する。あるいは、庶民が日常的に使う雑器や道具に美を見出し、「用の美」を唱えた美学者・柳宗悦の「民藝」の考え方にも通じていると言えるであろう。

だからこそ、この「半製品」の思想の持つ日本的性格は、第四の消費社会においても重要な思想として生き続け、発展していくことになるが、その点については次章でまた述べる。

雑貨の時代

ロフト、ハンズ、無印良品の成功が示すように、第三の消費社会は「雑貨の時代」であったとも言える。消費者がみずからの感性に基づいて「自分らしさ」を追求するようになると、画一的な大量生産品には関心が薄くなる。洗濯機や冷蔵庫で自己らしさを表現しようとは誰も思わないからである。

自動車や住宅ならば、自分らしさを表現することもできるが、高額だし、一生に一度か数度の買い物だから、自己表現の手段としては限界がある。また、それらの商品の開発には長い時間がかかるので、メーカーとしても消費者の自己表現欲求に十分に応えきれない。

気軽に自分らしさを表現するには、家電、自動車、住宅のような重厚長大な商品ではなく、雑貨のような軽薄短小な商品のほうが適している。

一九七〇年代からは、インテリアブームといわれる時代が始まったが、それはたとえば、画一的な建売住宅に飽きたらぬ主婦たちの、自分好みのカーテンで窓辺を飾りたいといった欲求によって支えられていた。

また、その母親のセンスでつくられた、いかにもニューファミリーのマイホーム的なインテリアを古くさいと思った息子や娘たちが、もっと違う個性を取り込みたいと思ったとき、ハンズに行って（当時大流行した）アヒルの形の照明器具を買って来て部屋に置くといったことが簡単にできるのが、雑貨消費の面白さであった。

ファッションでも、もちろん自己表現できる。二〇世紀初頭のシャネルに始まり、一九六〇年代以降のミニスカート、ジーンズ、あるいはイッセイ・ミヤケ、ワイズ、コム・デ・ギャルソンなどのデザイナーズブランドなど、ファッションこそが自己表現の最大の手段でありつづけた。だから、自己表現欲求の高まった第三の消費社会においては、ファッションが消費者の中で重要な役割を演じたのである。

しかし、そうであるがゆえに、ファッションは自己表現として重すぎるとも言える。自己を表現しすぎる、自分をひとつのスタイルを持った人間として表現しすぎるのである。そこには遊びが少し足りない。

自分はそれほどひとつのスタイルに固執していない、もっと多面的な存在である、そもそも既存のスタイルによって自分を表現するというのは一種の矛盾である、と無意識に感じとる消費者も増えてきた。そこで、ある特定のスタイルに、意図的に別のスタイルを加え、全体として少し「ズレた」印象を与える必要が生じる。そのとき、雑貨というものが有効であった。

このように、大量生産品で囲まれた生活に対して若干の自分らしさを加える、また、決められたスタイルに対して幾ばくかのズレを生じさせて楽しむ、そうした消費者の感性が雑貨を消費する時代を生んだのだと言える。したがって、この時代の雑貨は先述したアヒルの照明のように、本来の機能とは無関係のデザインを施されることが多かった。そうした雑貨は、当時の消費社会論をリードしたフランスの社会学者ボードリヤールの影響により、「ガジェット」(ガラクタ)と呼ばれ、高度消費社会のシンボルであるかのように位置づける風潮もあった。

こうしたことは、物によって個性、自分らしさを表現することが、実はとても難しいことであるということ、自分らしさを追い求めることが一種の蟻地獄的な状況に陥ることにもなりうることを示唆していた。

6 高度消費社会の飽和

差別化消費の悪夢

実際、一九九〇年代に入ると、次第に「本当の自分」「本当の自分らしさ」への希求が強まっていき、単なる消費行動を超えて、いわゆる「自分探し」ブームが拡大していった。言い換えれば、自分が何者かでありたいと思いつつ、それが何かがわからない。どういう自分が本当の自分なのか、どういう自分になりたいのか、それがわからない人間が増えていったのである。

これはまさにいわゆる近代的自我の問題でもあって、近代以前の社会であれば、自分が何者であるかは社会があらかじめ決定しており、本人はそれに疑いをあまり持たなかったし、そもそも持ってはならないとされた。個人を取り囲む社会は基本的には小さな地域社会に限定されており、よって個人は固定的で安定していた（というか個人はなかった）。人はその小宇宙の中で固定された役割を演じればそれでよかったし、そうするしかなかった。

しかし近代においては、自分が何者になるかは個人の自由な選択の対象となり、自分の生き方を自分で決め、自分の信念に従って自分の力で生きることがよしとされる。

しかし、社会が豊かになり、消費が多様化、個人化してくると、人々は自分の信念を相対化して見るようになり、他者の目を気にするようになる。

こうして、自分探しをする消費者は、自由であるがゆえに非常に不安な状態に置かれることになるのである。このことをいち早く指摘したのが後に述べる山崎正和であり、もう一人は上野千鶴子であろう。

上野の『〈私〉探しゲーム』（一九八七）は、一九八〇年代初頭から中葉までの論文、エッセイをまとめたもので、まだ平安女学院短期大学助教授時代という、今の彼女からは想像もできないほどの下積み時代（?）に出されている。しかし、その内容は、今読んでも新鮮な指摘に満ちており、上野の代表作と言ってよい。上野はもちろん日本を代表するフェミニズム研究者だが、実はすぐれた消費社会研究者でもあるのだ。マーケティング会社に就職するかもしれなかったということは、私との対談に書いてある（上野・三浦『消費社会から格差社会へ』二〇〇七）。

上野は同書に「商品――差別化の悪夢」という論考を載せている。そこにはこう書かれている。

第二の消費社会のように「単独商品がヒットする時代には、人々はモノが売れるのは『便利さ』のせいだと考えていた」。「『あれば便利』なものは、例外なく人々が欲しがるだろう」。しかし、欲しがるには欲しがるための条件が必要であり、人々に「欲しがらせる」ためにさまざまな戦略がとられた。その一つは都市化であり、都市的な生活様式をする人が増えることによって、誰もが欲しがるモノが増えた。

もう一つは「『人なみ化』への強制」である。「高度成長期までは商品は『人なみ化』のステイタス・シンボルであり、人々は画一的なゴールへと向けてなだれをうって殺到した」。「その帰結は、国家規模での巨大な中産階級化であり、これこそが『人なみ化』のゴール」だった。「ゴールに達した国民は、もはや到達すべきモデルを持たない」。「『他者志向』しようにも、その他者が自分と似たような存在になってしまったから」「消費者には、自分自身が視えなくなってしまった」のだ。

そうなると、上を目指す「人なみ化」ではなく、「ちがいがわかる」ことを目指す「差別化」が重要になる。「しかし、『ヨソとちょっとちがう』ことには限界がない」。「差別化がある限り、欲望はなくならない」。これは、藤岡が「感性欲求が高まるということは、『これまでのものではあきたりない』、『皆と同じではあきたりない』」のだから、「際限のない需要を作り出すといっていいのです」と言ったことと同じことを指摘している。

だが、「人なみ化」が終わったわけではない。「差別化」と「人なみ化」が同時並行する。「人々は『人とちがう』ことをのぞみながら、同時に『ちがいがわかる』限りで『人と同じ』

であることをも望んでいる」。「『人とちがう』ことと『人なみ』であることとの狭間で、人々は無限に自分自身を写す合わせ鏡の中にはまりこんでしまう。あるチョイスをしたからと言って、それだけではもう誰も、自分が誰かを説明できない。もう誰ひとり、自分の欲望がわからな」くなるのだ。こうした事態を、上野は、社会学者・井上俊の言葉を借りて「悪夢の選択」と呼んだ。消費が悪夢となった時代。それもまた八〇年代なのである。

また、上野のように消費を悪夢とは呼ばなかったものの、私も一九八二年からずっと月刊マーケティング雑誌を編集し、毎月何十もの大小のトレンドを見つけては情報にする仕事をし続けていて、しかもバブル時代には、金箔付きの寿司を食べることが流行するほどの消費社会の頽廃ぶりを見て、すっかり疲れ果てていた。だから、『アクロス』一九八九年一二月〜九〇年一月合併号では、特集を「80年代の墓碑銘」と銘打ち、巻頭にこう書いたのである。

「消費社会の発達が極めて高度な水準に達した80年代を、我々は今、なかば呆然と立ち尽くす思いで見送っている。夥《おびただ》しい事象が慌しく現われ、高速で情報化され、様々な意匠をとって差異化され、貪欲に消費された時代。膨大な情報を噛み砕く間もなく胃の中に流し込み、それがまだ消化されないうちにまた新しい情報を口に運びつづけた人間。この80年代が、将来いかなる時代として歴史に記録されるのか、今はまだわからない」

消費社会の病理と化した自分探し

このように、バブル時代、消費社会は世紀末的頽廃の様相を呈しつつあり、一種の病理的な現象をすら生み出していた。「悪夢」のような差別化消費がもたらす不安ゆえに、ますます消費を通して自分探しが進んだのである。

消費者の自分探し志向に気づいた企業は、九〇年代以降、自分探しを広告・マーケティングのテーマにするようになった。が、大量生産品と自分らしさとは本来相容れない。しかし多品種少量生産の技術が進むことによって、消費者ひとりひとりの趣味、嗜好などにきめ細かく対応することがある程度可能になったのも事実だ。

こうして、広告や雑誌記事の中に「自分らしく」「私らしく」という言葉があふれだした。衣服や化粧品はもちろん、クルマも家電もマンションも旅行もクレジットカードも大学も、自分らしさ、私らしさを最大の価値として訴求するようになった。自分らしいクレジットカード？　何だそれ⁉　しかし実際そうした広告があふれだした。

企業にとっては、消費者に対して、その企業らしさではなく、消費者の自分らしさしか提案できないというのは一種の敗北である。しかし消費者が求めるものが、企業の提案する特定の美しさや女らしさや男らしさやデキるビジネスマンらしさではなく、あくまで自分らしさだというのなら、企業としては、その自分らしさをお手伝いしますよとしか言いようがない。

こうして、消費者自身の自分らしさ志向と企業による自分らしさ訴求との共犯関係によって、ますます「自分らしさの神話」が増殖していったのである。

消費の対象だけでなく、仕事も結婚も自分らしくなければならないと信じられるようになった。つまりは、人生全体を自分らしく生きたいと思うようになったのである。

一九九〇年代以降、若者のフリーター、無業者の増加が問題になったが、その一つの理由は、若者が仕事を通じて自分らしさを実現したいと思うようになったという点だ。逆に言えば、たとえお金がたくさんもらえても、自分らしさを疎外する仕事は我慢ができないという価値観である。晩婚化が進んだ理由の一つも、若者が自分らしい結婚をしたい、自分らしい相手に巡り合いたいと思っているからだ。しかしそんな相手はそうそう簡単に現れない。よって結婚が遅れるのである。

何が彼らを自分らしさ主義者にしたのか。彼らを自分らしさ主義者にしたのは間違いなく消費社会なのだ。つまり、自分専用の部屋、自分専用のステレオ、自分専用のテレビ、自分専用の電話、自分に似合う（と言われる）服等々、そうした自分専用の「私物」の私有経験こそが、彼らの自分らしさ主義の土台になっているのである。

逆に言えば、彼らから私物をすべて奪ってしまえば、おそらく彼らは彼らがこだわる自分という存在のあまりの軽さにたじろぎ、ひどく不安に陥るに違いない。物がなければ、自分らしさの根拠などどこにもない。まず自分らしさがあって物を選ぶのではなく、物を選ぶことで自分らしさが形成される（ように感じられる）のだ。かつては共同体における役割が自分らしさを支えたように、今は否応もなく物が自分らしさを支えているのである。

実際、携帯電話を忘れると不安になる者が多いことは各種調査から明らかにされている。携帯電話の場合、単に物として私物であるだけでなく、そこに記録された友人の電話番号や通信記録などによって自分の分身となっているため、持っていないとパニックに陥るのである。人をこれほどパニックに陥れる物が他にあるだろうか？　考えてみると、どうも女性にとっての化粧ポーチがそうらしい。化粧ポーチも女性にとってはまさに自分づくり（make up!）に必須だからであろう。

永遠志向と自己改造志向

不安な消費者の二番目の傾向は「永遠志向」である。具体的には海外高級ブランド志向がそれに当たる。海外高級ブランドは、消費者の自分らしさに近づくのではなく、消費者がブランドらしさのほうに近づくべきだという態度を保持している。自分らしさなどという「ぬるい」次元を超えた絶対的なものとして高級ブランドは君臨する。不安な消費者は、高級ブランドが生み出す永遠性という強力な物語に引かれるのである。後述する日本ブームなどもこの一種であろうし、最近の神社の人気もそうであろう。千年単位での歴史を持ったものに現代人は引かれるのである。

リバイバルブームやレトロブームも「永遠志向」に近い。その対象はグリコ、ディスコ、平凡パンチ、ビートルズなどさまざまだ。大衆文化は本来フローの文化であり、ある一時期に売れても、いずれ消滅し、次の文化に取って代わられるものだと思われてきた。しかし、大衆文化も時間と共に蓄積されて資源になるということをリバイバルブームは証明している。つまり、新しい物（語）をつくらなくても、古い物（語）だけで消費者が十分満足する時代になったのだ。これを私はかねてから「大衆文化のストック化」と呼んだ（拙著『「豊かな社会」のゆくえ』一九九二）。資産が一〇〇〇万円しかなければ、どんどん働いて稼がなければならないが、資産が一〇億円あれば、その運用益だけで暮らせるので、がつがつ働く必要はない。それと同じで、文化もフローしかなければ、次々と新しい流行風俗、ヒット商品を作り出さなければならないが、ストックがあれば、それを使い回すだけでよくなる。企業から見れば、まったくの新製品より、消費者の認知度も好感度も高いかつてのブランドを利用した製品のほうが安心して市場に投入でき、売上げも確実に読めるという効果もある。古い物語の使い回しで十分なのである。

不安な消費者の第三の傾向は「自己改造志向」である。これは、高級ブランドであれ何であれ、物を消費することでは所詮自分らしさやアイデンティティは実現できないことに気づき、自分自身を変えようという態度であり、内面的な自己改造と外面的な自己改造の二つの方向がある。内面的な自己改造として代表的なものは、さまざまな自己啓発や資格取得、稽古事などの勉強を行う「学習志向」である。

外面的な自己改造としては、茶髪、ピアス、タトゥー、整形などの「肉体改造志向」がある。肉体改造志向には、より一般的なものとしてフィットネス、筋力トレーニング、ヨガ、さらにサプリメントなども含まれよう。これは藤岡や水野が指摘した「ＢＥ」の時代の、言わば究極の姿であるとも言える。

「複数の自分」によるメガヒット

このように「本当の自分らしさ」を求める自分と、それに対応して「多様な自分らしさ」を提案する企業は明らかに共犯関係にある。消費者は企業が発する自分らしさ情報を受信し、自分にフィードバックする。すると消費者の中には、今ある自分らしさへの疑念がつねに生じるようになり、さらに本当の自分らしさを探し出すというように、自分探しの循環運動が拡大してしまうのだ。

しかし、この共犯的循環運動は、唯一の確かな自分らしさの獲得に向かって収束はしない。むしろ最終的に消費者は、複数の自分らしさを受け入れるという態度をとるようになっていく。どうやっても、本当の全面的な自分らしさは獲得できない。それを追求しすぎれば自分を宗教や国家などの「絶対」らしきものにゆだねることになる。それがだめだとすれば、実現できるのは自分らしさの一部でもよい。全面的な自分らしさというものはないということは承知の上で、部分的な自分らしさにまた別の部分的な自分らしさを重ねて描きつづけ、たとえそれら同士が相互に矛盾しても、その重層的な仮面の姿を本当の自分と見なすしかない。重層的な仮面は、少なくとも嘘の自分ではない。こうして、ここに「複数の自分」という現代独特の自己意識が生まれることになるのである。

企業にとって、自分らしさ神話の戦略は消費者を簡単に踊らせる手法というわけではない。およそ共犯関係というものがすべてそうであるように、共犯者同士はつねに相手を疑い、相手から裏切られる。同様に、「複数の自分」を持つ消費者は、企業にとってはますますとらえがたいものに「進化」してしまったと言える。

第三の消費社会の後半である一九九〇年代には、それらの「複数の自分」を持つ消費者の増殖が不可解な現象を生み出した。音楽ＣＤが典型的だが、一部のＣＤが数百万枚のメガヒットとなる反面、数百枚単位で売れるマニアックなＣＤも確実に存在するが、数万枚の定番的なヒットがなくなるという事態である。これは「複数の自分」という視点を導入しないと理解できない現象である。

仮に一〇〇万人の消費者がいたとしよう。そして彼らがそれぞれ一貫したひとつの自分を持っていたとしよう。彼らの二五％が同じ志向性を持っているとすれば、二五万枚のセールスが期待できる。

ところが彼らがそれぞれ四つの自分に分裂していたとしよう。すると一〇〇万人でありながら「自分」の数は四〇〇万ある。四〇〇万の「自分」が二五％支持すれば一〇〇万枚のセールスが可能になる。つまり一〇〇万人全員が同じCDを買うということが起こる。これがメガヒットのからくりではないかと思う。

つまり、現代の消費者（特に若者）は「複数の自分」を持ち、そのうちひとつを必ず「みんなと同じ自分」、つまり「同調する自分」として持っている。同時に彼らは「人とは違う自分」、つまり「差別化する自分」を持っている。「同調する自分」に訴求すればメガヒットが生まれ、「差別化する自分」に訴求すればセールスは極小化する。逆に、「ひとつの自分」の時代のような中くらいのヒットが生まれにくくなるのである。

これは、生活水準が上がり、相対的にCDの価格が下がったことも背景にはある。若者の可処分所得に対してCD（昔はLP）の価格が高ければ、自分が一番好きなCDだけを買う。C

Dの価格が安ければ、自分が本当に好きな一枚と、あとは試しにみんなが好きなCDを一枚といった買い方ができる。そうなればメガヒットは生まれやすい。しかも一九九〇年代は、そこに団塊ジュニアという人口の多い世代がいた、ということであろう。

欲求の統合＝自我の統合ができない

私は以前、ある生活研究シンクタンクの研究員のコメントを新聞で読んで「へえ」と驚いたことがある。同研究員が高校生の食生活を調査したとき、高校教員の意見として「食べることを楽しいと感じない、面倒と思う子が増えてきた」という声が目立ったというのである（「東京新聞」二〇〇三年一月一三日付）。しかし、この話を知り合いの食品メーカーの人にすると、食べるのが面倒くさいという感覚があることは食品業界では数年ほど前から常識だと言われてしまい、また驚いたのである。

ではなぜそれほど食への関心が薄れたのか。ダイエット情報が行き渡り、やせたい人が増えているからという理由もありうる。が、そもそも食べ物があふれすぎているために、かえって食欲が減退しているのではないだろうか。

欲求の基本的な源泉は不足である。人は足りないものは欲しいと感じる。あり余っているものはあまり欲しいと感じない。ここで食べておかないと今度はいつ食べられるかわからないと思えば、多少まずいものでもよろこんで食べる。

ところが現代の生活は、コンビニにもファミレスにもファストフード店にもデパ地下にも、そして駅のプラットフォームにすら、いつでもどこでも食べ物があふれている。いつでも手に入ると思えば食べる気が薄れるのは当然だ。食べ物が多様に大量に目の前に存在し、それを自由に選択できるにもかかわらず、むしろそれだからこそ、かえって食べることが面倒になっているのだ。

それはちょうどわれわれが、情報社会の中で、過剰な情報の洪水を処理することができずに、ただ流れている情報をぼんやりと眺めるしかできないでいる状況とよく似ている。欲しいとも言わないのに、つまらない情報が大げさな演出を施されて二四時間垂れ流されている。いや、ものすごい圧力で放出されている。

そういう情報環境の中で、われわれは情報が欲しいという気持ちをむしろ阻喪するだろう。食についても、それと同じ状況が起きているのだ。冷静に考えれば異常なほど大量の食欲刺激が常時なされている。こういう中で、正常な食欲を維持し、正常な食生活を営むことは難しいであろう。

私があるとき若者に行ったインタビューでも、一体自分がいつ何を食べたいと思うか予測がつかないので、あらかじめ食品を買いだめできないという意見があった。スーパーに行って安いものを買いだめしても、結局食べきれないという。食べきる前に他のものが欲しくなるからだ。だから買いだめせず、何か食べたくなったら、たとえ夜中の二時でもコンビニかドン・キホーテに駆け込むほうが無駄がないらしい。若者は（若者だけはないが）、腹がへったと内発的に感じて物を食べるのではなく、遍在する食物情報による刺激に反応して物を食べるようになったのである。

しかしこうなると、食欲を満たすことは幸福感にはつながらず、むしろ食欲は、食べても食べても決して満たされることのないもの、むしろ、いつ何時自分に襲いかかってくるかもしれない不快なもの、不気味なものとして意識されるようになる可能性がある。それが、若者が食べることを面倒くさいと思うようになった理由ではあるまいか。そして若者は、いつ何が欲しくなるかわからない自分というものをもてあますようになった。自分がわからなくなったのだ。

それは先述した「ほしいものが、ほしいわ。」という感覚とは、似ているようで少し異なる。「ほしいものが、ほしいわ。」の時代においては、そう思っている自分を疑っていない。何かを欲しいと思っている自分を、自分は好きだと思っているし、欲しいものが見つかったときの自分は幸せだと思っている。それに対して、突然自分に襲いかかってくるかもしれない欲求をもてあましている現代の若者は（若者だけではないが）、その欲求を持った自分をわかるとか、好きだとか、幸せだとか、思いにくくなっているのではないだろうか。

自分がわかる、あるいは自分がある、という感覚は、自分が何が欲しいか、何がしたいか、何になりたいか等々の欲求を自分で統合しているという感覚であろう。欲求が統合されていれば、自分は音楽が好きだから、音楽関係の仕事がしたいというように、自分の人生を計画することもできる。それはアイデンティティを確立したという感覚だとも言える。

対して、自分がわからないということは、自分の欲求を自分で統合できないでいるということである。統合するには、あまりに自分の欲求には脈絡がなく、突発的に現れすぎる。それが本当に自分の欲求なのかすら不明である。自分をわかるということが困難になっているのだ。

もはや自分は統合されたひとつの「自分（アイデンティティ）」ではない。自分の内部に唯一のたしかな自分があるのではなく、自分の外部に自分でも知らないいくつもの自分があると感じられるのだ。まさに「複数の自分」である。そして、この「複数の自分」こそが、自分をわからなくさせるのである。

差別化からユニクロへ

さて、第三の消費社会におけるもう一つの問題は、消費の感性化が、消費行動における個人間の格差の拡大をもたらしたという点であろう。

第二の消費社会におけるような、物の量や便利さを求める消費の場合、消費の格差は基本的に所得に比例した。しかも、高度経済成長期だった第二の消費社会においては、誰もが所得を伸ばしていたので、消費の格差はすぐに埋めることができ、多くの人が「いつかはクラウン」という幻想を持つことができたのである。

また、第二の消費社会では、ブランドやデザインなどに無頓着でもかまわなかった。松下電器のテレビよりも東芝のテレビのほうがブランド性が高いからかっこいい、という価値観は第二の消費社会にはなかった。もともと重電メーカーであり、モーターをつくっていた東芝のほうが洗濯機の性能はよい、という機能的な選択をすることのほうが多かったとすら言える。

ところが、第三の消費社会になり、消費の個人化が進むと、個人の感性、センスが消費行動、商品選択に表れる。どの街のどの店でどのブランドを買うかが、その人の感性の高低を示すことになる。高低と言って悪ければ多様性である。

たとえば、渋谷のパルコでコム・デ・ギャルソンを買うか、東急東横店でバーバリーを買うかには、所得の差ではなく感性の差が示されると考えられたのであり、当然、コム・デ・ギャルソンを着ている人はバーバリーを着ている人を低く見たし、バーバリーを着ている人はコム・デ・ギャルソンを着ている人をおかしな人だと思うという現象が見られた。両者は相互に無関心か、しばしば敵対的だったのである。そうした現象を『アクロス』ではファッションの「タコツボ化」と呼んだ（一九八一年二月号）。後に社会学者の宮台真司が「島宇宙化」と呼ん

図表2−16　世代別、階層意識別ブランド好意度

	階層意識	人	無印良品	ユニクロ	GAP
Z世代	上	270	35.3%	26.3%	8.8%
	中	527	33.9	29.1	8.4
	下	316	34.6	27.9	9.2
団塊ジュニア	上	29	37.9	48.3	6.9
	中	92	34.8	45.7	20.7
	下	79	25.3	44.3	19.0
新人類	上	29	17.2	37.9	20.7
	中	100	18.0	54.0	19.0
	下	71	16.9	60.6	11.3
団塊	上	27	25.9	11.1	7.4
	中	106	9.4	25.5	5.7
	下	66	12.1	33.3	3.0
昭和一ケタ	上	23	0.0	13.0	0.0
	中	123	8.1	22.8	2.4
	下	52	13.5	23.1	0.0

資料：カルチャースタディーズ研究所＋(株) イー・ファルコン「昭和４世代欲求比較調査」2005、カルチャースタディーズ研究所＋スタンダード通信社「ジェネレーションＺ世代」2007

だ現象とおそらくほぼ同じことである。

ファッションやライフスタイルのタコツボ化は、今もある。しかし、第三の消費社会と比べると弱まっているように思う。少なくともファッションで人の差別化を図ろうとする人は若い世代ほど減っている。若い世代では、所得が高い人でも、むしろ所得が高い人のほうが、大衆的な価格のユニクロや、一見地味なデザインの無印良品を好んで買うことが当たり前になっている。

カルチャースタディーズ研究所の調査でも、新人類世代（この調査では一九六〇〜六四年生まれ）は階層意識が「下」の人ではユニクロを六〇・六%が好んでいるが、「上」では三七・九%のみ。ところが団塊ジュニア世代（七〇〜七四年生まれ）では階層意識による差はなく、むしろ「上」のほうがやや多いくらいである〔図表2－16〕。無印良品についても、新人類世代はどの階層でも一七％前後しか好んでいないのに、団塊ジュニア世代では階層意識「上」と「中」では三五％前後と高い。

逆に、世界的なアメリカンカジュアルブランドであるGAPは、新人類世代では「上」と「中」で高いが、「下」で低いのに対して、団塊ジュニア世代では「中」と「下」で高く、「上」で低い。また、Z世代（一九八二～九一年生まれ）になると、ユニクロ、無印、GAPともに階層性がなくなり、GAPは一割未満の好意度しか得られなくなっている。団塊ジュニア世代以降の若い世代では、基本的な衣食住については、みんなが同じ物を持っていても別にかまわないという意識が強まっていると同時に、GAPのような、強力なブランド戦略を打ち出すわりには、商品の基本性能が高いとは言えない商品が好まれなくなっているものと思われる。

これまで述べてきたように、第三の消費社会において消費は非常に複雑化した。その結果として、企業側も、消費者側も、消費に疲れてしまったという状況があると思われる。自分が一体何者なのか、何が本当に欲しいのかを問いかけながらする消費などは、面倒くさいからおさらばしたいと消費者は思うようになった。だから第四の消費社会になると、むしろユニクロのような、安くてよい品や、無印良品のような、飾りのない商品に引かれていくことになったのである。

最適な素材と製法そして形を模索しながら、「素」あるいは「簡素さ」の中に新しい価値観あるいは美意識を生み出すこと。また、無駄なプロセスは徹底して省略するが、豊かな素材や加工技術は吟味して取り入れる。つまり、最低価格ではなく豊かな低コスト、最も賢い低価格帯を実現していくこと。〈中略〉それは世界が今後必要とするはずの価値観でもある。僕はそれを「世界合理価値」と呼んでみたい。

原研哉『デザインのデザイン』二〇〇三年

第三章

第三の消費社会から第四の消費社会への変化

1　第四の消費社会と基本としてのシェア志向

第三の消費社会の矛盾と、第四の消費社会に向けての五つの変化

第三の消費社会から第四の消費社会への変化の特徴は以下の五点である。

1　個人志向から社会志向へ、利己主義から利他主義へ
2　私有主義からシェア志向へ
3　ブランド志向からシンプル・カジュアル志向へ
4　欧米志向、都会志向、自分らしさから日本志向、地方志向へ（集中から分散へ）
5　「物からサービスへ」の本格化、あるいは人の重視へ

第一の消費社会から第四の消費社会までの国民の意識の大きな流れを概観すると、「national（国家重視）→family（家族重視、家族と一体の会社重視）→individual（個人重視）→social（社会重視）」という大きな変化があったと言える。

前章で見たように、第三の消費社会は、「高度消費社会」とも言われる時代であり、強い日

本経済をベースにして、円高、バブルが起こり、日本人が戦後ずっと追い求めてきた欧米的な消費生活、物質的な豊かさが、少なくとも表面的にはほぼ完全に、日本にいながらにして手に入る時代が実現した。また、画一的な大量消費商品ではなく、もっと自分らしい、自分の感性に合った商品を選択する自由が拡大した。

しかし、そのことは、すでに前章でも述べたように、新たな矛盾を生み出した。感性による個性化は人々を分断する傾向があったし、個性化の背景には階層化があったので、人々をさらに分断し、孤立化させる傾向があったと言える。

また、高度消費社会は過剰な物質主義を蔓延させ、一九七〇年代に予兆が見られたエコロジー意識、省エネ意識などを忘れさせ、八〇年代においてすら一時期は盛り上がりかけた反原発の動きをも雲散霧消させたのである。

第三の消費社会がもたらした、こうした矛盾を解決する方向に第四の消費社会は動く。すなわち、あまりに個人化、孤立化した社会よりも、個人間のつながりが自然に生まれる社会を目指そうとするのである。

社会（society）の語源はラテン語の（socius）であり、それはまさに「仲間、つながり」を意味する。にもかかわらず、資本主義化、消費社会化、私生活主義化、個人化などが進みすぎると、人は人同士のつながりを意識しにくくなる。社会の中にいるのに、つながりを感じられないという奇妙な矛盾が生じたのである。その矛盾を解消する方向に第四の消費社会は動こうとしているのである。

情報社会と利他志向

したがって、第四の消費社会では、自分の満足を最大化することを優先するという意味での利己主義ではなく、他者の満足をともに考慮するという意味での利他主義、あるいは他者、社会に対して何らかの貢献をしようという意識が広がる。その意味で社会志向と言ってもよい。

物質的な豊かさは、物を私有することで享受できる。究極的には物を独占することで満足度が上昇することもある。人よりも大きな物、高額な物、希少な物を持ったほうが満足する。それを見せびらかすこともできる。そうしたことをマーケティングの世界では「差別化」と呼ぶ。

しかし、情報は物質とは違い、それを私有し、独占し、貯め込むだけでは意味をなさない。それを他者に伝え、他者と共有しないと、情報を持っていることのよろこびを味わえないのである。金の延べ棒のように情報を積んでおいても、情報は価値を生まない。あるいは昔話に出てくる、土の中に埋められた大判小判を入れた壺のように、情報をどこかに隠して貯め込んでいても、何もよろこびをもたらさないのである。

これが情報と物質の興味深い相違である。だから、情報化が進むと、人々は、どういう情報

図表3-1　社会志向の強まり

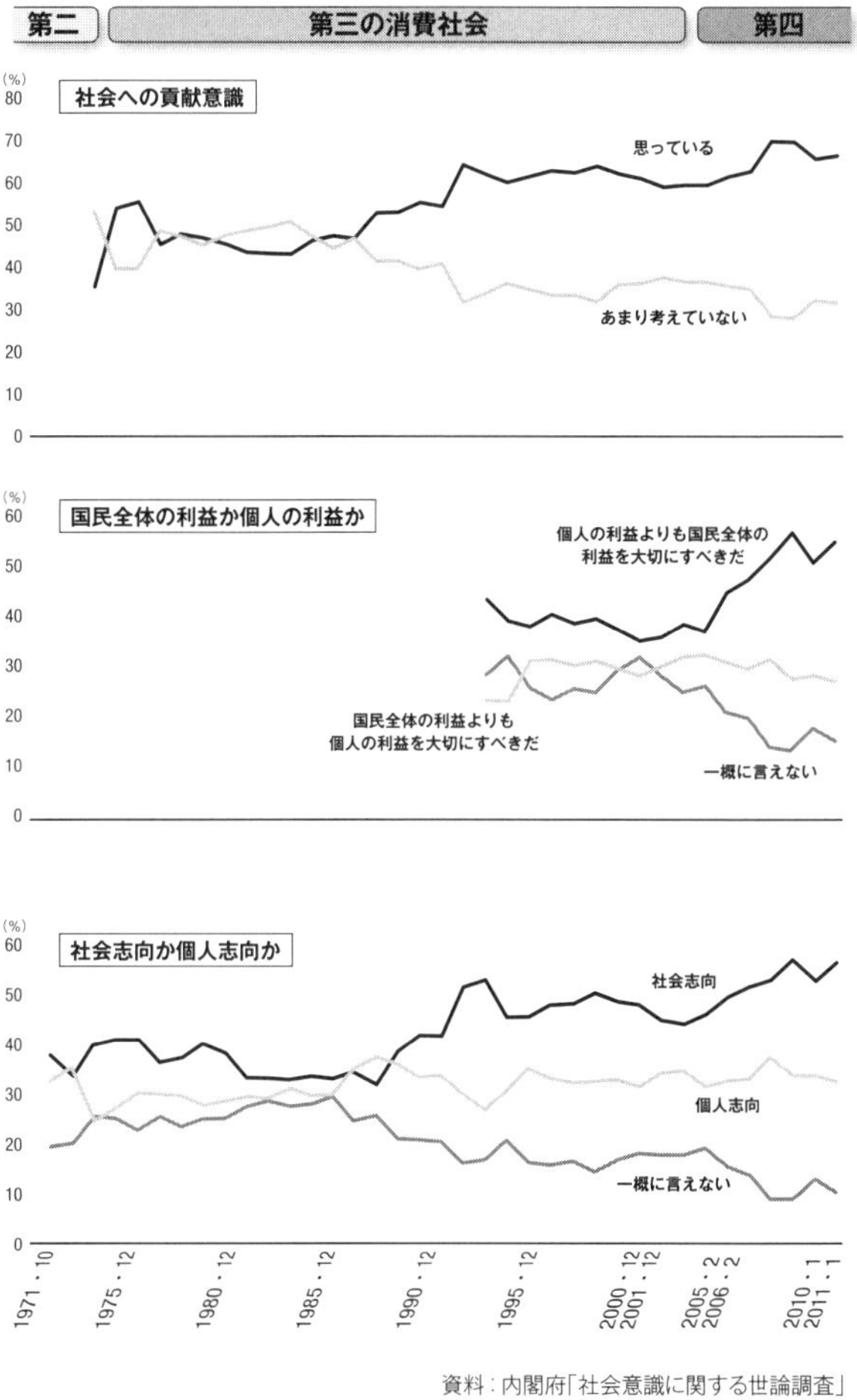

資料：内閣府「社会意識に関する世論調査」

図表3-2　NPO法人認証数

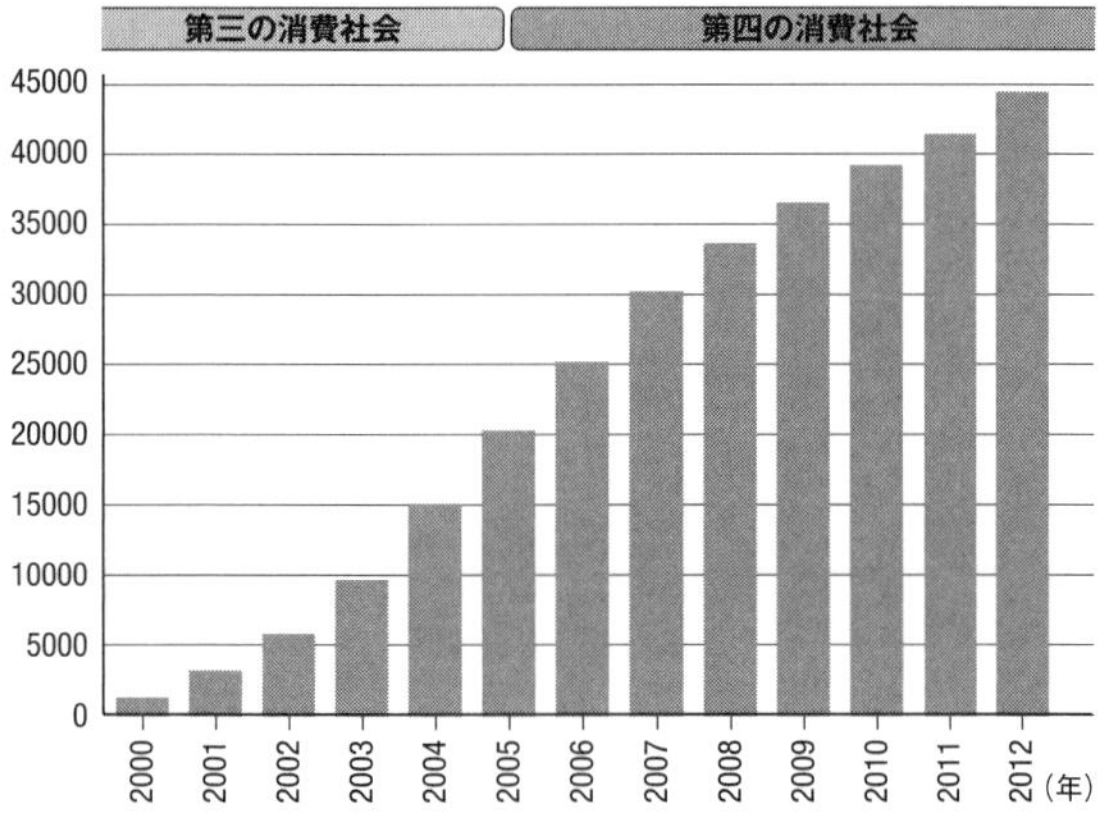

資料：内閣府「NPOホームページ」

を持っているかを自慢するという以上に、情報を交換すること自体によろこびを見出そうとする。日常の些細なことであっても、フェイスブックに書き込めば、みんなから「いいね」と言われる。見ず知らずの人からも「誕生日おめでとう」というメッセージが届く。広い意味で利他的な行動が簡単にできるようになったのである。

こうした利他志向あるいは社会志向の広がりは、内閣府の「社会意識に関する世論調査」において、一九八六年以来、ほぼ一貫して社会に貢献したいと「思っている」人が増えていることからも明らかである。

また、「個人の利益よりも国民全体の利益を大切にすべきだ」という考え方も二〇〇五年以降増え始めている。まさに第四の消費社会の始まりと同時である。

「これからは、国民や社会のことにもっと目を向けるべきだ」という社会志向的な回答も、バブル末期から増え始め、二〇〇五年を過ぎると過半数に達してきている〔図表3－1〕。

また、NPOの数も二〇〇〇年以来、一二年で四万を超えており、社会的に貢献できる活動に関心を持つ一般市民が増えていることを裏付けている〔図表3－2〕。

消費の事業仕分け

こうした利己主義から利他主義への変化は、私有主義からシェア志向への変化だとも言える。自分専用の私物を増やすことに幸福を感じるだけの私有主義、私生活主義、マイホーム主義ではなく、第四の消費社会では、他者とのつながりをつくりだすこと自体によろこびを見出すシェア志向の価値観、行動が広がっていく。このシェア志向の価値観、行動こそが、第四の消費社会における消費の基礎となっていくものである。

詳しい話に入る前に、「私有からシェアへ」という流れを説明しておこう〔図表3－3〕。

私有とは私専用に所有するということだから、「私―公（共）」「所有―利用」という軸で整理すると、私有は右上の象限にくる。

本来、高度経済成長以前の社会、言い換えれば第一の消費社会においては、先述したように、

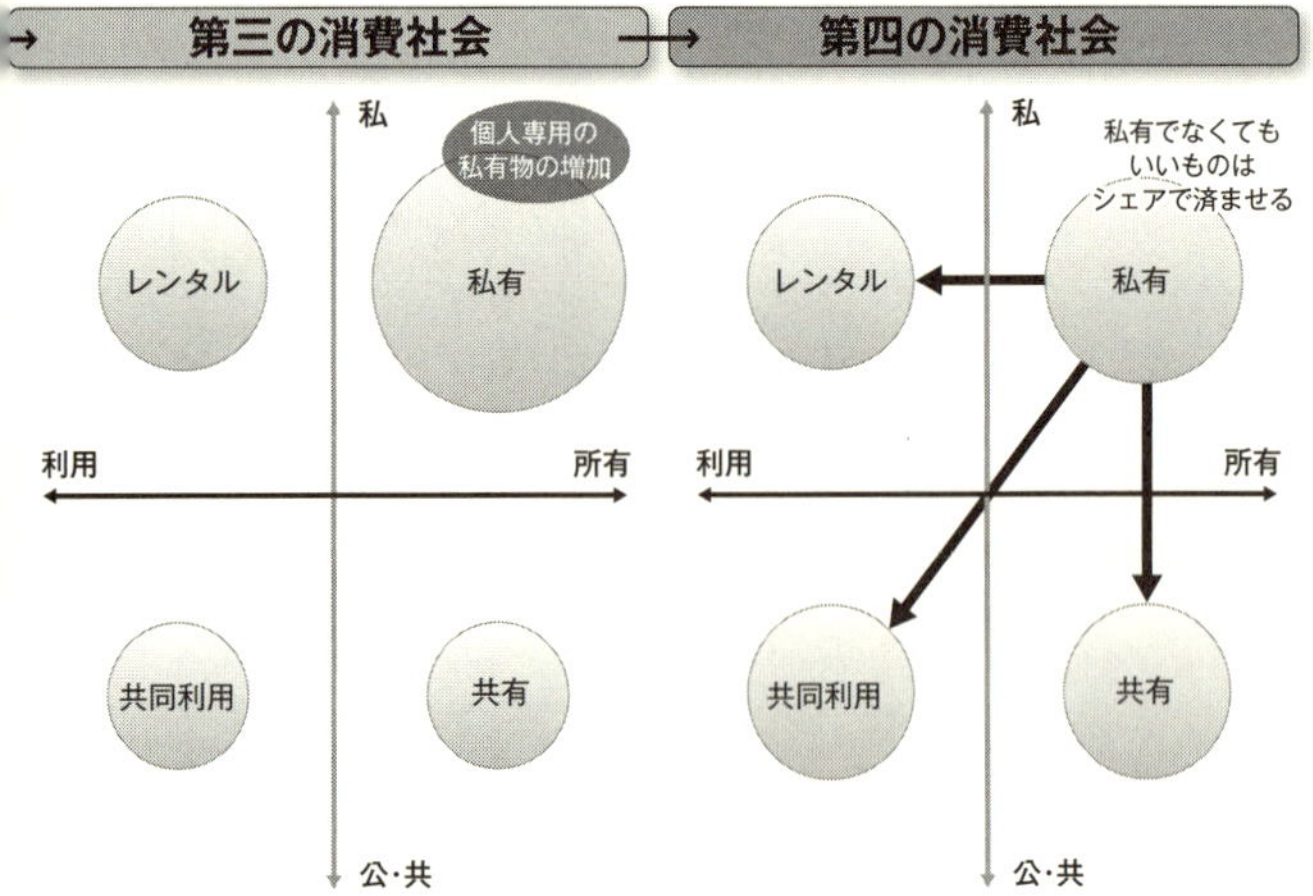

車を私有できたのはごく限られた上流階級だけであり、家も中流のサラリーマンですらずっと借家住まいで、退職金でようやく家を買うのが普通だったという。家具もせいぜい嫁入り道具の桐タンスを一棹持っているくらいであっただろう。

多くの庶民は私有財産と言えるようなものは持たず、風呂は銭湯に行き、娯楽は映画館でみんなと一緒に見ていた。右上の象限の比重は小さかったのである。

これが第二の消費社会になると、家電が普及し、マイカー、マイホームなどを多くの人々が私有することができるようになった。右上の象限の比重が一気に拡大し、それが経済を成長させる原動力となった。

しかし、この私有主義的なライフスタイ

図表3-3 「私ー公」「所有ー利用」の軸で見た消費社会の変化

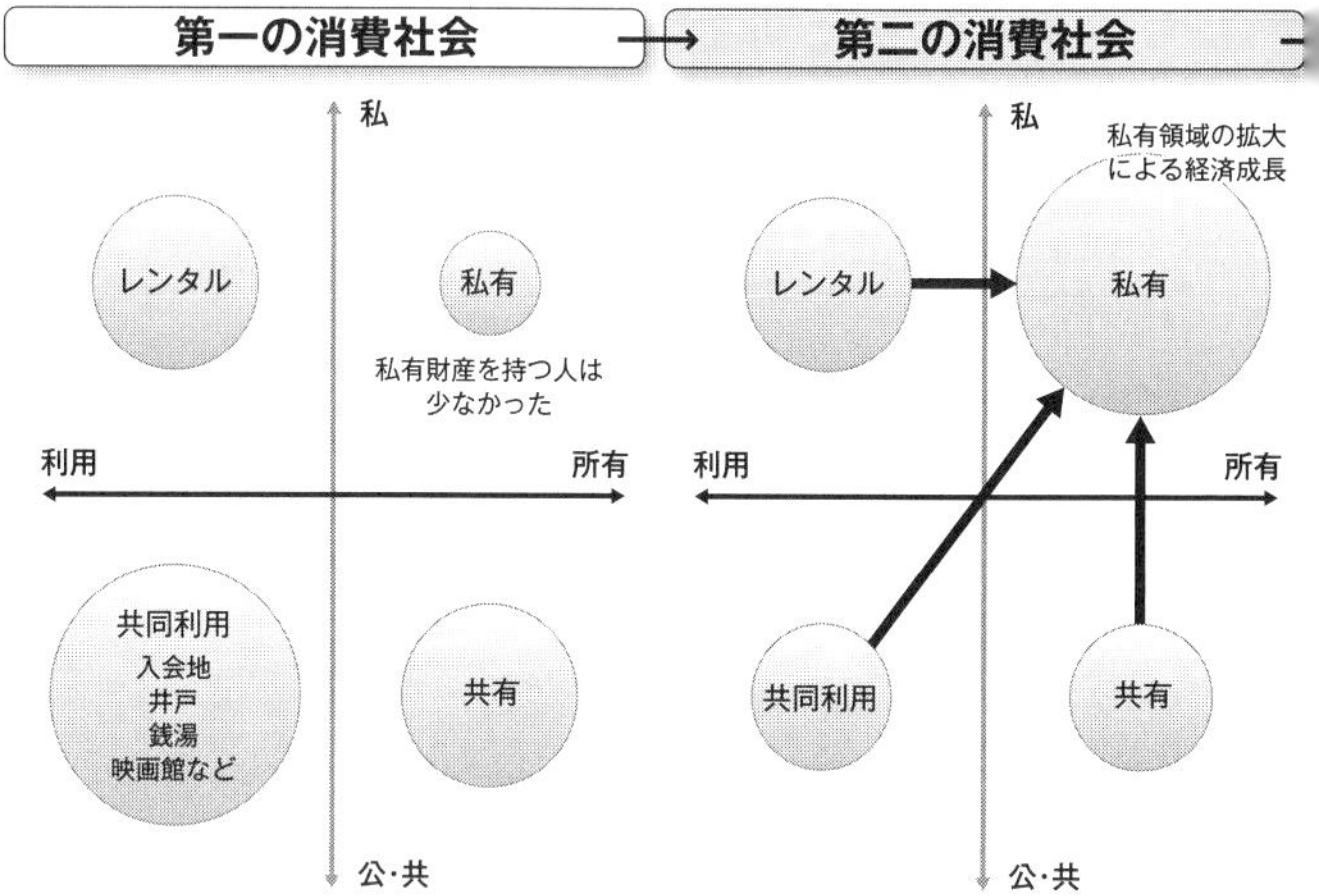

ルが飽和したのが、現在の第四の消費社会である。特に生まれたときから私有財産に囲まれて育った若い世代は、別にすべてを私有しなくてもいいじゃないかと思い始めた。いわば「消費の事業仕分け」が始まったのだ。

かの有名な「一番じゃないとだめですか、二番じゃだめなんですか」という言葉のように、「私有じゃないとだめですか、レンタルじゃだめですか、シェアでもいいんじゃないですか」という問いかけを消費者がするようになった。誰もが同じ物を欲しがり、一家に一台、一人一台と物を買ってきた、標準的な消費をする時代ではなくなってきたのだ。

どうしても欲しい物は買うが、特にいら

図表3-4　免許保有数と新車販売台数推移／予測

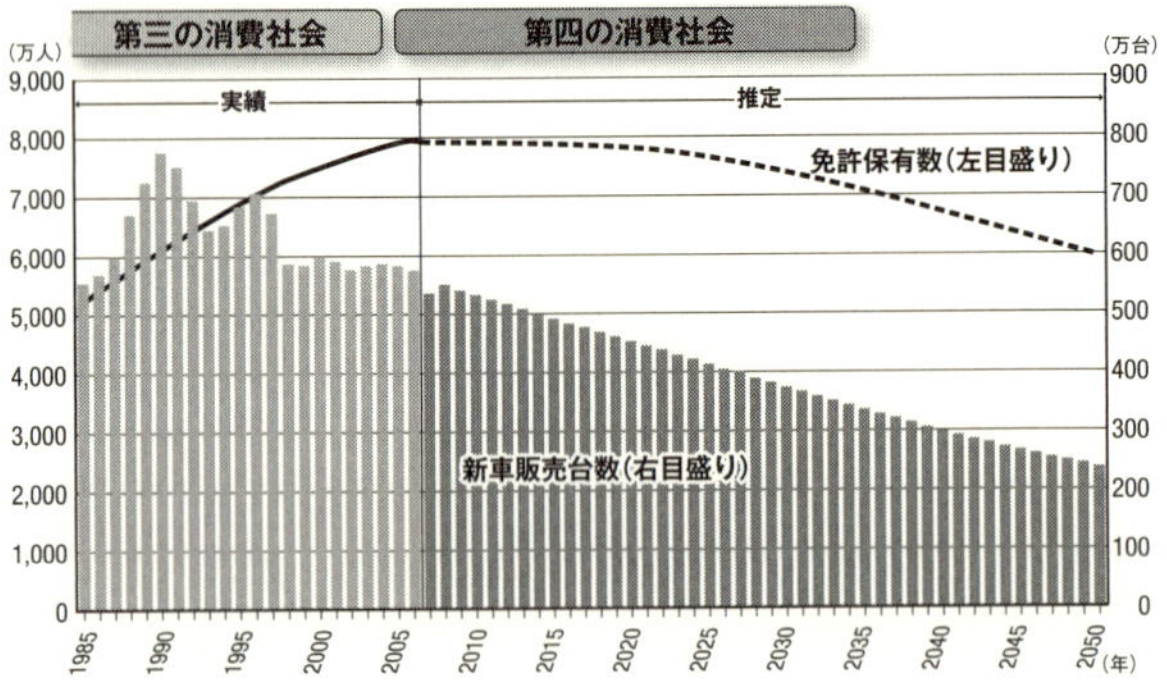

注)総務省統計局発表による18歳以上の人口予測をもとに2007年以降の免許保有数を算出。免許保有数と新車販売の比率を2007年実績から推定、更に近年の保有年数長期化と車離れの傾向が続くと仮定し、新車販売台数を算出した。

資料：株式会社フォーイン

ない物なのに、隣の人も持っているからという理由で買うことはない。どうしても自分専用に持ちたい物は買うが、そうでない物は買わない、不要不急の物は買わないという心理である。あるいはレンタルで済む物はレンタルで済ませる。共有でいい物は共有で済ませる。そういう態度である。

もちろん、第四の消費社会は、私有や私生活を否定するのではない。しかし、私有や私生活ではむしろ満たされない願望があることに気がつき、その不満をシェア型の行動によって解消しようとする人々が増えてきた、ということであろう。

こうした傾向は3・11の東日本大震災後に強まったように見える。津波に流される家やクルマを見て、多くの国民が、まさにマイホーム、マイカーに象徴される物を私有することのリスクや空しさを感じただろう。もともと断捨離ブームのようなブームもあったわけだが、3・11はそうした脱私有志向を加速したと言えるだろう。

ただし、震災を機に突然シェア志向、脱私有志向が始まったのではない。若者がクルマを買わない、持ち家を買わないと言われて久しい。その傾向が震災によってはっきりしてきたと考えたほうが正しい。

こうして、人口減少の上に、若者のクルマへの無関心が加速し、かつ高齢者が免許を捨てるケースが増えると、日本の免許保有者数は二〇一五年ごろから減少し、それと並行して国内の自動車販売台数は二〇五〇年には二四〇〇万台に減ると予測されているほどである〔図表3－4〕。そもそも私有を増やすというタイプのビジネスは成り立たなくなっているのである。

エコ志向、日本志向、地方志向、そして「金から人へ」

シェア志向の消費者は、一つの物を複数の人で共有する、共同利用する、所有せずにレンタルで済ませる、あるいは中古をリサイクル、リユースするという行動をとるので、必然的にエコロジー志向である。無駄を省くシンプル志向のライフスタイルを拡大する。

また、エコでシンプルな暮らしを実現しようとすると、エアコンを使わずにすだれを使ったり、打ち水をしたりするなど、伝統的な日本の生活様式を見直すことになるので、日本志向を拡大することにつながる。

そして、日本志向が強まると、物質的な豊かさを象徴する都会的な暮らしよりも、自然と親しみながら暮らす豊かさを求めることにもつながるので、地方志向が強まる。

地方志向の強まりとも関連するが、シェア志向は分散志向である。それは、大都市集中、中央集権、ワンマン経営などの集中型のスタイルから、地方分散、地方分権、ネットワーク型経営などへの変化とも並行している。また、シェア志向の消費者は、人と人とのコミュニケーション、できれば顔の見える直接的な人間関係を重視する。

さらに言えば、これはまだかなり先端的な現象であろうが、お金を介さない人間関係をいかにつくるかという点に関心が向かう予兆が見える。つまり、「金から人へ」という動きが始まっていると言える（これについては章末の山崎亮氏へのインタビューを参照されたい）。

消費への影響

情報の交換からよろこびが得られるようになると、たしかに人は物を買わなくなるだろう。物を買って得られる満足は、多くの場合、買った瞬間が最大であり、時間の経過と共に減っていく。それはどうしても一抹の空しさを伴う。

しかし情報を交換することによる満足は、交換した瞬間が最大で、その後低減するわけではない。楽しさは交換によって増幅され、継続しうるのである。

こうした情報交換による楽しみをおぼえた消費者は、物を買うときの判断基準も変わってくるであろう。買った瞬間に最大で、次第に低減していく満足感ではなく、買ったあともずっと満足感が維持される物、あるいは、むしろ時間が経てば経つほど満足感が増していく物を人は買うようになるだろう。あるいは、時間が経つことでえもいわれぬ味が出ている物を好むようになるだろう。事実、後で述べる「シンプル族」は、昭和初期につくられた中古家具だの、伝統的な工芸品、民芸品だの、古民家だのを好むのである。

また、情報化がシェア志向を強めるのは、インターネットを通じて情報自体のシェアが簡単になり、それによって物のシェア（交換、中古品売買など）も簡単になったからである。情報化がシェア志向拡大のインフラとなったのである。

さらに、情報化による消費への影響と言うと、インターネットの通信販売で物を買う消費者が増えたから、百貨店などで買う消費者が減ったという影響がすぐに思い浮かぶが、影響はそれだけではない。

たとえば、ツイッターやフェイスブックなどで、明日の三時から浅草のどこかの会場でイベントを開くよと書き込めば、三〇人くらいの人をそこに集められる。そういうイベントが、東京中の、高円寺や阿佐ヶ谷や三軒茶屋や北千住や金町や小岩などなどの場所で一〇〇件あれば、三〇〇〇人の人がバラバラの場所に集まる。もしツイッターやフェイスブックがなければ、その三〇〇〇人は渋谷の街をうろうろしていたかもしれないのに、ツイッターやフェイスブックのおかげで、バラバラな場所に三〇人ずつ集まってしまうのだ。実際、私が東京・青山の書店で行ったトークショーを聞きに来た人の中には、わざわざ仙台から来た学生がいた。私は矢沢永吉ではないのだ。そんな有名タレントでなくても、ツイッターやフェイスブックの情報によって、広範囲に人を集められる時代なのである。

これは小売業などにとっては大問題であって、その三〇〇〇人を渋谷のどこかの百貨店のイベント会場に集められれば、彼らのうちの一〇〇〇人くらいは百貨店で何かを買って帰ったかもしれないのだ。それが三〇人ごとにバラバラに東京のどこかに散らばってしまう。これでは商売が成り立たなくなるだろう。

消費者は、ツイッターやフェイスブックによって、一カ所に集中するのではなく、無数の場所に分散するようになるのだ。しかも、無目的に渋谷の街をうろうろするより、自分が強く関心を持っているイベントに参加することができれば満足度は高い。同じ関心を持っている人々と知り合い、仲間になることもできる。そうであれば、消費者はあてどなく大繁華街をうろうろするよりも、ますますツイッターやフェイスブックの情報を元にして、自分にぴったりのイベントを求めて行動するようになるだろう。

個人主義だからこそ利他的

シェア志向の価値観は、他者との差別化を求めるものではない。むしろ、他者とのつながりを求めるものである。人と違う自分を見せつける、見せびらかすのではなく、人との共通性を見つけて、そこを媒介にあらたなつながりをつくろうとするのである。

だからといってシェア志向は、同質化を求めるものでもない。シェア志向の価値観が広がった前提は、個人主義的な価値観がそもそも広まっていることにある。現代のシェアは、みんなが同じだけ分配されるべきであるという、集団主義的、社会主義的なシェアではないし、みんなが同じようになるべきだという同質化志向ではない。むしろ、みんなが違うのは当たり前であり、それをお互いに尊重し合うという個人主義こそがシェア志向の大前提になっている。

こうしたシェア志向、あるいは利他志向の前提が、物質的な豊かさにあることは言うまでもない。ひとりひとりが、耐久消費財を一人一台かそれ以上持ち、衣料品や雑貨ならばありあまるほど持っている、そういう過剰な消費社会が前提にあるからこそ、自分が使わない物は必要な人に使ってもらおう、役立ててもらおうという行為が可能になる。近年のタイガーマスク現象もその現れであろう。

2 シェアというライフスタイル

シェアハウスが人気の理由

これまで述べてきたシェア型の行動、価値観の広がりを具体的に見せてくれるのがシェアハウスの人気である（拙著『これからの日本のために「シェア」の話をしよう』［二〇一一］参照）。

シェアハウスに住むことの利点は、「1・エコノミー、2・セキュリティ、3・コミュニティ、4・個性的」の四点である。

まずエコノミー。シェアハウスに住むには初期投資が少ない。礼金なしで、敷金に当たるものもないか、あっても家賃の一カ月分程度かそれ以下である。また、冷蔵庫、電子レンジなどの家電はキッチンに備え付けであり、キッチンの設備は一戸建て並みに充実している。各部屋にはベッド、テーブル、イスが備え付けである。だから、住み始めるときの初期投資が少なくて済むのである。また、風呂、トイレ、キッチンなどを共同利用するので光熱費などの維持費が少ない（光熱費は管理費に込みであることが多い）。したがってエコノミーでエコロジーでもある。そして、掃除などの家事は住人同士で分担するか、場合によっては管理会社が代行するので、家事負担が少ない。よって、休日が家事でつぶれることがあまりなく、働く女性が仕事に専念しやすいという意味でもエコノミーである。

次にセキュリティ。数人で集まって住むから防犯上安心である。防災面でも、特に地震のときなどは一人暮らしよりも安心であり、実際3・11の時もシェアハウスの住人からは、シェアハウスでよかったという声が多く聞かれたらしい。また病気の時なども、住人が食事をつくってくれるなどの助け合いができるので、安心である。

第三に、コミュニティ。特に女性の場合だが、おしゃべり仲間がいることはストレス解消にもなり、楽しく過ごせる。いろいろな業種のいろいろな職業の人と出会える楽しさもある。しかし、昔の下宿屋とはちがい、個室がしっかりあるので、つながりはあるが、縛られない関係が維持できる。

最後に、シェアハウスは、一軒一軒がそれぞれ違うコンセプトでつくられ、インテリアも外観も間取りも異なるので、第三の消費社会以上に個性的でもある。シェアハウスというと、むしろ無個性な場所で、ひとりひとりのプライバシーも制限されるという印象を持つ人もいるかもしれないが、そうではない。間取り、建てられた年、住む人数、インテリアや外観などなど、二つとして同じシェアハウスはない。そういう意味で、いろいろなテーマごとにつくられる一種のテーマパークのようなところがシェアハウスにはある。ワンルームマンションを何回引っ

図表3-5 シェアハウスに住んでみたいか

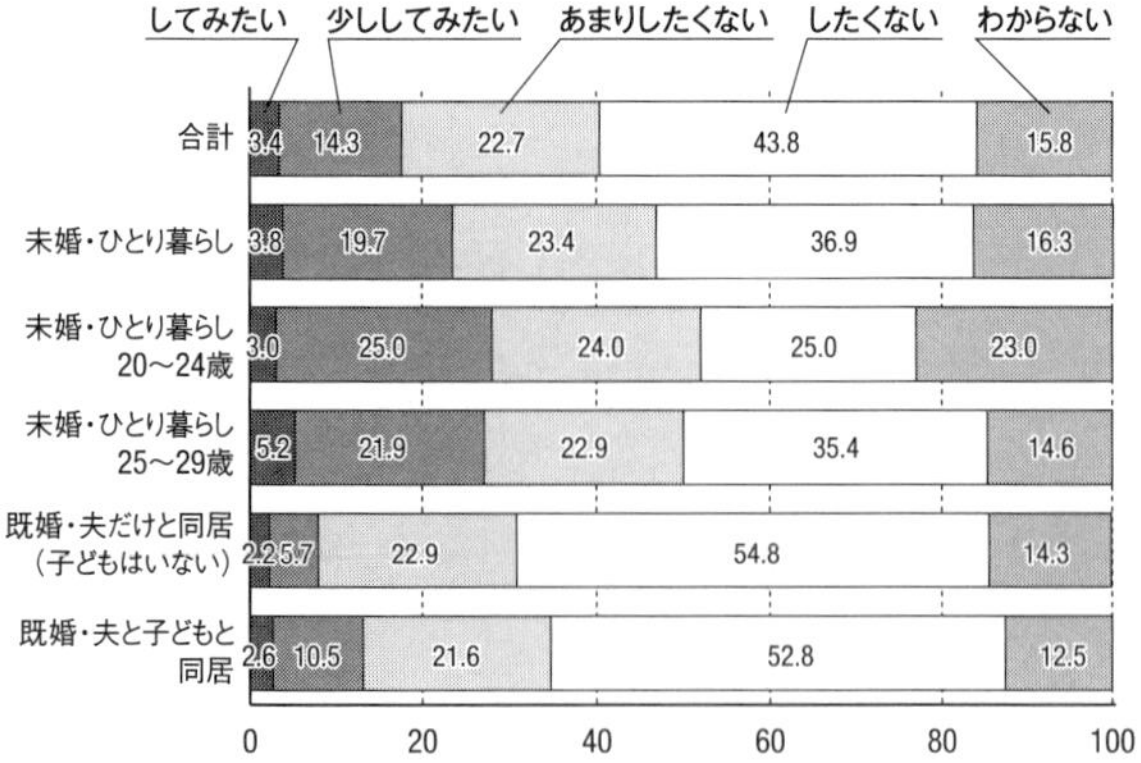

資料：カルチャースタディーズ研究所「現代最新女性調査」2010
（調査会社：株式会社ネットマイル／首都圏在住20～39歳女性対象）

越しても同じようなインテリアのものがほとんどだが、シェアハウスを何回か引っ越せば、いろいろなインテリアを楽しむことができるのである。

　そういうシェアハウスに住むことに慣れてしまうと、ほとんどが二階建てから三階建てで、総戸数が一〇戸か二〇戸くらいで、同じ間取りの部屋が等間隔に並ぶワンルームマンションに住むなどということは、工場のベルトコンベアの前に座っているような感覚さえおぼえさせるようになるだろう。

　もちろんすべての人がシェアハウスに住むわけではない。むしろシェアハウスに住む人は割合としてはまだごく少数だ。しかし、カルチャースタディーズ研究所の調査では、首都圏に住む二〇代の未婚一人暮らし女性の三

図表3-6　住宅着工戸数シナリオ別の将来の空き家率推移

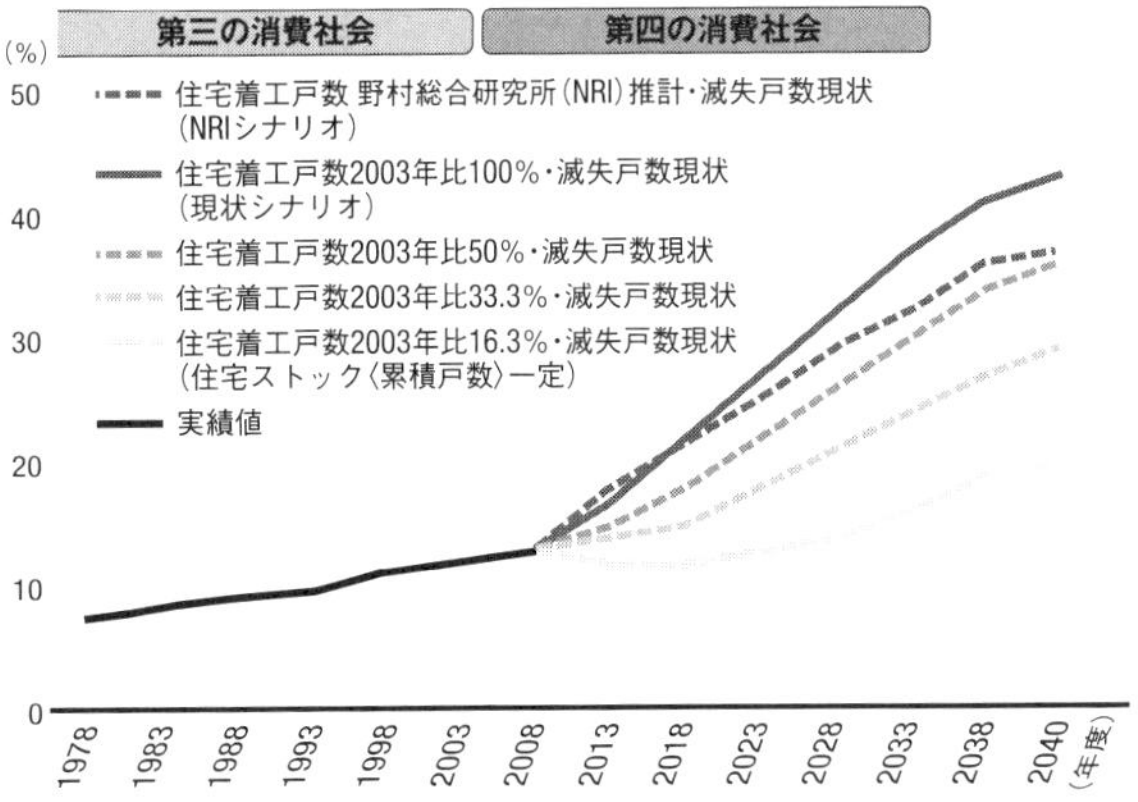

資料：野村総合研究所『知的資産創造』2009年10月号

割近くがシェアハウスに住んでみたいと回答している〔図表3－5〕。

シェアハウスを供給する側の論理としても、人口が減り、高齢化し、特に住宅の新規需要を担う若い人口が減り、出生数も減り、子育てをするために家を必要とする人が減るのだから、どう考えても新築住宅の需要は減る。

しかも、すでに建てられた住宅のストックは世帯数を大きく上回っており、日本中に約八〇〇万戸の空き家がある。住宅総数に占める空き家率は二〇〇八年時点で一三％だが、二〇四〇年には四〇％前後にまで増加するという予測もある〔図表3－6〕。

だから、エコノミー、エコロジーの両方の観点から、闇雲に新築住宅を建てるよりも、増えていく空き家を活用したほうが正しい。

古い家を増改築してシェアハウスにしたほうが、少ない投資で大きなリターンが得られるのである。

このように、シェアハウスに住みたい人が潜在的に増えると、シェアハウスに住みたいが住めない人が増えるので、既存のワンルームマンションなどに仕方なく住む人々が不満をふくらませることになるだろう。

第三の消費社会では、木造アパートではなくワンルームマンションに住むことが憧れだったのに、第四の消費社会では古い木造住宅をリノベーションしたシェアハウスに住むことが憧れになってしまったのだ。

では、不満を持ちながらワンルームマンションに住む人や、既婚であるためにシェアハウスに住むのは適さないと考えている人たちはどうするか。当然、ワンルームマンションにも普通のマンションにも一戸建てにもシェアハウス的な要素を求めるようになるだろう。

一つは、賃貸であっても部屋の壁に自由に壁紙を貼っていいとか、塗り替えていいといった自由度である。あるいは、キッチン、バス、トイレなどの水回りの設備の充実である。持ち家なら、分譲住宅であっても、壁材、床材、ドアなどなどをできるだけ自分の好みにできることを望むだろう。

二番目は、地震、火災などの災害時に安心、安全を確保するための最低限のコミュニティ性、具体的にはご近所付き合いがあることである。

三番目は、賃貸の場合、契約期間の自由度や敷金、礼金の削減など、経済的なメリットを打ち出さざるを得なくなるだろう。

脱私有的価値観

こうしたシェア志向について、私は、まだ上述したようなシェアハウスというものがほとんど存在していなかった段階で指摘している（二〇〇二年の博報堂研究開発局との共同研究「共費社会の創造」）。また、脱私有志向についても、すでに一九九九年の拙著『「家族」と「幸福」の戦後史』で指摘した。同書で私は、東京の高円寺のような街の人気が若者に上昇していること、フリマで自分の物を売ったり、古着を着たりする若者が増えていることなどから、「若者のこうした行動の根底にある価値観は」「戦後大衆消費社会的な私有主義への拒否である」と書いている。今自分で読み返しても、九九年時点でここまで書いていたかなと不思議に思うほどであり、少し長くなるが引用する。

「土地、家、自動車、家電、家具、個室……すべてを私有できるということが郊外の（そして大衆消費社会の）基軸となる価値観である」

「だが、郊外の世代はその価値観から離脱しはじめている。私有しなくて済む物は私有しなくていいし、必要な物は必要なときだけ借りたりすればいい。もっと言えば、『金で買えるようなものはいらない』し、『金のために自分を殺したくない』。そういう価値観が急激に拡大しているように見える。私有すること、私有財産の量を増やすこと、より大きな家に住むこと、より高級な車に乗ること、そのために働くこと、自分らしさを犠牲にすること、そういう戦後的な価値観が力を失いつつある」

「そこには、そもそも私有とか高級とか地位の上昇といったことに価値を見出さない新しい世代の台頭がある。たとえ1億円あっても家を買ったりしない、収入が増えても大きなクルマに買いかえたりしない、自分にとって快適なスタイルを崩さない、そういう価値観が生まれはじめている。その価値観は今後さらに多くの若者の間に広まり、消費と私有の階段をかけ昇ることによって実現してきた、戦後日本の『家族と郊外』をいつか乗り超えていくであろう」

消費なのかな?

一九九九年時点で私が私有主義を原理とする戦後日本の豊かさの限界に気づいたのは、九八年に、ある理由があって久々に高円寺の街を歩き——街を歩き回ったのは一三年ぶりだった——、古着屋だらけの街に何とも言えない開放感を感じたこと、同じ九八年頃から、吉祥寺の自宅からほど近い井の頭公園でフリマをする若者たちを見て、何だか自由で幸せそうだなあ、ブランド品とか、新品の商品とかなくても十分楽しいんだなあと思ったこと、それともう一つ、やはり九八年に、ある仕事を一緒にした若い建築家やデザイナーたちの働き方を見て、会社に縛られない生き方のよさを実感したことなどが影響している（詳しくは拙書『マイホームレス・チャイルド』参照）。

その時の建築家には、その後も何かの機会に会った。二〇〇一年だったと思うが、彼が一言つぶやいた言葉がシェアについて考えるきっかけになっている。

先に引用した『「家族」と「幸福」の戦後史』、あるいはそれに先立つ『「家族と郊外」の社会学』（一九九五）で、私は消費することが家族同士を結びつけ、消費する共同体として機能させているという意味のことを書いている。第二の消費社会ほどではないが、それでも、土曜日に家族で手巻き寿司を食べることや、日曜日にワゴン車でキャンプに行くことなどの消費行動が、日頃はバラバラに生きている家族に、一時的にであれ一つの場所と時間を共有させ、共同性をつくりだす、という機能を担っているという意味である。

そういう自説をその若い建築家に話したとき、彼は「消費なのかなあ」と、ふっとつぶやいたのである。そのつぶやきを聞いたとき、私は「あ、消費じゃないんだ」と直感した。若い世代にとっては、消費で家族を結びつけるという考え方や、ブランド品を買うと幸せになるといった価値観はもう通用しないのだ、と思ったのである。

「共費」の時代

では、消費ではなくて、何が家族同士や他者同士を結びつけるのか。それはそのときはわからなかった。もちろん、愛があれば結びつくだろう。しかし愛の表現にも、しばしば媒介となる何かが必要であろう。それは何なのか。

彼らの仕事の仕方を見ていると、フリーランスの人同士が、協力しあい、仕事を融通しあい、楽しみながら働いている。携帯電話や電子メールをフルに活用することで、同じ会社に属していない者同士でも、いくらでも頻繁なコミュニケーションができている。

彼らは、マイホームやマイルームを物で満たすということに関心がない。みんなでアイデアを出し合い、みんなで働き、みんなで遊んでいる。そこには共に何かをすることそれ自体によろこびを見出す価値観がある。そういう印象から「共費」という言葉が思い浮かんだのである。近年よく言われる「つながり」「シェア」などと相通ずる言葉であることはたしかである。

第四の消費社会では、単に物を消費する、サービスを消費して満足するかどうかではなく、消費を通じて人とつながりあえるか、もちろん消費でなくても、何かをすることで人と知り合えるか、交流できるか、というソーシャルなところに価値が置かれているのである。そこで、ちょうど新しい消費動向を共同研究しようと依頼してきた博報堂研究開発局と「共費社会」という言葉をキーとした研究をして、二〇〇二年にレポートにまとめたのである。

見せびらかさない消費

たとえば、ユニクロは、それを買うこと、所有することによろこびがある商品だとは思えない。ユニクロを買って人に自慢することも、見せびらかすこともできない。それなのに、それだからこそ、人々はユニクロを買う。それは、私は物を所有することにはさして関心がありませんということの表明でもある。

だから、むしろユニクロは物というよりサービスであると考えたほうが適切だ。一〇〇〇円前後の低価格で、生活に必要な最低限の衣料品が買える。まさに松下幸之助の説いた「水道哲学」のように、衣料品を安く、かつ安心して使える十分な性能を持って提供している。しかも、不要となった衣料品を引き取り、途上国に無償で提供される。上水道だけでなく下水道も完備していて、かつ利他的な行動にもなっているのである。

そういう意味でも、先述したように、第二、第三、第四の消費社会と変遷するにつれて、消費の目的、あるいは生活全体の目的が、「family（家族重視）→individual（個人重視）→social（社会重視）」と変化してきていることが実感される。

消費をすることで豊かな家族をつくろうとした時代（第二の消費社会まで）から、消費をすることで個人生活を豊かにし、個性を発揮しようとした時代（第三の消費社会）を経て、消費をすることで他者とつながろう、社会に貢献しようとする時代へと変化してきたのである。フェアトレードによる商品を買うことも第四の消費社会的な行動であろう。

幸福観の変質

若者は物を私有しないで本当に満足なのかと、高度成長期型の私有主義的な価値観に慣れている世代はしばしばいぶかしがる。

しかし、いつの時代も人は幸せになりたいということには変わりはない。マイカー、マイホームを買うことが幸せだという時代があったことはたしかだが、今はそれでは幸せになれないと感じる時代だということである。

では何が幸せかというと、それがいわゆる「つながり」であろう。コミュニケーション、コミュニティと言ってもよい。単に物を買って、人に自慢したいという消費ではなく、物を買うことで人とのコミュニケーションが促進される、コミュニティが生まれる、そういう消費をしたいという心理が拡大してきたのである。非正規雇用の増加など、人を使い捨てる社会だからこそ、人との「使い捨て」ではない関係を重視するようになったのだとも言える。それに私が気づいたのが二〇〇二年頃であり、そこで思いついたのが「共費」という言葉なのである。

商品を買う消費とは関係なく、他者とのコミュニケーション、コミュニティができるなら、それで全然かまわないと考えるのが現代の若者だ。ただ、マーケティングの立場としてはそれでは困るので、あくまでコミュニケーション、コミュニティを生む消費として、あくまで「費」の字を入れて「共費」という概念を提示したのである。だが実際のところは、何かを「費やす」ことへの関心は薄まっていると言ってよいのだ。

全世代のシングル化へ

また、シェア型のライフスタイルの広がりの背景には、シングル化がある。国立社会保障・人口問題研究所の予測によると、一九九〇年生まれの女性では、生涯未婚率は二三・五%にまで増加する（生涯未婚率とは、ごく簡単に言えば五〇歳時点での未婚率である）。

また一九五五年生まれの女性の場合、離婚経験率、つまり一度でも結婚したことのある者に占める離婚経験者の割合は、五〇歳時点で一八・四%なのが、一九七〇年生まれでは三五歳時点ですでに一八%を超えている。この趨勢《すうせい》が続けば、一九九〇年生まれでは五〇歳時点で三六%が離婚を経験すると予測されている（岩澤美帆「初婚・離婚の動向と出生率への影響」『人口問題研究』二〇〇八年一二月号）（図表3－7）。

つまり、一九九〇年生まれの女性は五〇歳時点で二三・五%が未婚、残り七六・五%のうち三六%、つまり全体の二七・五%が離別する。合計五一%が単身者なり、シングルマザーになるのである。死別を加えればもっと増える。そして、六〇歳、七〇歳時点ならさらに離別、死別が増えるので、ますます単身者が増えるのである。すなわち、全世代のシングル化が進むのである。

このように、男性に経済的に依存できない(依存したくもない?)女性が増加するであろう今後の社会においては、シェア型のライフスタイルはいわばセーフティネットとしての機能を果たすとも言える。防犯、防災という意味でのセキュリティではなく、人生全体の保障という意味でのセキュリティとして、シェア型のライフスタイルが必要になるであろう。

もちろん男性も例外ではない。シングル率、非正規雇用率は今後さらに若い世代で高まるであろうから、シェア型のライフスタイルがやはり必要になるだろう。

特に今後問題になると言われているのが、パラサイト・シングルの「高齢化」である。一九九〇年には八・一%に過ぎなかった三五~四四歳の男性のパラサイト・シングル率は二〇一〇年には一九・九%に、女性は同じく三・三%から一二・二%に増えている[第二章 図表2-6参照]。絶対数では、一九八〇年には男女とも二〇万人弱だったのが、二〇一〇年は男性一八〇万人、女性が一〇〇万人を超えている[第二章 図表2-7]。男女合計で全国に三〇〇万人弱の三五~四四歳のパラサイト・シングルがいるのである。これらの大量のパラサイト・シ

図表3-7　出生コーホート別に見た、当該年齢における結婚経験者に占める離婚経験者割合

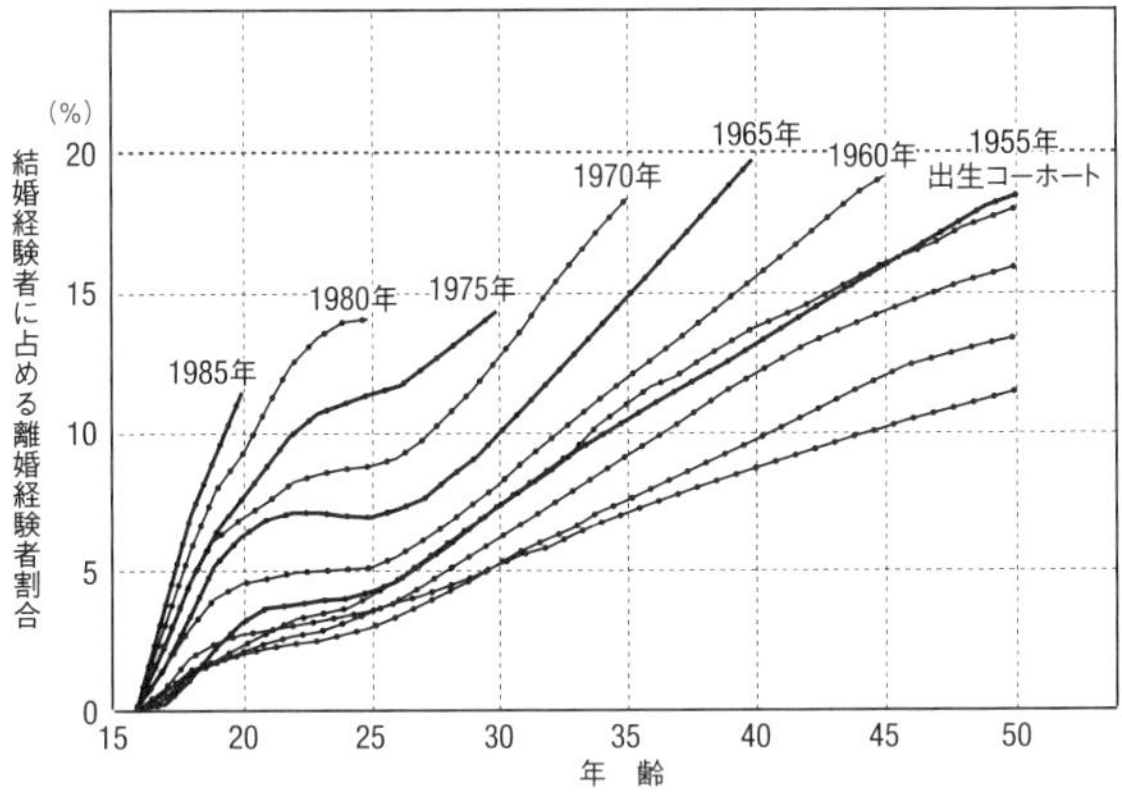

資料：岩澤美帆「初婚・離婚の動向と出生率への影響」『人口問題研究』2008年12月号

ングルたちが、今後ももうあまり結婚しないなら、また既婚者が出戻りでパラサイトする分を加えると、三〇年後には、親が亡くなって七〇歳前後になった単身者が大量に発生している可能性が高い。

すでに二〇一〇年でも単独世帯（単身者のみの世帯）の半数は五〇代以上なのである。さらに二〇三〇年には単独世帯は一八〇〇万世帯に増え、うち六七％が五〇代以上となるのである〔図表3－8〕。いわば「一億総シングル社会」とでも言いたくなるような、全世代におけるシングル化という状況が出現するのである。

非正規雇用の増加の影響

また、今日では、正社員で働ける人が減

図表3-8 年齢別単独世帯数

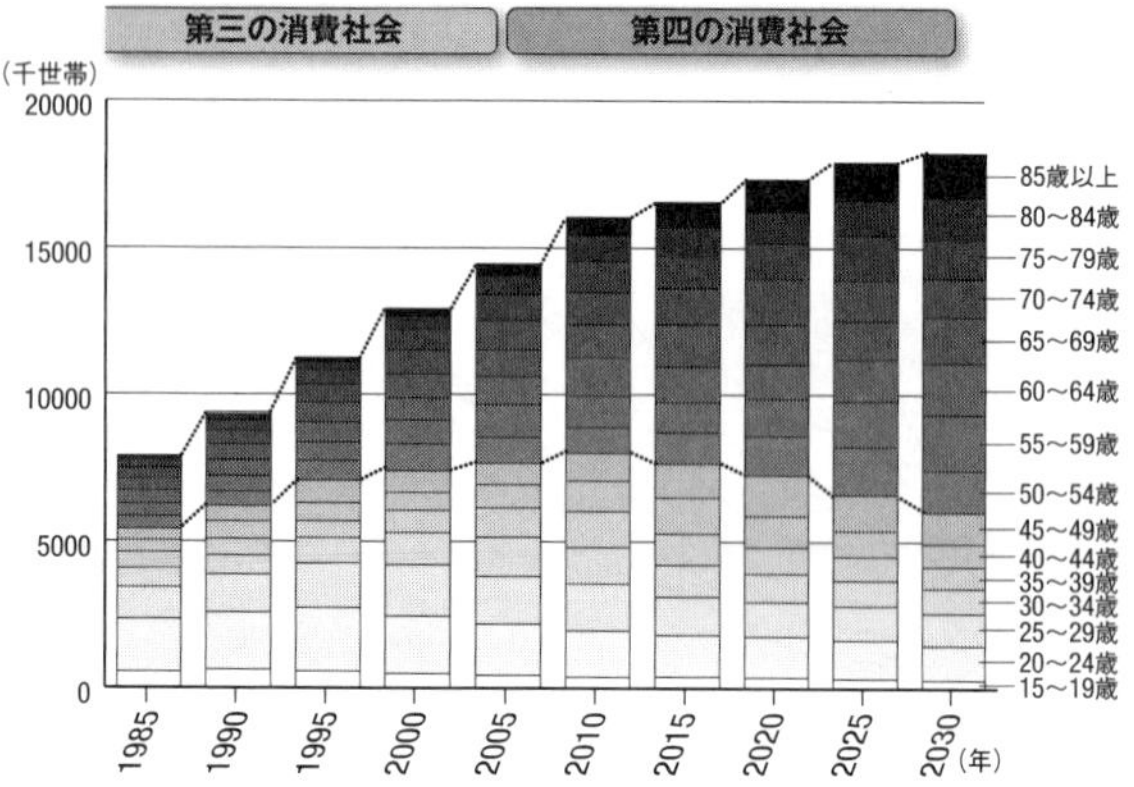

資料：総務省「国勢調査」、国立社会保障・人口問題研究所「日本の世帯数の将来推計」（2008年3月推計）

り、非正規雇用者が雇用者の多くを占めるようになったことにより、会社が人々のつながりの土台になりにくくなっている。そのこともシェア型のライフスタイルを必要とする背景である。

全雇用者に占める非正規雇用者の割合は、一九九〇年には二〇%だったが、二〇〇〇年には二六%に増え、二〇〇五年以後は三三～三四%に増えている〔図表3－9〕。二五～三四歳に限ると、一九八八年には非正規雇用者率は男性三・六%、女性二五・九%にすぎなかったが、二〇一〇年は男性一三・三%、女性四一・六%にまで増えている〔図表3－10〕。こうした雇用の不安定化、流動化が、第四の消費社会を根底で規定しているように思われる。

図表3-9 雇用形態別雇用者数(男女合計)

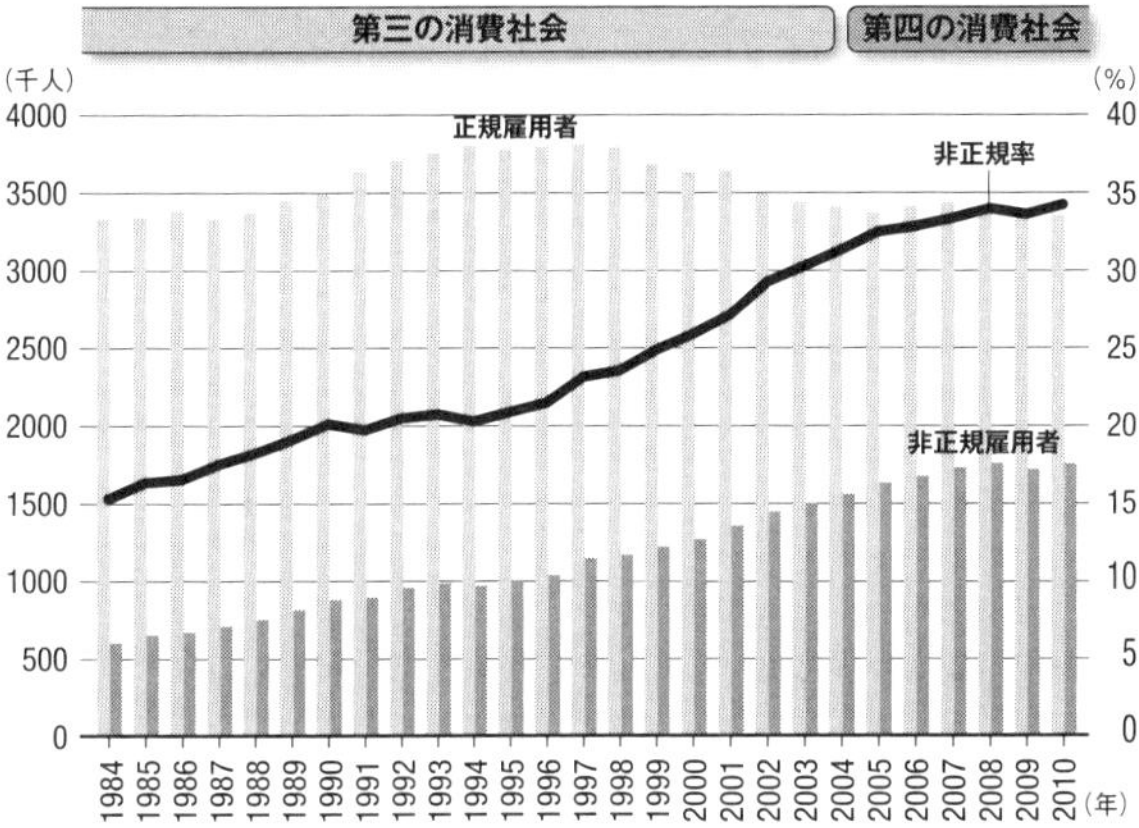

資料:2001年以前は「労働力調査特別調査」、2002年以降は「労働力調査詳細集計」

非正規雇用者が増えた原因はもちろん長期的な不況にあるが、もう一つの原因は、第三の消費社会の特徴自体の中にもある。

第三の消費社会の特徴は多品種少量生産である。いろいろな好みを持った人々が、時代の変化の中でその好みを変えていくことに機敏に対応しなければならない。少品種大量生産の時代であれば、ある商品がいきなり売れなくなることはない。しかし多品種少量生産の時代だと、Aという商品がたくさん売れたかと思うと、Bという商品は突然売れなくなる、ということが生じやすくなる。

すると、同じ人をずっと雇って同じ現場に配置していると、商品が放っておいても売れるときは、働かなくてもいい時間が生

図表3-10　男女別非正規雇用者比率（25〜34歳）

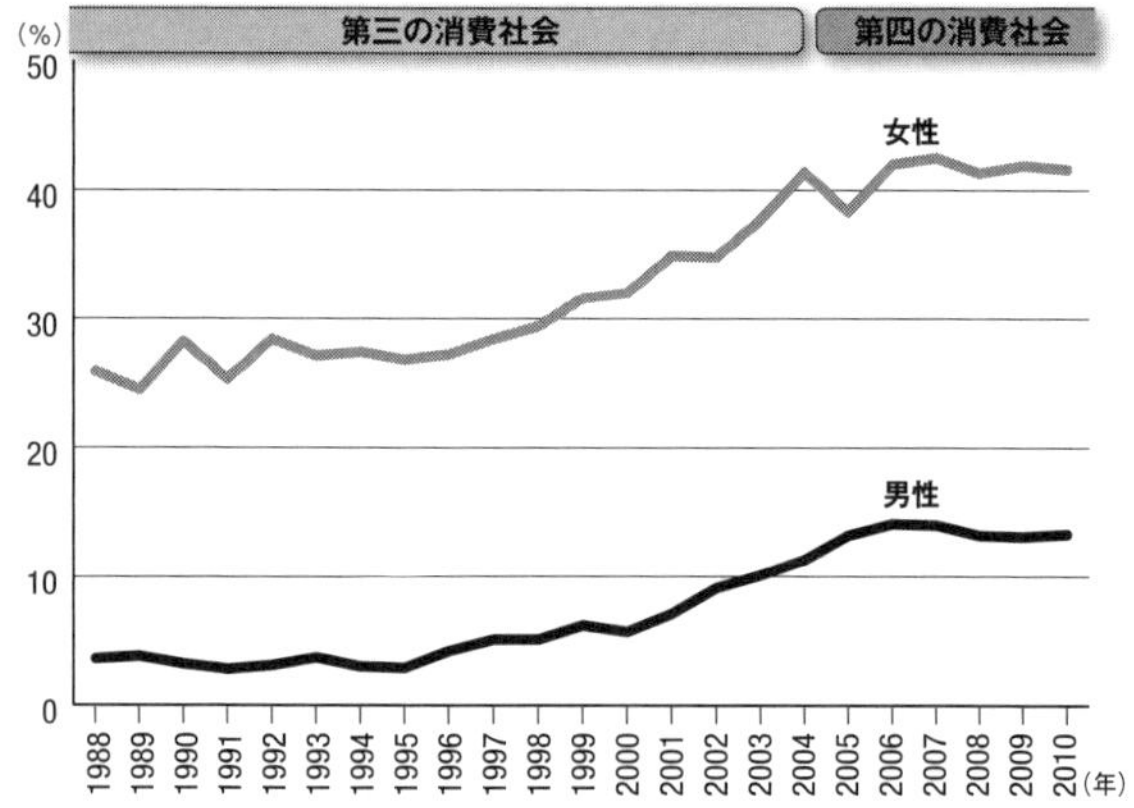

資料：2001年以前は「労働力調査特別調査」、2002年以降は「労働力調査詳細集計」

まれるし、突然の流行の変化によって新しい商品の生産が必要なときは人手が不足するという非効率な事態が生じやすくなる。そうであれば、必要なときにだけ人員が増やせる非正規雇用者として雇用したほうがよいと企業は考える。このように第三の消費社会の末期からの非正規雇用者の増加は、第三の消費社会の特徴自体の中にもあったのである。

　非正規雇用者は持ち家を買うためにローンを組むことはまず不可能である。また一般の賃貸住宅でも、入居審査で落ちる可能性が高い。パラサイト・シングルの場合、親の家に——老朽化を修繕できるかどうかは別として——ずっと住めばいいわけだが、そうでない場合は、住宅問題で困難に陥る可能性もある。もちろん、老朽化した安アパートなら審査が通る可能性もあるが、シェアハウスなら比較的入居が楽であり、かつ安アパートよりもずっと快適な暮らしができる可能性が高い。そういう点も、シェアハウスが現代に適している理由である。シェアハウスに限らず、不安定な雇用環境に置かれている人々にとっては、ライフスタイルをシェア型に変えていくことが、大きな意味を持つのである。

3 シンプル志向、日本志向、地方志向

ワンランクアップからシンプルへ

シェア志向の消費者は、先述したように、一つの物を複数の人で共有する、共同利用する、所有せずにレンタルで済ませる、あるいは中古をリサイクル、リユースするという行動をとるので、必然的にエコロジー志向であり、生活全体から無駄を省くシンプル志向のライフスタイルになっていく。

この点については、二〇〇九年に上梓した拙著『シンプル族の反乱』で指摘したが、消費者が求めるライフスタイルが、第二の消費社会のように「もっと大きく」ではなく、第三の消費

社会のように「もっと高級」「もっとファッショナブル」「ワンランクアップ」という上昇志向、自己拡張志向でもなく、環境にやさしく、おだやかな、シンプルなものに変化しているということである。

具体的には、一九九九年にロハス系雑誌『ソトコト』が創刊、二〇〇三年には『クウネル』『天然生活』という、いわゆる「ロハス系」「暮らし系」の雑誌が創刊された。また一九九七年には『チルチンびと』という自然派の家づくりの雑誌も出ており、どうもやはり九七年以降から、単なる物質主義的ではない暮らし方への志向が高まってきたと言えそうである。現在では、もっと一般的な通販カタログなどもロハス系、暮らし系雑誌のテイストをまねるようになってきている。

思い起こせば、一九八〇年代は、「ワンランクアップ」という言葉がマーケティング業界では実に多用された。第二の消費社会において実現された均質なライフスタイルに消費者が完全に満足してしまっては、企業としては売上げが伸びない。だから、自分らしさを実現するために、高級化、ワンランクアップが必要だと消費者に提案し続けた。しかし、そうした「差別化の悪夢」に疲れた消費者の中からシンプル志向が生まれてきたのである。

では、シンプル志向の消費者は、自分らしさなんてなくていいと思っているのかというと、そうではない。第三の消費社会における自分らしさ志向は、多くの場合、自分らしいと思われるブランドを選ぶことで成立した。しかし、第四の消費社会におけるシンプル志向は、すでに特定の色のついたブランドを選ぶことではなく、まっさらの素材としての物を選ぶ。自分らしさはすでに自分の中にあるのであり、それを入れる器は、自分を邪魔しない、できるだけ無色透明なもののほうがよい、という考え方である。

もちろん、まったく特定の色のついていない物というものはありえないが、できるだけそれに近づけるということである。

日本文化を愛する気持ち

第四の消費社会のもう一つの特徴は日本志向である。

たとえば近年、海外旅行をする若者は減っているのに京都旅行をする人は増えている。熊野古道、伊勢神宮なども人気がある。雑誌で神社やお寺の特集が組まれると、評判がよい。実際、神社に行くと最近は若い女性が多い。日本の伝統的な文化への関心が高まっているのである。

この点は、拙著『愛国消費』(二〇一〇)で詳しく論じたので、本書では簡単に書くだけにとどめるが、たとえば二〇一〇年の内閣府の「社会意識に関する世論調査」によると、二〇代の男性では国を愛する気持ちが「強い」人が過去一〇年で一五・二ポイントも増えている。女性では三〇代の増加が一〇・四ポイントと大きい。昔の人、年配の人ほど日本志向が強いのならわかるが、現在は、老若の差はあまりないのである。

「日本」というものは、それ自体が「大きな物語」である。日本人にとっての最大の物語だとも言える。特に現代の若い世代にとってこそ、そうなのである。

なぜなら若い世代ほど、親の転勤で日本各地を渡り歩いた、もしかすると海外にも住んだ経験のある人が多い。すると、いわゆる出身地というものがない。○○県生まれだから、こういう性格、気質であるというものがない。たとえば私は新潟県の高田の生まれであり、生まれてからずっと同じ地域で育った。先祖も八〇〇年くらい同じ地域に住んでいたらしいので、自分の中に新潟県人らしさ、高田人らしさがあると思っている。

ところが転勤族の子どもが多い世代になると、生まれた地域、育った地域によって自分の性格が形成されたという意識は弱い。いわば「故郷喪失」の世代である。そういう世代は大体一九六〇年代生まれから増えるが、彼らにとって共通の故郷はどこかと言えば、新潟県でも熊本県でもなく、日本ということになるのであろう。こうしたことが、若い世代に日本への愛を生み出す背景にあると思われる。

また、経済大国二位の座を中国に譲った現在、日本人は、経済大国に代わる誇りを、日本の伝統文化に求めているとも言える。ほとんどの国民は経済大国二位の座から落ちたことに失望はしていないように私には見える。むしろ、ようやく経済ではない別の価値を国民が広く共有できるようになったことをよろこんでいるように思えるのである。さらに、グローバリゼーションが進み、世界中のライフスタイルが均質化していく中で、日本らしさを求める心理が拡大したとも考えられる。海外旅行の経験が、平和で清潔な日本の素晴らしさを実感させた面もあろう。これらのことが重なりあって、近年、日本への関心を高めることになっているものと思われる。

また、NHK放送文化研究所の「日本人の意識」調査を見ると、「日本の古い寺や民家をみると、非常に親しみを感じる」人は、一九八八年の一六～一九歳は六三％、二〇～二四歳は七一％だが、二〇〇三年以降増加し、二〇〇八年の一六～一九歳では六九％、二〇～二四歳は八七％に増えている。若い世代にとって、古民家は自分の人生経験の中では直接懐かしい対象ではないはずであるが、それにもかかわらず、むしろそれだからこそ、いわば日本人共通の原風景として古民家がイメージされているのであろう。

シンプル志向と日本志向の親和性

ここで重要な点は、エコ志向、シンプル志向は、日本志向と結びつきやすいという点である。いわゆる「アメリカ的」なライフスタイルは大量消費型であるから、エコとは結びつかない（もちろん質素で敬虔な生活をするクェーカー教徒などは別だろうが）。ロシアらしさも、フランスらしさも、中国らしさもエコと結びつく気がしない。どんな国も前近代の社会では自然と共生して暮らしていたと思うが、自然と共生しながら、というだけでなく、まさに自然との共生そのものを高度な文化、生活様式に高めることができた国としては、昔の日本が最高だろう、と多くの人が信じられるものがたしかに日本文化の中にはある。他の国にそれがまったくないというわけではないだろうが、とにかく昔の日本にはそれがたしかにあると思える。

ゆえに、エコ志向は日本人にとって、単に科学的な問題ではなく、文化的な問題として意識される。さらには日本の伝統的生活様式への誇りと結びつく。そしてシンプルな暮らしこそが、「経済大国」に代わる、日本の将来の新しい目標として意識されるのである。

考えてみれば、「経済大国」化とは欧米化に他ならなかった。だからいくら「経済大国」になっても、心の底からそれをよろこべないところが日本人にはあると思う。おそらく一九六〇年代でもすでにそういう意識はあったと思う。それがかつての日本のよさを壊した、犠牲にしたという意識があるからだ。第二章で見た藤岡和賀夫の文章にもそれは表れていた。

だからGDPで中国に抜かれて世界三位に転落しても、日本人はそれほど悲しんでいない。GDPも所詮は近代化という一つの時代における豊かさの量的な指標にすぎないからである。

ブランド志向も所詮は欧米のブランドである。そんなものをいくらたくさん買っても「正統性」は得られない。

図表3-11　環境問題への関心度別に見た日本への好意度

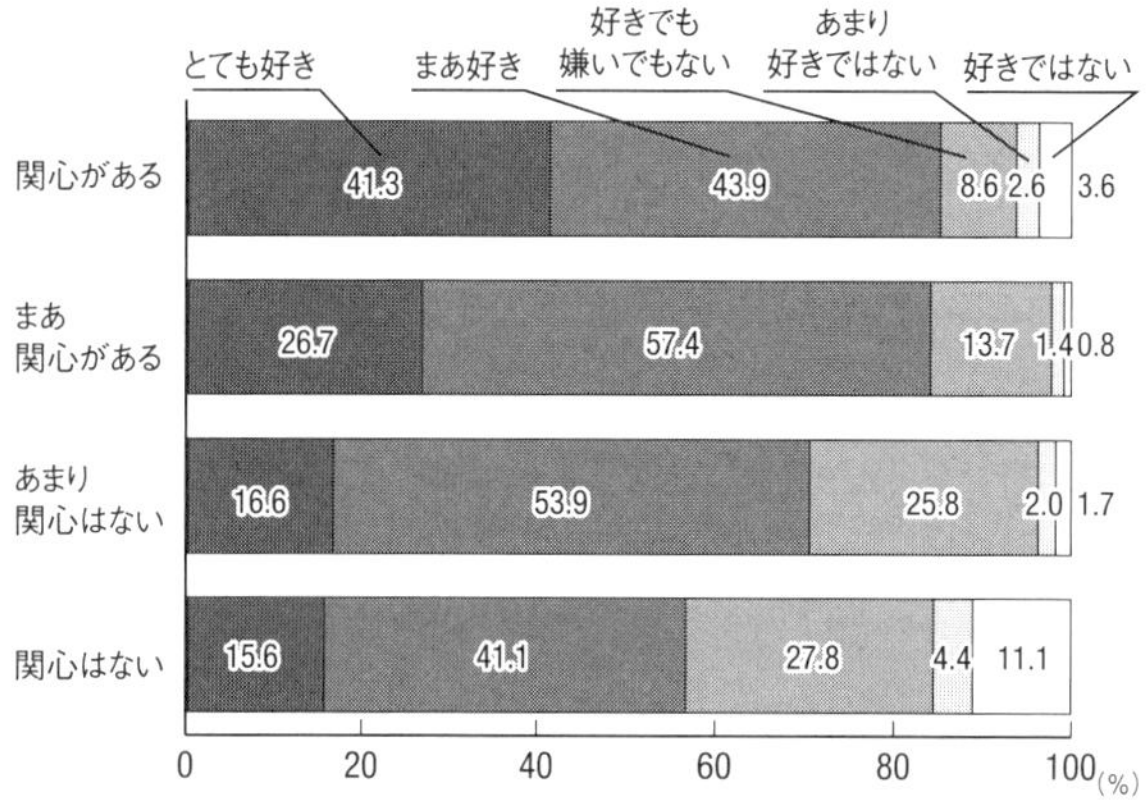

資料：カルチャースタディーズ研究所「現代最新女性調査」2010
（調査会社：株式会社ネットマイル／首都圏在住20〜39歳女性対象）

それに比べると、古くから日本にあったエコロジカルな暮らし、シンプルな暮らしをすることには、文化的な正統性がある。

実際、カルチャースタディーズ研究所の調査でも、環境問題に「関心がある」人は、日本が「とても好き」が四一％であり、対して「あまり関心はない」「関心がない」人は「とても好き」が一五〜一六％台しかない〔図表3－11〕。環境問題への意識の高さと日本への好意度はかなり比例しているのである。

また、環境問題に関心が高い人ほど日本的な行動をしており〔図表3－12〕、かつ「流行に流されず、来年以降も使えそうなデザインの物を買う」「丈夫で長持ちしそうな物を買う」「基本性能がよい物を買う」という回答も多い〔図表3－13〕。

エコ志向が強まると買い替え需要が低下することを嫌がる企業もあると思うが、エコ志向、シンプル志向の消費者は、長期間使えれば多少高額な物でも買うのであり、それに応えることが企業の使命であろう。

こうしたシンプル志向の拡大がもたらしたのは、第三の消費社会的な、海外高級ブランド志向の終わりである。むしろ全身ユニクロでOKと考える若者が増えた。ブランドで自分の個性を表現しようという若者は減った。自分の個性と無関係だと思うものは、画一的な大量生産品でかまわないと考えるようになったとも言える。

ただし、念のために言えば、こうしたシンプル志向が日本以外の国の文化とまったく相容れないというわけではない。むしろ、多くの日本人が海外を体験することによって、シンプルな暮らしに目覚めたという面もあるだろう。

たとえば現在のヨーロッパの一般の人々の暮らしは、日本やアメリカに比べれば質素とも言えるものである。女子高生がルイ・ヴィトンの財布を持つなどということはあり得ないし、数百年前に建てられた家に住み、百年前につくられた家具を今も使って暮らしている。アメリカですら、たとえばニューヨークなどの大都市を見ても、百年前のビルでも壊さずに改装しながら使うのが普通である。

図表3-12　環境問題への関心度別に見た日本的行動の実施率

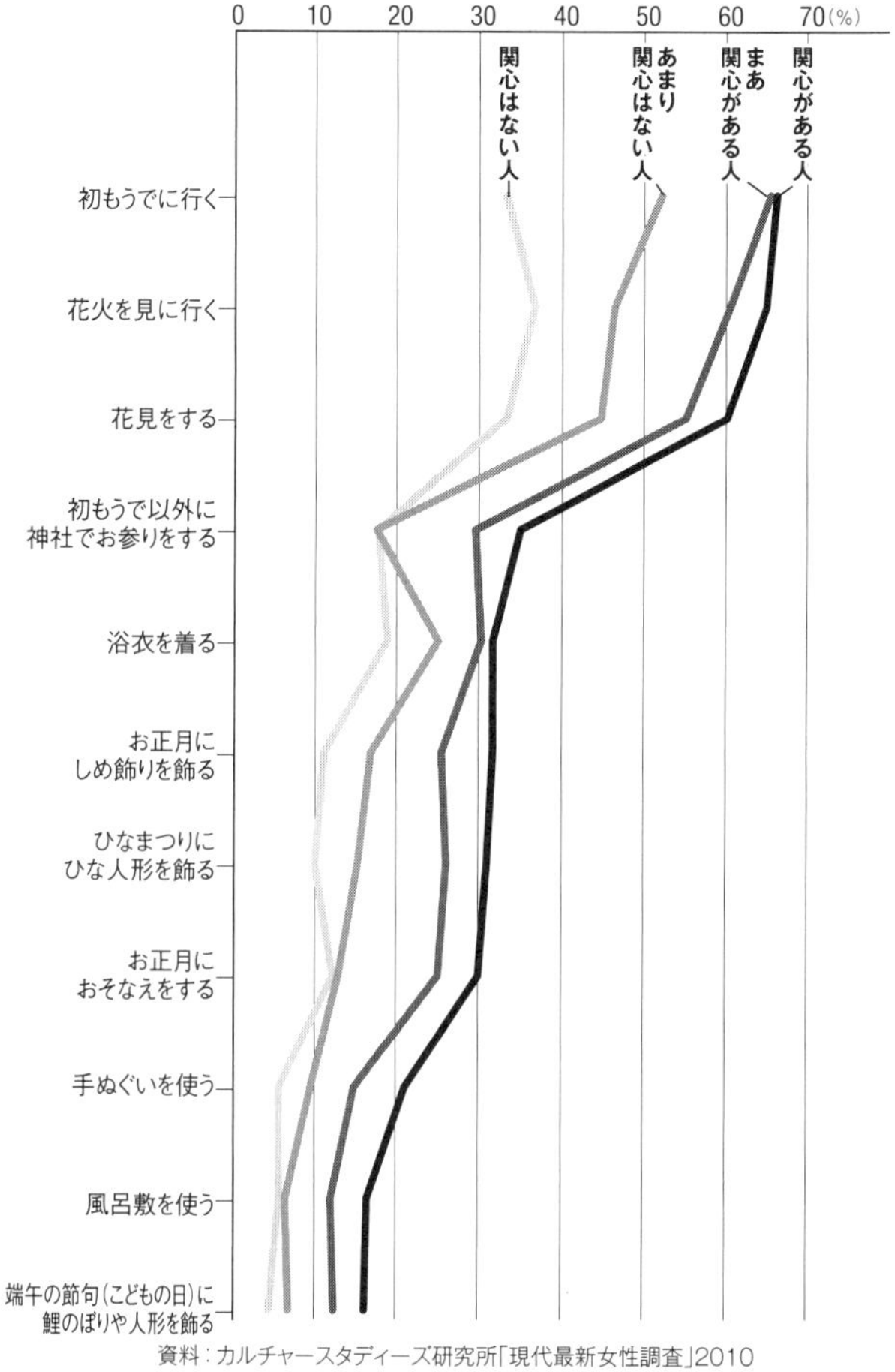

資料：カルチャースタディーズ研究所「現代最新女性調査」2010
（調査会社：株式会社ネットマイル／首都圏在住20〜39歳女性対象）

図表3-13　環境問題への関心度別消費行動

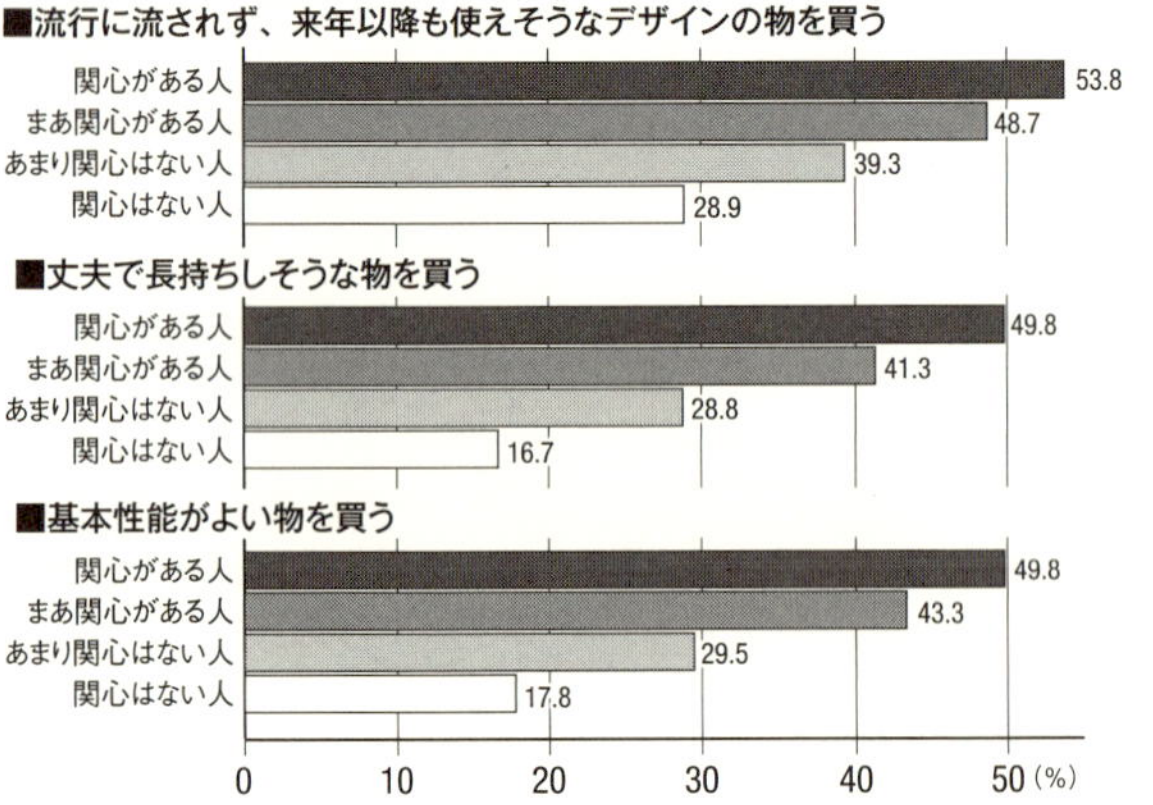

資料：カルチャースタディーズ研究所「現代最新女性調査」2010
（調査会社：株式会社ネットマイル／首都圏在住20〜39歳女性対象）

こうした欧米の事例を海外旅行、海外赴任などで見て来た日本人が、翻って現在の日本人の暮らしを見ると、家もビルも築四〇年も経てば取り壊してしまうし、家具は安売屋で買ったものがほとんどで、百年後も使うなどということは思いもよらない。名建築ですら、古くなればたいがいは壊されてしまう。経済原理だけで都市も建築もスクラップ・アンド・ビルドを繰り返し、人々が落ち着いてシンプルに暮らすことが難しい。昔の日本のエコロジカルな暮らしに比べて、現在の日本の現実に疑問を持つ人は多いはずである。

　だから、たしかにシンプル志向は日本の伝統的な生活様式、日本の文化というものと親和性が高いのだが、シンプル志向に目覚めたきっかけは欧米にあった可能性もあると言えるだろう。

近代化の終焉と地方の復権

日本への愛着の高まりとの関連でもう一つ重要なのは、地方志向の高まりである。特に若い世代で地方志向が高まっている。内閣府の調査でも、都市地域に住んでいる二〇代の三割が農山漁村への定住意向を持っている〔図表3－14〕。

なぜ若者が地方定住を志向するのか。その理由は明らかではないが、章末の山崎亮氏の指摘に従えば、環境教育を小学校時代から受けてきた今の若者が、本当にエコな暮らしをしようと思うと、必然的に大都市ではなく地方で暮らすほうが好まれる、という事情もあるらしい。

また、長引く不況の中で、自分の所得が将来あまり伸びないと思っている若者が、生活コストの安い地方での暮らしを望む、という面もあろう。

第三に、メディアにおける地方の取り上げ方がポジティブになってきていることの影響もあると思われる。『ブルータス』のように従来は都市型の先端的なライフスタイルを提案してきた雑誌が、農業特集をしたりすることの影響である。

さらに、もっと長期的な視点で言えば、第四の消費社会そのものが近代化志向一辺倒の価値観ではないということが挙げられる。

図表3-14　農山漁村への定住の願望がある人の割合（世代別）

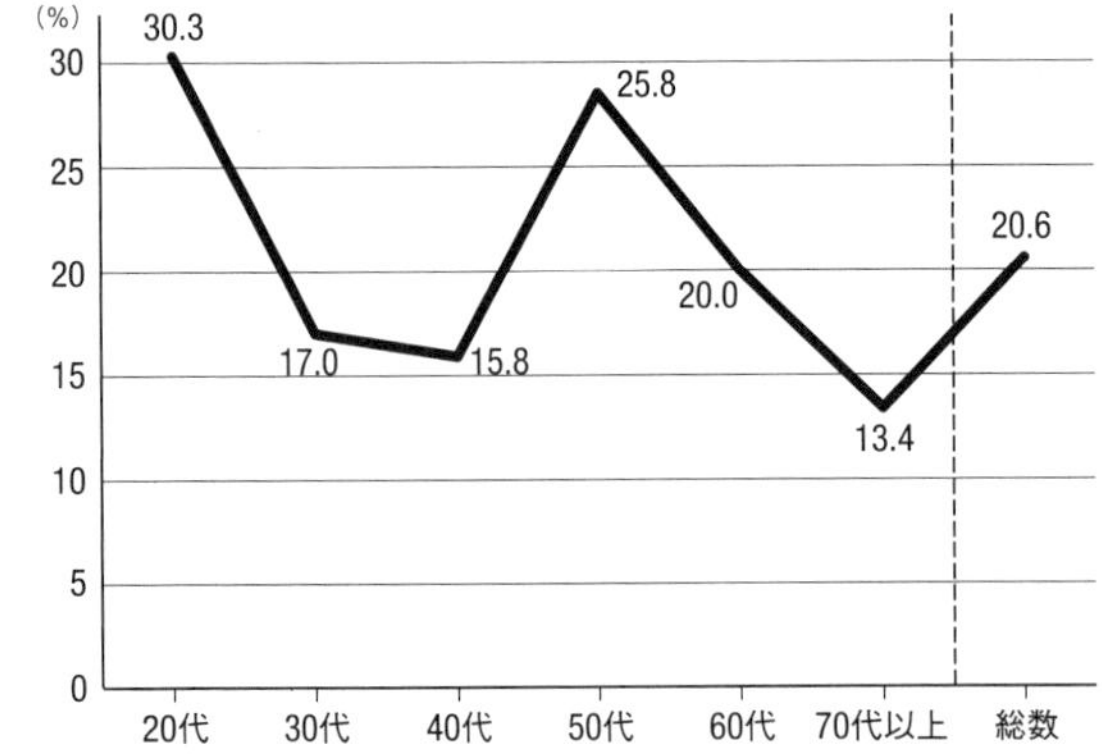

資料：内閣府「都市と農山漁村の共生・対流に関する世論調査」（2006）

第三の消費社会までは近代化志向が強く、それはすなわち欧米志向でもあった。したがっていち早く欧米化した横浜や神戸や銀座がおしゃれな街だと思われたのであり、大都市のほうが進んでいて、地方が遅れていると思われたのである。

しかし、今はすでに日本の社会、生活が全体としてかなり近代化している。だから、第四の消費社会においては、もっと近代化を進めるべきだという意味での近代化志向は弱まる。必然的に大都市志向の価値観も弱くなる。反対に、地方志向の価値観が台頭するのである。

広井良典の説に従えば、近代化志向の社会は時間軸優位の価値観の社会である。「成長・拡大の時代には世界が一つの方向に向かう中で〝進んでいる―遅れている〟といった『時間』の座標軸が優位だったが（たとえば〝先進国は進んでいる、都会は進んでいる〟等々）、定常期においては各地域の風土的・地理的多様性や固有の価値が再発見されていく」のである（『創造的福祉社会』二〇一一）。

タテのつながりとヨコのつながり

広井氏にしたがえば、近代化志向の社会は、近代以前の社会をだめなものとして否定し、昔よりも今が、今よりも明日がよい、進んでいる、正しい、文化的だと考える社会である。そういう社会では、より近代化した国がそうでない国より偉いし、より近代化した大都市はそうでない地方の農村よりも偉いと考える。

しかし第四の消費社会、広井氏の言い方では「定常化社会」では、近代化を相対化して考える。昔よりも今がよいとは限らないし、昔にもよいものはあったと考える。そうなると、時間軸よりも空間軸が重要になる。つまり、近代化志向の価値観では遅れていると考えられたそれぞれの地方の文化の固有性が重要になってくるのである。

私は、広井氏の言う空間軸には「人のつながり」も入ってくると思う。時間軸と空間軸とは、言い換えれば、タテのつながりとヨコのつながりであり、タテのつながりとは歴史、伝統、ヨコのつながりとは人間関係であると言えるだろう。

あるところで、このタテのつながりとヨコのつながりという話を私がしたら、ある人に、タテのつながりはお寺の役割で、ヨコのつながりは神社の役割ですねと言われて、なるほどと思った。お寺は祖先崇拝の場所である。自分の存在が先祖代々からつながっていることを確認するところがお寺である。対して神社は、氏子という地域社会の構成員を、祭りなどを通じてつなぎあわせるための核となる場所である。仏教と神道は、人間にとって重要なタテのつながりとヨコのつながりを分担して受け持っていたわけだ。

ここに先述したエコロジー志向が絡んでくる。エコロジー志向が強まり、自然を重視するようになれば、自然が豊かな地方、自然と共生した暮らしをしている地方のほうが大都市よりも価値を持ってくる。

どの地方の文化が優れていて、どの地方の文化は劣っているという見方もしなくなる。それぞれの地方の文化にそれぞれの価値があると考えるようになる。その意味で、現代の日本志向は、京都だけが素晴らしいという考え方をしない。いろいろな地方の文化が、どれでも均等に価値を持つのである。だから、先ほど、若者の中に日本志向が強まったと書いたが（一七三ページ）、それは京都文化に現れた「典型的」日本だけを志向するのではなく、自分が生まれ育ったかどうかにかかわらず、さまざまな地方の文化を尊重し、楽しもうとする傾向なのである。

「手仕事」の評価とさまざまな地方らしさ

したがって、今後の商品開発においては、地方の魅力的な文化、ローカリティというものが一つのキーになるだろうと私は思う。日本中どこに行っても同じ大量生産的な商品は、ユニクロに代表されるようにすでに生活の中で飽和している。それはまったくの日常、「ケ」の消費であるが、だからといって安い物を着ているから不幸だとも消費者は思わなくなっている。

こういう時代においては、大量生産品の対極にある、地方の職人がつくり出した伝統工芸品、名もない民衆が生活の用のために手仕事でつくり出した民芸品などが、むしろ価値を持つようになるのである。

実際近年は、日本の各地の伝統工芸を評価する機運が盛り上がってきている。書店に行けば、『カーサブルータス』『Ｐｅｎ』などの、本来は都会的なライフスタイルを提案する雑誌がたくさんあるが、それらの雑誌が近年こぞって特集するのが日本の歴史的なデザインについてであり、地方の伝統的なデザインについてなのである。

具体的には、南部鉄器など、日本の各地方の工芸品をクローズアップしたもの、それらを評価した柳宗悦、および彼の唱道した民藝運動に関することなども多く情報になっている。

また、地方の棚田などの「原風景」を日本文化の財産として重んずる傾向も広がってきた。

そうした地方を舞台として「越後妻有アートトリエンナーレ」（新潟県）、「ベネッセアートサイト直島」（香川県）などの現代的なアートのイベントも各地で行われるようになっている。

このように、総じて言えば、現代の日本志向は、日本的と言っても、京都の雅な貴族文化だけでなく、むしろ、よりひなびた、地方の、庶民的、常民的な日本の文化にこそ関心を広げている。それには、限界集落という言葉が象徴するように、そうした地方の中では、その固有の伝統が失われつつある、もはや瀕死の状態にあるという危機意識も手伝っているであろう。

山崎正和は書いている。

「地域社会は近代国家以前からあったのだし、権力の担当者と関係なく存在していた。藩主は国替えをさせられても、農民や町人は地域にとどまった。前近代の行政は明らかに今より劣っていたのに、地域社会ははるかに元気であった。地域振興を語るのなら一度、この原点から考えなおす必要があるのではないだろうか。元気だった昔の村や町は、たんにものを生産する場所ではなかった。鎮守の社や檀那《だんな》寺があって、人が四季を祝い祭りを楽しむ場所であった。古くはそこから観世の能が生まれ、阿国の歌舞伎が育ち、伊勢の本居宣長や大坂の山片蟠桃《ばんとう》など、学者や文人をも輩出して日本文化の基盤を養った世界であった。ものを生産するにつけても、かつての村や町は付加価値の創出、いわば文化産業の育成に熱心であった。米や野菜のような一次産品をはじめ、繊維、紙、陶器、漆器、刃物などの工業品にも各地の名産があって、収入だけでなく地域の誇りを生み出していた。今日の地域を貧しくしているのは、たんに金銭的な富の欠乏だけではなく、こうしたかつての文化力が衰退したという思いと、それに伴う誇りの喪失ではないだろうか」（読売新聞二〇一〇年三月二一日付）

山崎がここで「地域の誇り」の重要性を説くところがポイントである。日本中に巨大ショッピングセンターができたことによって、日本中で同じような消費が楽しめるようになった。しかし、消費は東京並みになっても、地域固有の文化が空洞化している。将来、人口が減少し、ショッピングセンターなどの採算が合わなくなり、それらが地域から撤退すれば、残るのはシャッター通りと巨大なショッピングセンターの抜け殻、つまりは廃墟である。

ショッピングセンターを中心とする消費文明をいかに享受している人でも、自分の住む地域の将来が廃墟でいいという人は多くないと思う。その廃墟を再生しようとするとき、重要となるのは、やはり地域の歴史への愛着であり、誇りであろう。

日本人はいま、まさに地方への誇り、地域への誇りを触媒として、あらたにつながりを持とうとしているのではないか。それは、第三の消費社会において追求された「自分らしさ」という小さな物語などよりは、はるかに歴史があり、地に足が付いている。そういう物語を人々は今求めている。

地方には地方なりに歴史があり、物語があり、伝承や神話もある。伝統も文化もある。独特の生活や言葉がある。そういうさまざまな地方が、新しい時代に適応しつつも、その地方ごとの「地方らしさ」を失わなければ、日本には無数の個性的な文化が並び立つだろう。それはたったひとつの「日本らしさ」がある国よりももっと豊かな国であるに違いない。

デザインから見た日本

こうした日本、特に地方の文化、工芸の評価という点において、戦前における柳の位置にいるのは、デザイナーの原研哉であろう。著書『日本のデザイン』（二〇一一）の冒頭で彼は書いている。

「日本は今、歴史的な転換点にある」。「明治維新以来、西洋化に経済文化の舵を切ってこの方、抑圧され続けてきたひとつの問いが、うっすらと、しかしながらしっかりと浮上しつつある。千数百年という時間の中で醸成されてきた日本の感受性を（中略）未来において取り戻していくことが、この国の可能性と誇りを保持していく上で有効ではないか」

日本人の感受性とは「繊細、丁寧、緻密、簡潔にものや環境をしつらえる」能力であり、そうした日本人の「美意識」「感覚資源」こそが世界に貢献できると原は言う。経済大国ではない、次の時代の日本の誇りを求める気持ちが、そこには強く感じられる。

そしてそういう日本の美意識が現れた現代的なデザインとして、原は工業デザイナー・柳宗理のデザインしたやかんを例示し、こうしたデザインが静かながらも広く支持されている今という時代を、「目を三角にして『新しさ』を追い求めてきた僕らのアタマが、少し平熱にもどって、まともに日常の周囲を見渡すゆとりができた」時代だと評価する。つまり、先ほどの論で言えば、欧米志向の時間軸優先の時代から、空間軸が台頭した時代への変化である。

こうしたデザイン論が出てくる背景はいろいろあるだろうが、短期的には3・11の大震災の影響もあろう。津波に流されるマイホームやマイカーを見て、物を所有することの空しさを感じた人々に、いらない物を買わない、つくらない、昔から使われている物を大事に使う、そういうシンプルな暮らし方を求める気分が広がったことがあるだろう。

そういう時代においてデザインは、不要な物を買いたいという欲望を駆り立てるためにではなく、「社会の中で共有される倫理的な側面」を打ち出すべきであり、「いかに魅力的なものを生み出すかではなく、それらを魅力的に味わう暮らしをいかに再興できるか」が今後の課題だと原は言う。これはもはや、単なる物のデザイン論を超えて、社会デザインの哲学とも言うべき考え方であり、本章末の山崎亮氏の考え方とも相通ずるものである。物のデザインではなく、人と人のつながりのデザインが求められているのだ。

それぞれの地域への「誇り」が人をつなぐ

この原研哉の指摘は、私がかねてから大型店の郊外出店によって地方の中心市街地が壊滅したことを批判した「ファスト風土論」を展開する中で主張してきたことと通ずるものである。二〇〇四年に上梓した拙著『ファスト風土化する日本』はその後ロングセラーとなり、日本中の地方で読まれてきた。私は、文字通り北は北海道から南は沖縄まで、講演に呼ばれた。

私はマーケッターでもあるので、消費者は、同じものなら安い店、快適に買い物ができる店を選ぶのは当然のことなので、いくら古い店で買えと言っても、消費者の共感は得られないと講演で話す。

それよりも問題なのは、古い商店街がシャッター通りになるということは、その街の歴史が失われるということだという点である。商店街は単に物を売ってきただけなのか、そんなはずはない、商店街は何百年も街をつくってきただろう、人を育ててきただろう、そのために祭りをしたり、消防団をつくったり、いろいろな努力をしてきただろう、街の歴史のなかで商店街は大きな役割を果たしてきただろう、それが失われていいのですか、そうしたら街の歴史が消えますよと話す。

そうすると、それまでは大型店に客を取られて憎たらしいという短期的な視点でだけ不平を述べていた商店街の人たちの誇りに火がつく。そうだ、そんな目先の算盤勘定だけじゃない、先祖代々ずっと俺たちはこの街を育て、人を育ててきたんだという意識が醸成される。

そうなると、もっといろいろな角度から街の問題を考えるようになる。いろいろな角度から考えると、問題は商店街の売上げだけではない、街の持つもっと潜在的な機能、あるいは街の歴史、文化にも関心が向くようになる。それによってその地域に住む教育文化関係者、親、地域活動家など幅広い層にもまちおこし、まちづくりの機運が広がっていく。つまり、このままじゃいけない、街をどうにかしないといけないという問題意識を核として、多様な人々のつながりが生まれるのである（この点についても本章末の山崎亮氏へのインタビューを参照）。

一度シャッター通りになった商店街が、その後、全盛期の賑わいを取り戻した例はないはずだ。たとえ郊外のショッピングセンターを追い出したとしても、これからの人口縮小社会では、全盛期の賑わいを完全には復活できまい。

だから問題は商店街を商業のための街としてのみ再生することではない。もっといろいろな機能を持った「生活総合産業」のための「街」として再生することが目的になっていくだろう。

商売をする場所、住む場所としてはもちろんだが、福祉、介護、教育、子育て、文化などの拠点としても街が再び見直されていくべきである。そのためには、従来の業務地や商業地、住宅地といった近代主義的都市計画ではない、柔軟なまちづくり手法が必要である。さらにその地域への愛着、思い出、誇りなどを育てていくことが大きな意味を持つのである（この点については第四章末のアサダワタル氏、成瀬友梨氏、西村浩氏の活動を参照）。

分散しつつ、つながる個人

このように第四の消費社会は、日本志向である以上に地方志向であり、それは必然的に脱集中志向、分散志向である。グローバリゼーションによる全世界画一的な商品が広がる一方で、にもかかわらず、むしろそうであるがゆえに、地方ごとの独自のものが評価される時代になっているのである。

その意味では、第四の消費社会においては、旧来の中央集権型のマスメディアは凋落せざるを得ないだろう。3・11の震災・原発報道においてその実力をまざまざと見せつけたのはツイッター、フェイスブックなどのソーシャル・ネットワーク・サービス（SNS）である。そこでは地震の発生直後から有用な情報が流れ続けた（もちろん誤報も流れたが）。被災者支援のためのさまざまな情報、個と個をつなぐ情報が流通したのである。

それに対して、マスメディアを通じて発表される「大本営発表」としか思えない政府、保安院、東電の会見は、われわれに不満を募らせるばかりだった。マスメディアが3・11を契機として失った信頼を回復するには相当の努力が必要であろう。

そもそもマスメディアは、一方向通信である。情報の送り手から受け手に一方的に情報が流れる。地デジを使えば双方向的なコミュニケーションができるとはいえ、まだ有効な使い方が提示されているとは思えない。

対して、SNSは最初から双方向的である。送り手と受け手という区別は存在せず、常時多数の主体が相互に情報を送受信し合っている。当然そこにはくだらないものもあるが、有用な物も無数にある。どう考えても第四の消費社会において主流となるのはマスメディアではなく、SNSなどの、個人が主体となりえて、かつ相互につながり合えるメディアであろう。

また、先述したように、SNSの発達は、都市構造や国土構造にも影響を及ぼすだろう。大規模商業施設の集まる大繁華街に人々が集中するのではなく、人々がそれぞれの個別の関心にしたがって、どんなに小規模なものであっても、自分の関心に最も合った店やイベント会場に分散して集まることになるだろう（一五一ページ）。

都心に機能が集中し、そこから同心円的に情報や物が伝播する都市構造ではなく、郊外でも近郊でも都市部のマイナーな地域でも、どこでもがある程度は人を集めることができるようになるだろうし、すでになっているように思える。

たとえばJR中央線の高円寺駅周辺では、近年しばしば反原発や、反貧困をテーマにしたデモが行われ、それがユーチューブで放映されて世界中で見られるという現象が起きている。アラブの春ほどではないが、中央集権的なマスメディアが情報を管理しようとしても管理しきれないようになっているのである。

また、本章末で紹介する山崎亮氏は、彼の会社の事務所の一部を三重県の山の中に移転するという。それでもインターネットを使えば難なく仕事ができるからである。離島に住んでもインターネットがあれば、物を買うこと自体も都会とあまり変わらずにできる。大都市に集中して住み、働くというライフスタイルが、第四の消費社会では大きく変わっていくのではないだろうか。

せっかくこれまで地方に高速道路や空港を整備してきたのである。これからはそのストックをフルに活用すればいい。日本海の離島に住んで、月に一度だけ東京に出てきて仕事をする、そんな働き方が第四の消費社会では当たり前になるだろうし、なるべきだ。

4　消費社会の究極の姿とは何か

つまるところ、消費とは何か?

さて、このように第四の消費社会の特徴を整理してきて、あらためて消費とは何なのだろうか、消費社会はどこに進んでいくのかということを最後に考えてみたい。

consume《コンシューム》を英和辞典で引くと、「使い尽くす」「焼き尽くす」「食べ尽くす」「飲み尽くす」と書いてある。conは「すべて」、sumeは「取り去る」という意味である。たしかに、物が少ない社会では、主として人は食料を消費していたのであり、生産した物は最後まで使い尽くされ、食べ尽くされたであろう。

しかし、豊かな社会になり、耐久消費財が増え、高級腕時計のように半永久的に使い尽くされない物を一般人でも所有するようになった社会における消費は、単なる使い尽くす、食べ尽くす社会ではないだろう。

他方、consumeと似た言葉に、consummate《コンサメイト》がある。conは「すべて」、sumは「合計」のsumと同じでやはり「すべて」という意味である。だからconsummateは「完成する」という意味である。形容詞の意味もあり、「完全な、申し分のない、円熟した、熟練の」という意味である。名詞はconsummation《コンサメーション》である。

フランス語では消費をconsommation《コンソマシオン》というが、不思議なことに、それには「完成」「成就」という意味もある。英語のconsumption《コンサンプション》と語源的に同じフランス語consomption《コンソンプシオン》は「消耗」「憔悴」という意味である。

つまり、フランス語のconsomptionは、英語のconsumptionから「物を消費する」という意味が取れたものであり、かつフランス語のconsommationは、英語のconsumptionにconsummationの意味が加わったものなのである。言語学者ではないので、どうしてこうなるのかわからないが、フランス語のconsommationには、「使い尽くす」と同時に「完成させる、成就する」という、一見矛盾する意味が込められているのである。材料を使い尽くすことで料理が完成する、というような意味であろうか。

コンサンプションとコンサマトリー

さらにここで重要なのはconsummateの派生語であるconsummatory《コンサマトリー》という言葉が、社会学では「自己充足的」などと訳される重要な概念だということだ。

consummatoryの反対語はinstrumental《インストゥルメンタル》であり、「道具的」「手段的」と訳される。見田宗介は書いている。

「インストゥルメンタルの方は『手段的』と邦訳できるが、コンサマトリーは邦訳不可能である。『目的的』は誤訳であるし、『即時充足的』も、固いわりに意を伝えにくい。『私の心は虹を見ると踊る』という、そのように虹を見て心が踊っている時が、コンサマトリーな時である。すなわち、性的なエクスタシー、芸術的な感動、宗教的な至福（bliss）のように、他の何ものの手段でもなく、それ自体として無償のよろこびであるような行為、関係、状態、時間、などが、『コンサマトリーな』行為、関係、状態、時間、などである。これに対して、賃労働、営利活動、受験勉強、政治的な目的のための組織活動など、それ自体の外部にある目的のための手段としてある行為、関係、状態、時間、などが、『インストゥルメンタルな』行為、関係、状態、時間、などである」(見田宗介・栗原彬・田中義久編『社会学事典』一九八八)

もちろん「賃労働、営利活動、受験勉強、政治的な目的のための組織活動など」も、人により、時により、場合により、「他の何ものの手段でもなく、それ自体として無償のよろこびである」ことはありうる。しかし、「賃労働、営利活動、受験勉強、政治的な目的のための組織活動など」は、結果として何らかの成果(賃金、利益、合格、当選など)を得られなければ意味のない、「完成」しない行為である。

他方、コンサマトリーな行為は、結果として何らかの成果(賃金、利益、合格、当選など)を得られることがなくても、それ自体が幸福、楽しさ、うれしさをもたらすなら、それで行為として「完成」するのである。

さて、では、消費という言葉に「使い尽くす」という意味とともに「完成、成就」という意味も含まれるとするなら、言い換えれば、単に空腹を満たすために食物を買って食べるというインストゥルメンタルな意味だけでなく、「他の何ものの手段でもなく、それ自体として無償のよろこびである」こともまた消費の一部であるとするなら、どうだろう。

そのことを極めて自覚的に論じたのが山崎正和の『柔らかい個人主義の誕生』（一九八四）である。同書は、第三の消費社会のただ中にありながら、第四の消費社会の予兆を感じ取り、理論化した名著である。

山崎は当時流行していたジャン・ボードリヤールの『消費社会の神話と構造』（一九七〇）を批判する。ボードリヤールによれば「消費社会とは、たんに『余分な豊かさ』を楽しむ社会であり、量において『過剰な消費』を行なう社会だ、という程度の認識しかなされていない」。ボードリヤールは「人間には『自己保存の本能』に対立する根源的な本能があり、それは『自己の力を使い果したい』と願う衝動であって、つねに『より多く、より早く、よりしばしば』と願う衝動だ、という。そして、この本能に支配されている以上、現代の消費社会がとめどない濫費に走り、贅沢の誇示と、それにたいする怨恨や暴力を生むのは必然だ、と氏は主張するのである」と山崎は整理し、それに対して、ある意味コロンブスの卵のような反論をする。

「まず皮肉をいうなら、この『より多く、より早く、よりしばしば』というのは、明らかに効率主義の標語であって、これは消費社会というより、むしろ生産至上主義社会の原理だと見るべきであろう」。むしろわれわれは「いまその効率主義にこそ疲れているのではないだろうか」と切り返す。「たしかに、産業化社会の末期においては、人間の欲望はしばしば権力志向的に働き、より多く、より早い消費を見せびらかして、他人に差をつけることに狂奔していた。今日の日本社会にもこの傾向はまだ残っていて、少なからぬひとびとが、流行の商品を『より早く、より安く』手に入れようと、文字通り効率的な買物を競いあっている。しかし、忘れてはならないのは、これはあくまで、特定の社会の特定の歴史段階における現象であり、人間の欲望の永遠の本質を示すものとはかぎらない」

では何が本質か。

自己充足としての消費

その本質論について考える前に、再び私事を書かせていただくなら、山崎正和と私の最初の出会いは高校二年の時に切り抜いた新聞記事「不機嫌の体験」(朝日新聞一九七六年一月一九日付)であり、より強烈には高校三年の現国の教科書である。山崎の『鷗外 闘ふ家長』の一部が掲載されていた。現国の教師は私の担任でもあったが、山崎のファンだったのか、教科書には掲載されていない箇所もコピーして授業に使った。さらに山崎の別の著書『劇的なる日本人』も授業に使ったのである。その授業を聞いて私は山崎のファンになった。受験直前のことであった。

そして受験。二月下旬に上京すると、私は早速新宿の紀伊國屋書店に行き、その二冊と『芸術現代論』を購入したのである。受験の準備はもう十分していたし、直前に余計な勉強をするとかえって不安になると思い、私はその三冊を読んで過ごした。特に『芸術現代論』の中で「手仕事」の意味について書かれた文章が気に入っていた。

そして二月末、私はまず私立を受け、三月初頭に一橋の英語と数学だけの一次試験を受け、それから二次試験を受けた。現国の試験は、ある文章を読んで論文を書くだけだった。その文章が柳宗悦の「手仕事の日本」だった！　私は心の中で「あっ！」と叫んだ、と思う。これぞ神の思し召しと、小躍りしたかもしれない。自分では満点の内容の論文が書けたと思った。その後、『週刊朝日』で丸谷才一が、こういう問題を出題する大学は尊敬に値すると書いているのを読んだ。うれしかった。こんなわけで、山崎正和なくして私の大学受験は成功しなかっただろうと思うほどなのである。

本論に戻る。山崎は本来劇作家なので、芸術や文学について論ずるのは当然だが、『劇的なる日本人』や『芸術現代論』を読み返してみると、意外なほど広告、消費、工業デザインなどについても多くのページを割いている。しかし、劇作家にとって最大の関心事は人間とその人生、その生き方に違いない。とすれば、現代人を語り、描く上では、広告や消費や工業デザインを語ることもまた当然ということであろう。

柔らかい個人主義

そういう山崎が消費社会を徹底して論じたのが『柔らかい個人主義の誕生』なのである。翻って考えてみれば、一九八四年に出されたこの本以前に、本格的な消費社会論というものは日本には存在しなかったと言える。いや、それ以後にもない。それ以前には、左翼陣営からの一面的な消費社会批判か、消費を喚起する側の広告業界によるマーケティング的な消費論しかなかったからである。ボードリヤールも左翼からの批判の一つである。八〇年代半ばですら、渋谷公園通りは資本主義による管理社会だなどという左翼系評論家がいたくらいで、まったく一般的な時代感覚と遊離していた。

そうした中で、優れた哲学者でもあり社会学者でもある山崎は、デカルト以来の近代的自我を「生産する自我」として批判的にとらえ、ウェーバー、デュルケム、ボードリヤールらを引用しつつ、とりわけリースマンとベルの説を踏まえ、かつ非常に具体的な広告やヒット商品の事例や統計データを傍証として駆使しながら、消費社会の限界と可能性を論じ、「高度消費社会」と呼ばれる八〇年代の爛熟の果てに人間が向かう先を見極めた。

山崎は書く。

「人間にとって最大の不幸は」「物質的欲望さえ満足されないことであるが、そのつぎの不幸は、欲望が無限であることではなくて、それがあまりにも簡単に満足されてしまうことである」。「食物をむさぼる人にとって、何よりの悲しみは胃袋の容量に限度があり、食物の美味にもかかわらず、一定度の分量を越えては喰べられない、という事実であろう」。それどころか、「欲望が満たされるにつれて快楽そのものが逓減し、ついには苦痛にまで変質してしまう」。なんだ、私がさっき書いたことをもう言っているじゃないか（一三二ページ参照）。

「一方で、選択すべき対象の数が増えるとともに、他方では、選択しながら生きるべき自由な時間が延びて、現代人の人生はまさに迷いの機会の連続になった」。「『何か面白いことはないか』と自問する人間は、すでに半ばは、自分がその『何か』を知らないことを告白しているのであり、自分が自分にとって不可解な存在であることに気づき始めている」。なんだ、糸井重里の「ほしいものが、ほしいわ。」というコピーの意味をすでに語っているじゃないか（一一一ページ参照）。

そしてこう書く。「いわば、物質的な欲望の満足は、それがまだ成就されていないあいだにだけ成立し、完全に成就された瞬間に消滅するという、きわめて皮肉な構造によって人間を翻弄する」。そこで人間は何を考えたか。「物質的な消費」は「なんらかのものを消耗する」という目的を目指しながら、「しかし、同時にそれにいたる過程をできるだけ引きのばそうとする」。そこでは「ものの消耗という目的は、むしろ、消耗の過程を楽しむための手段」となる。

「最大量の食物を最短時間に消耗しようとするのではなく、むしろ逆に、より多く楽しむために、少量の食物を最大の時間をかけて消耗しようとする」のである。

本来「人間の消費行動はおよそ効率主義の対極にある行動であり、目的の実現よりは実現の過程に関心を持つ行動」なのであって、「いわば、消費とはものの消耗と再生をその仮りの目的としながら、じつは、充実した時間の消耗こそを真の目的とする行動だ」と山崎は結論づける。つまり、消耗（consumption）を、自己充足（consummatory）に変換すること、これこそが消費の最終的な成熟の姿であると山崎は予言した。消費社会の限界と成熟を、つまり、消費社会が「使い尽くされて完成すること」を山崎は希望しつつ語ったのである。それはまさに第四の消費社会を予言したものだったと言えるであろう。

このあたりは、京都人ならではの消費論の真骨頂であって、油っこいマクドナルドとポテトフライをほおばりながら残業をしていた当時二五歳の私には、この山崎のまったりとした京料理の味を味わうことができなかったと言わねばならない。

だが今読み返してみると、まさに正鵠を射た予言である。人間とは何かを考え続けた演劇人であればこそ、消費社会における欲望のゆくえも的確に予測できたのだ。いかなる社会学者もこれを超える消費社会論をいまだかつて書いたことはない。

ただし、山崎の予言が現実化して感じられるようになったのは、この五年ほどのことであろう。『柔らかい個人主義の誕生』の出版後、バブル経済によって、「人間の欲望はしばしば権力志向的に働き、より多く、より早い消費を見せびらかして、他人に差をつけることに狂奔」する時代が延命したために、新しい消費の時代の到来が遅れたからである。

だが一方で、バブル時代を経たからこそ、われわれは浪費に疲れ、新しい人生の意味を模索し始めたと言うこともできるであろう。

また、山崎の用いた「自己充足」と「効率主義」という対比は、先に述べた小松左京の「生きていること自体の価値」と「進化することの価値」に対応しているように思える（九八ページ）。われわれが求めるものはもはや単なる「効率」や「進化」ではない。われわれは「生きていること自体」が「充足」することを求め始めているのである。

物から人へ

このように考えてくると、第三の消費社会までは物の消費が中心だったが、第四の消費社会が発展していくにつれて、消費は、単なる物の消費から本格的な人間的サービスの消費へと変わっていくことはまちがいない。しかしそれは、単に金銭を払うことで一方的にサービスを受け取るのではない。消費を通じて、もっとお互いの人間的な関係を求める人々が増えていくであろうと予想されるのだ。

つまり、サービスという商品を消耗するという意味のサービス消費が発展するのではなく、サービスが提供側にとっても受け手側にとってもコンサマトリー（自己充足的）な行為であることが求められていくだろう。そこでは、どんなサービスを受けられるかはもちろんだが、誰からそのサービスを受けるか、その人とどのように人間的に付き合い続けられるかが重要な意味を持つようになるであろう。

とすれば、言うまでもなく、サービスではなく、物の売買の場合であってもそれは同じことであって、誰がどのように物を売るかが重要になるだろう。すなわち、通り一遍のマニュアル的な販売ではなく、物への十分な知識と愛情を持った人間が物を売るということに人々は大きな意味を感じるようになるにちがいない。

また、エコロジーの視点が重視される第四の消費社会では、ロングライフであることが価値を持つ。ロングライフとは、長い間、あまりモデルチェンジせずにずっと残り続けるということである。ロングライフであるためには、生活に本当に必要な価値を提供すること、基本的な機能、性能がよいということが求められるだろう。パッと一時だけ売れる物や店ではなく、長い間売れ続ける物や店が重視されるのである。

そうなると、物をつくる人、選ぶ人、店をつくる人の目がぶれないことが重要になる。たしかな目で見て、長く売れる本質的な物を選び出す。そういう人のいる店が、客から信頼される。

そうすると、またその店に来たくなるし、その物を買いたくなる、だから長く売れつづける。そういうように、店と人の関係を大事に育てていくことが重要になるのである。後述するデザイナーのナガオカケンメイの活動などは、その具体例であろう。

このように、第四の消費社会においては、物自体を物神化するブランド信仰のような態度は次第に退潮していき、物はあくまで手段と考え、その手段によってどんな人とどんなつながりを生むことができるかという目的こそがもっと重視されるようになるであろう。こうした点については、次章でより具体的に論ずることにする。

事例研究　無印良品――第三の消費社会から第四の消費社会への典型的商品として

一九八〇年、第三の消費社会に生まれ、その後も人気を維持しながら、今は第四の消費社会的なイメージをしっかりと持っている商品が無印良品である。

私は一九八二年、会社帰りに、当時住んでいた東急東横線祐天寺駅の近くのコンビニで、ある商品を見つけた。何の特別な色も柄もない文房具だった。お！　これこれ、こういうのが欲しかったんだと、早速買った。それが無印良品だった。

私は無印良品が気に入り、その後現在に至るまで、自転車、洋服、テーブル、タンス、照明など、さまざまな物を買った。

無印良品は、巻末インタビューで辻井氏が述べているように、ブランド商品に対する反抗として、企業が押しつける無駄な価値のない、消費者が自分らしいライフスタイルを自分でつくるための素材として提案された。「自分らしさ」志向という意味で、まさに第三の消費社会的な商品である。

第三の消費社会においては、自分らしさをアピールするためにさまざまなブランドが流行したのだが、にもかかわらず、むしろそれだからこそ、ブランドに対する反ブランドである無印良品が誕生したのである。自分らしいブランドを選ぶのではなく、空っぽの入れ物のような無印良品を「素材」として選び、そこに自分で自分の色を付けていく、自分なりに加工し、料理していく。それは東急ハンズとも通ずる「半製品」の思想によってつくられていた。

同時に無印良品は、過剰な包装、色、柄などを排し、また、それまでは捨てていた、かけた椎茸などを商品化したことにより、エコロジカルなイメージを持った商品としても認知された。その意味では、第四の消費社会的な要素を持った商品だった。

また、無印良品にはもうひとつ第四の消費社会的な要素があった。それは、日本的な文化を感じさせる点である。機能や装飾をどんどん足していくのではなく、むしろそれらを極限までそぎ落としていく、いわば引き算の美学。それが、わびさび的な日本文化と通底するように感じられるからであり、その意味で第四の消費社会的なのである。

実際、無印良品への好意度別に環境問題への関心を尋ねると、無印良品が「大好き」「好き」という人では、環境問題に「関心がある」「まあ関心がある」が合計で八割以上となる〔図表3－15〕。

対して、無印良品が「あまり好きではない」「好きではない」人では、環境問題に「あまり関心はない」「関心はない」が合計で三割台から四割台となる。

図表3-15　無印良品への好意度別に見た環境問題への関心

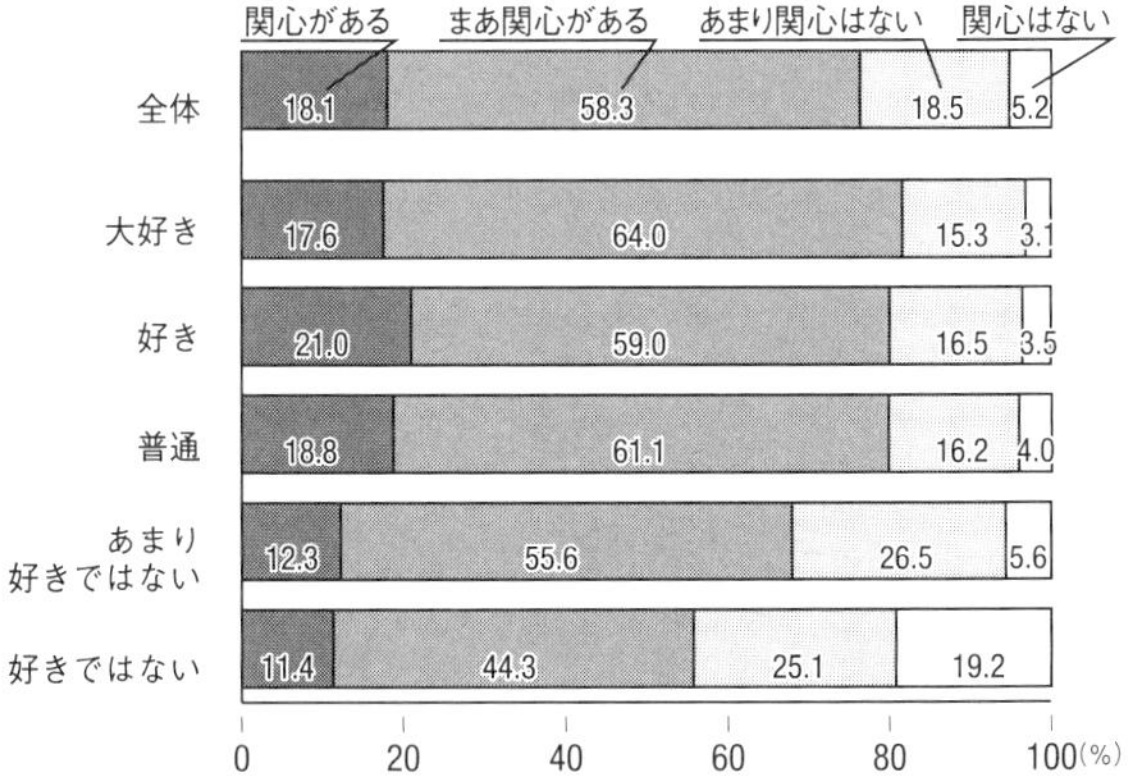

図表3-16　無印良品への好意度別に見た日本文化への好感度

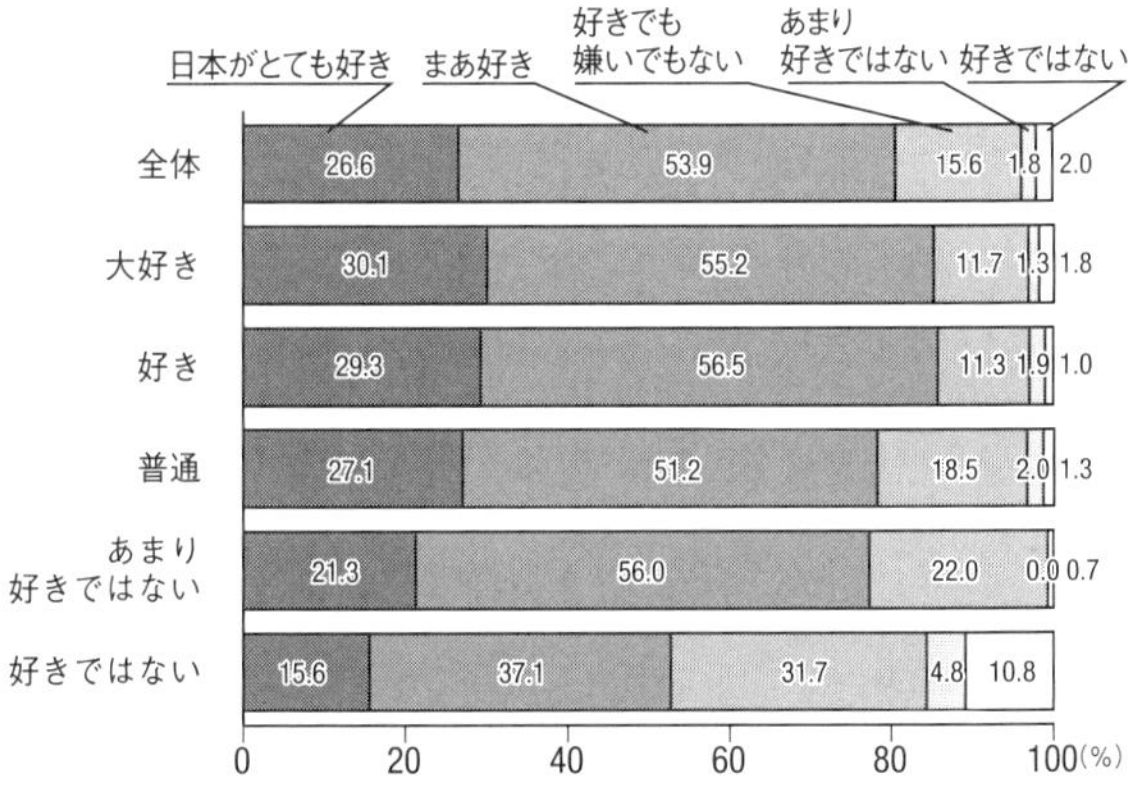

資料：カルチャースタディーズ研究所「現代最新女性調査」2010
（調査会社：株式会社ネットマイル／首都圏在住20〜39歳女性対象）

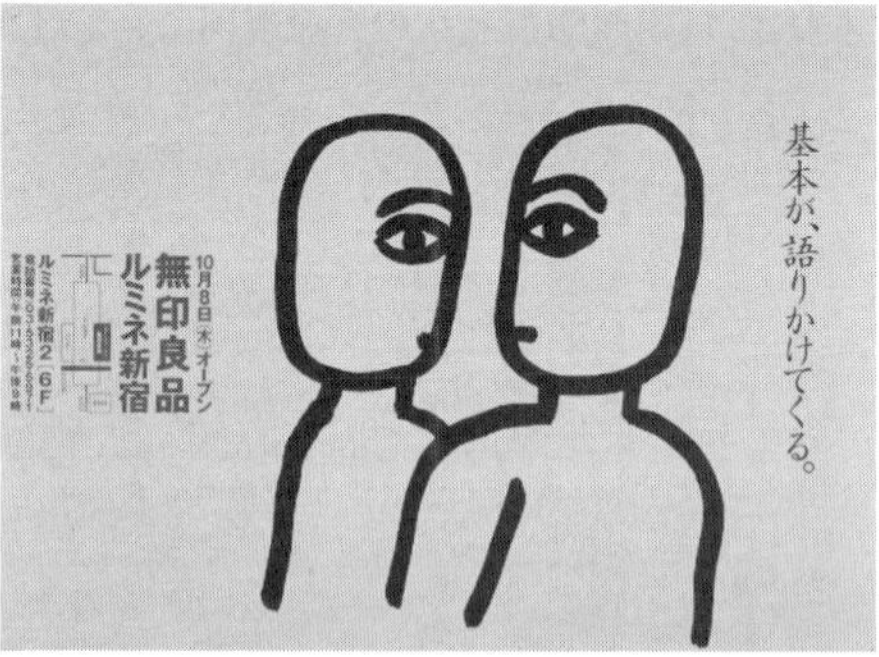

アド・ミュージアム東京所蔵

また、無印良品への好意度別に「あなたは日本という国や日本の文化が好きですか」を尋ねると、無印良品が「大好き」「好き」な人は八五%ほどが日本が「とても好き」「まあ好き」と回答している〔図表3－16〕。

このように無印良品は、エコロジカルで、シンプルで、日本的というイメージを持った、第四の消費社会にふさわしい商品として認知されているようである。

この無印良品が、二〇〇三年からは「Ｆｏｕｎｄ《ファウンド》 ＭＵＪＩ《ムジ》」という活動を行っている。これは、無印良品が商品を開発するのではなく、すでに世界各地にある物の中から、これってＭＵＪＩだよね、と思える商品を「発見」(find) する活動である。

具体的には日本の各地の和食器はもちろん、世界中から、たとえば、インドの金物、中国の織物、青白磁にベンチ、フランスの郵便局で使われていた麻袋などが「発見」されている。

無印良品は、現代における「民藝」であるとも言われるらしく、現代の生活において民藝らしい「用の美」、つまり実用品であるからこその美しさを持った商品だと評価されている。そういう無印良品が、世界のいろいろな地方の「用の美」を見つけ出して、セレクトしているのである。

世界各地の固有の文化を重んずることが第四の消費社会の特徴であるとすれば、第四の消費社会的な商品である無印良品がこうした活動をするのは極めて必然的である。

しかし、青山にあるFound MUJIの店舗を見ると、私はちょっと不思議な気持ちになる。なんだか、西荻窪や目白あたりにある骨董品屋を見ているような気持ちになるからだ。

おそらく人々が、みずからMUJI的な物を発見する能力を身につければ、無印良品自体はいつか不要になるのだろう。もちろん、それだけの能力を身につける人は少ないだろうし、その能力があっても、足りない物があれば無印良品を買うだろうが、それにしてもこのFound MUJIという活動は、ある意味では無印良品という「物」としての存在理由を否定するような活動にも見える。

だが、そんなことは無印良品としては百も承知であるはずだ。おそらく「物」を超えた思想の広がりこそが、無印良品の今後の長期的な目標になるのではないかと私は感じている。

インタビュー

若者は、地方の魅力に目覚め始めた

コミュニティデザイナー　山崎　亮　氏

第三の消費社会までの大都市集中志向に対して、第四の消費社会は地方分散志向であり、日本中のいろいろな地方の中に面白さ、楽しさを発見しようという動きが活発化してきている。そうした新しい世代の新しい視点による地方の活性化活動の代表格が山崎氏である。氏の活動について伺った。

三浦　今日、山崎さんにお伺いしたいのは、ローカル、地方がどうなるか、地方をどうすればいいのか、という点です。コミュニティデザインという新しい仕事をしている山崎さんが、そもそもこれからは物のデザインじゃないだろうって思ったのはいつからですか?

山崎　最初のきっかけは、一九九五年の阪神淡路大震災だと思いますね。

三浦　こんなにまちが破壊されたのに、ビルを壊して、またつくって、でいいのか、と?

山崎　そうです。特に僕は建築や都市計画を学んでいましたから、ポストモダンの、ちょっと壊れたような形だけど、構造的には成り立っているような建築が人々を惹きつけるんだと思っていました。

三浦　まだ「第三の消費」の時代だね。物なんだ。

山崎　物の形でどう人々の心に印象づけていくか、ということをやっていた時代でしたから。コンクリートがひび割れたようにつくったビルとか、斜めになっているように積んであるようなビルとかね。

三浦　廃墟っぽいデザインとか。

山崎　はい。でも、震災で本当に全部壊れたわけですから。壊れたマネをすることとか、意味なかったんじゃないのかなと思ったわけです。

都市計画の研究室にいたので、学会から呼ばれて、被災地をまわって建物を見ました。全壊、半壊、部分壊を決めていく作業をしたんですが、僕のまわった住吉地区は、見渡す限り全壊なんですよ。ここに道があるはずなのに道がない。下にまだ埋まっている人がいるかもしれないと考えると、精神的にも参りました。すごく気分が滅入っていたら、川だけはちゃんと川なんですね。人が河原に降りて洗濯したり、食事をつくったりしていたんです。避難してきた人たちが、そこに集まってきて、お互いに励ましあっているのを見て、衝撃を受けました。おばあさんたちが、自分も息子を亡くしたのに、親を亡くした夫婦を励ましているんです。「私も二階に寝ていて一階にいた息子をつぶしちゃったんだけど、あんたも……」というような話をしていて、この人たち、すごいな、と。最後に残っているのは、このつながりの部分かと思って、かなり勇気づけられました。

物だけつくれば豊かな時代になる、人々の幸せのためにいいデザインを、と習ってきたけれど、そのデザインという言葉自体、物をどんどん量産していくだけではだめかもしれないなと思ったんですね。

三浦　物じゃなくて、やはり人だと気づいたのはもうちょっと後ですか？

山崎　もう少し後ですね。僕は建築とランドスケープデザインを両方やる設計事務所に入ったんですが、そこはワークショップも扱っていたんです。「あんた、ワークショップのほう、やりなさい。ようしゃべるし」と言われて、やり始めたんですよ。

三浦　ワークショップは面白かったの？

山崎　最初は苦手でしたね、コミュニティとか、ワークショップとか、なんか胡散臭い感じがするじゃないですか（笑）。

三浦　だよね（笑）。

山崎　模造紙にピンクの付箋とか貼ってね。いい大人が「はい、じゃあ、このへんは同じ意見ですね」

なんて言うのを、「ウソつけ！」って思っていたんですよ。ところが、やっているうちに、ウソではないなという気もしてくるんです。だんだんとね。そうなると、なぜ、空間をつくる人が、将来その空間を使うであろう人たちの意見をまったく聞かずに、自分のつくりたいものをつくっているのかという、むしろそちらのほうに疑問を持つようになってしまうんですね。どうせ物をつくるんだったら、この物をつくるということを核にして、いろんな人たちが集まって、チームをつくって、つながりができた人たち自身がいろんなことをやっていく。空間づくりをそのつながりづくりのタネにしたほうがいいんじゃないか、と考えるようになったんです。

三浦　空間は手段なんだね。

山崎　手段だから、空間をつくるということで集まってもらってもいいし、総合計画をつくるために集まってもらってもいい。何かイベントをやるための準備に集まってもらってもいいけど、目的は人のチームをつくること。この地域で活躍する人たちのつながりをつくることだと考えるようになりました。

三浦　山崎さんの事務所は最初から地方を扱っていたんですか？

山崎　もともと個人的には、あまり地方には興味がなかったです。僕は愛知県に生まれて、二歳まで住んでいたんですが、その後、枚方、西宮、また名古屋と、親の転勤のたびに転校生になる人間だったんですね。住むのは毎回、郊外にあるニュータウン。父親の社宅がそういうところにあったんです。だから、どこに行っても電車の終点のようなところにばかり住んでいたので、情緒豊かな下町が想像できない。都心部も中山間・離島地域もイメージがわかなかった。もちろん、どんな地域で、どんなルールがあるのかも、まったくわからない。いちばん愛着あるのは、今でもニュータウンなんですよ。

三浦　そうなんだ。意外だね（笑）。

山崎　そんな人間が、いきなり田舎に行きたいとは思わないですよね。噂ではしがらみがあるらしいなんて耳にするし。

三浦　それがなぜ地方へ？

山崎　きっかけは、事務所の女性スタッフが大学生のときに、僕が彼女の卒業制作を指導することになったことです。対象地をどこにするかは適当に決めろって言って、地図に向かってダーツを投げさせたんです。

三浦　ダーツが当たったのが家島だったの？

山崎　そうなんです。大阪目がけて投げるように言ったのに、姫路の沖合の島に当たっちゃった。

三浦　じゃあ、大阪に当たっていたら、家島をやらなかったってこと？

山崎　そういうことです。「えっ、島、当たっちゃったのかぁ。じゃあ、行ってこい」って。でも、女子大生が島に行って、「いま、困ってることなんですか？」と聞いてまわっていたら、相当アヤシイわけですね（笑）。地元でも役場でも、「あいつ、あやしいな」みたいな噂になってしまい、一応、指導しているという立場で、僕が挨拶に行ったのがスタートでした。

三浦　それで、あとはもう、トントン拍子に地方に入っていくの？

山崎　その後はありがたいことに、いろいろなところからお声がけいただくようになりました。

三浦　最初の家島がすごく評判になったわけ？

山崎　大きく評判になったのは、海士町《あまちょう》だと思います。海士町には、山内道雄町長という魅力的で面白い方がいらして、もともと評判だったんですよ。

三浦　名物町長みたいな人がいたんだ。

山崎　そうなんです。この方が都会から、Ｉターン者を積極的に受け入れる政策を打っていらした。既にそうした取り組みが評価されているところに、僕らが住民参加型で総合計画をつくるお手伝いに呼ばれたわけなんですが、その呼ばれたきっかけが家島だったんです。

　家島町では住民の人たちと一緒にプロジェクトを進めていたんですが、一橋大学の関満博先生が、そうした僕らのプロジェクトの進め方を気に入ってくださって。どうもまちづくりコンサルタントと呼ばれる人たちがやっているやり方と違うらしいぞ、と。それで、海士町の町長に「あいつに一回、聞いてみたらいい」と紹介してくださったそうなんです。

三浦　従来のコンサルタントとはどこが違うの？

山崎　僕らもね、わからないんですよ。僕らは見よう見まねで、デザイナーとしてできるやり方でやっているだけなんです。

三浦　面白がるところが違うのかな。

山崎　まちで面白いことをやろうと思っている人たちが活躍しやすい状況をつくっているのが、僕たちのやり方じゃないかとは思います。

一般的には、自治会長とか、商店街組合長とか、商工会議所の会頭とか、役職についている人たちと行政で、まちづくりを進めていこうと考える場合が多いですよね。ただ、この人たちは地域のトップなので、ある意味では、今の状況をあまり変えたくはないですよね。そういう人たちを集めて、まちづくりをやっても、それは動かないよなぁ、と感じます。

僕らの場合は、「このまちで面白いことをやっている人とか、若くて面白いことをやっている人はいないですか」と地域の人たちに直接話を聞きに行きます。もちろん、行政のプロジェクトなので、公募もするんですが、「今度、こんなワークショップをやるので、絶対来てくださいね」と、個人的な結びつきで呼んじゃいます。半分くらいは、僕らが面白いと思った人を誘って、ワークショップに出てきてもらう。あと半分くらいは役職のある人や、公募で集まってきた、まちづくりに関心の高い人たちが来る。そうすると、いい按配になるんですね。

まちづくりに関心の高い人たちばかりが集まると、「そもそも、まちづくりというのはですね……」みたいな話が始まっちゃうわけです。そこに元ヤンキーとか、役所のやることはいちばん嫌いという人たちが入ってきて、「うるせぇ」なんてやりあうわけです。この雰囲気がよくて（笑）。この瞬間に、僕らが声をかけて呼んできた人たちが、まちをより面白く、これまでと違うものにしてくれるんですよ。

三浦　うーん。なんだか居酒屋みたい（笑）。

山崎　そうそう。そこがひょっとしたら、これまでのまちづくりのやり方と違うのかもしれない。

三浦　そういう小さい島でも、何かをやりたい人はいるんだね。

山崎　いますね。

三浦　そのことが気づかれていないと思わない？

山崎　たしかに。最初からいないだろう、って思っている人が多いですね。

三浦　シャッター通りでもそうじゃない。こんなとこで、なんかやりたいやつ、いないだろうって。

山崎　そう思われてますね。でも、実際にはいろいろな思いやアイデアを持っている人たちがいっぱいいます。

いえしまプロジェクト（姫路市家島町）
島で盛んな水産業を生かした特産品開発や島の暮らしを伝えるパッケージデザインの開発、生産地の見学ツアー、ゲストハウスプロジェクトなどを企画・実施。「一〇〇万人が一度だけ訪れる島ではなく、一万人が一〇〇回訪れたくなる島」を目指す。

三浦　ヤンキーは何したいの？

山崎　ヤンキーはですね、最初はやっぱり、やりたいことが何もなかったんですよ（笑）。このままではいかん、という気持ちはすごくあるんです。だけど、何をやればいいかがわからないという状態。彼はワークショップの中で、人を育てるというチームに、なかば無理やりですけれど入れられて、子分たちも何人か入るわけです。「絶対やらねえ」って言っているのを引っ張ってきて、「座ってください。やりましょう。あなたみたいな意見がないと、ありきたりな会議になるんですよ」と言って入ってもらって。でも最初は、横で寝てるみたいな感じになっているわけですよ。まじめくさった話をしていると、

海士町総合計画、まちづくり支援（島根県隠岐郡海士町）
離島である海士町独自のまちづくりを追及。「人」「暮らし」「産業」「環境」の四チームに分かれてワークショップや勉強会を重ね、最終的に住民による「海士町をつくる二四の提案」が誕生。

「意味わかんねぇ」とか言い出すんですね（笑）。そうすると、まじめな人たちは、わかるように説明しなくちゃならないわけです。

三浦　一見、まちづくりにあまり関心がなさそうな人たちがプロジェクトに入らないとまずいという直感は、ワークショップをずっとやっていた経験からですか？

山崎　ワークショップを何回かやるうちに、なんとなく形式的なワークショップが多いなぁとは思っていました。

三浦　ループタイしたおじさんが出てきたり？

山崎　そうそう（笑）。インテリっぽい人たちとかね。でも、出てくるアイデアは、どこかで聞いたことあるようなものばかりなんですよね。

三浦　いま、山崎さんは、すごい数のまちづくりを日本中でやっていますよね（左図参照）。沖縄から北海道まで見てまわって、日本の地方はどうあるべきでしょうか。若い人の地方に対する見方が変わってきたと思うんですね。僕なんかは若いとき、渋谷で消費するのがいいっていう、第三の消費社会を煽っていた側なんだけど、全然その頃とは感じが違っていると思うんですよね。

山崎　若い人たちで、地方に行きたいと言ってる人たちって二〇代ですから、きっとエコネイティブですよね。

三浦　エコ教育をずっとされてきた世代？

山崎　勝手に僕が言ってるだけなんですけど。彼らはずっと、コピーのときに裏紙を使うことが当たり前ですよね。裏紙でないことでかえって気持ち悪いという、ね。僕らは「これから裏紙使うぜ！」みたいな感覚がありますけど（笑）。彼らにとっては、地産地消であったり、エネルギーを遠くから運んでくるとエネルギーのロスが多いということであったり、フードマイレージやバーチャルウォーター、エコなライフスタイル、スローフードといったことが基礎教育として、ごくごく自然に入ってきていますよね。

三浦　読み書きそろばんくらいにね。

観音寺市のワークショップにて。まちを歩き、人と話すことから、山崎氏のまちづくりが始まる

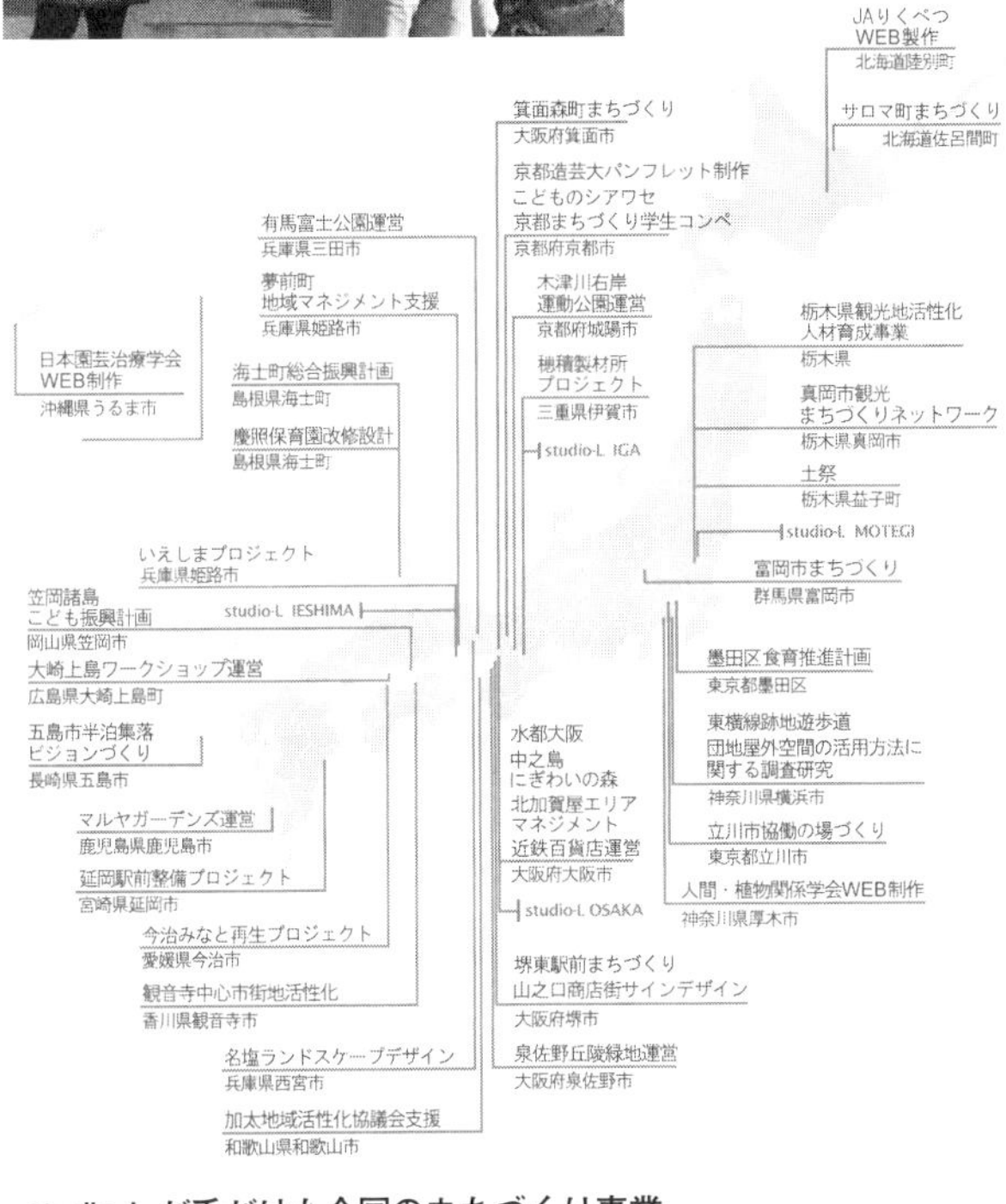
JAりくべつ
WEB製作
北海道陸別町
サロマ町まちづくり
北海道佐呂間町
箕面森町まちづくり
大阪府箕面市
京都造芸大パンフレット制作
こどものシアワセ
京都まちづくり学生コンペ
京都府京都市
木津川右岸
運動公園運営
京都府城陽市
穂積製材所
プロジェクト
三重県伊賀市
studio-L IGA
栃木県観光地活性化
人材育成事業
栃木県
真岡市観光
まちづくりネットワーク
栃木県真岡市
土祭
栃木県益子町
studio-L MOTEGI
富岡市まちづくり
群馬県富岡市
有馬富士公園運営
兵庫県三田市
夢前町
地域マネジメント支援
兵庫県姫路市
日本園芸治療学会
WEB制作
沖縄県うるま市
海士町総合振興計画
島根県海士町
慶照保育園改修設計
島根県海士町
いえしまプロジェクト
兵庫県姫路市
笠岡諸島
こども振興計画
岡山県笠岡市
studio-L IESHIMA
大崎上島ワークショップ運営
広島県大崎上島町
五島市半泊集落
ビジョンづくり
長崎県五島市
マルヤガーデンズ運営
鹿児島県鹿児島市
延岡駅前整備プロジェクト
宮崎県延岡市
今治みなと再生プロジェクト
愛媛県今治市
観音寺中心市街地活性化
香川県観音寺市
名塩ランドスケープデザイン
兵庫県西宮市
加太地域活性化協議会支援
和歌山県和歌山市
墨田区食育推進計画
東京都墨田区
東横線跡地遊歩道
団地屋外空間の活用方法に
関する調査研究
神奈川県横浜市
立川市協働の場づくり
東京都立川市
人間・植物関係学会WEB制作
神奈川県厚木市
水都大阪
中之島
にぎわいの森
北加賀屋エリア
マネジメント
近鉄百貨店運営
大阪府大阪市
studio-L OSAKA
堺東駅前まちづくり
山之口商店街サインデザイン
大阪府堺市
泉佐野丘陵緑地運営
大阪府泉佐野市

studio-L が手がけた全国のまちづくり事業

山崎　ところが、その読み書きそろばんくらいに当たり前のことが、東京では本当に高いお金を出さないとできない。そのことに違和感を覚えている人たちが、僕らの想像以上に多いんじゃないかなという気がします。生活のビジョンがこれまでとは違う方向を向いているような気がするんです。

だから、何かきっかけがあると、「行っちゃえ」という感じで地方に行ってしまう。そういう世代が増えているという気がしますね。

三浦　なるほど。

山崎　面白いなと思うのは、一見「こんな田舎で商売が成り立つのかな」と思うようなところに、カフェとか結構でき始めているんですよ。

三浦　どのくらいの田舎？

山崎　ものすごい田舎ですよ。高知県の嶺北地方というところで、おそらく車でどの方向に走っても二〇分は山以外何もないような場所に、ぽっと一軒だけ、カフェがあるんです。すぐ横に砂防ダムがあるような場所にカフェをつくって、自分でイラストも描いて、クッキーをつくっている。こういう場所で、オーナーは、地域の若い奥さんを二人も雇っているんです。それぐらい、評判なんです（写真参照）。

三浦　高円寺のカフェみたいだね。

山崎　かつて僕らが思っていた限界集落のイメージとは全然違っていて、たとえば、インターネットは地域ICT事業というのをどこも採用しているので、光ケーブルが集落の端まで全部届いているんですよ。インターネットで接続すると、ほぼ自分専用回線になるんです。集落のおばあちゃんはインターネットをやっている人がいないので、光ケーブルが自分のところにくると、ほぼ一〇〇メガbpsなんです。

三浦　都会のマンションより、ずっといいわけね。

山崎　東京のマンションだったら、一〇メガか二〇メガになっているものが、一〇〇メガで使えてしまうんですから、ものすごく快適です。それから、必ずインターネット販売できる商品をつくっています。自分でつくったクッキーを、自分でつくった缶のなかに入れて、紅茶とセットにしてインターネットで

高知の山間にあるカフェ「ぽっちり堂」。地元の人たちが車でやってくる。地元の素材を生かしたお菓子づくりで、ネット販売も好評だ（写真／ぽっちり堂）

も販売したりしているんですけど、クッキーの原材料はその地域の安心、安全なものを使っているとか、地元で信頼できる人につくってもらっているということが、ホームページにもきちんと書いてあるわけですね。

「ここにお客さん来るの？」って思うんですけど、来るんですよね。この嶺北のまちの周辺の市町村に噂が鳴り響くんですよ。「うちにも、高円寺にあるようなカフェができたんだ」って。近隣市町村全部あわせても、ここしかないので、みんな車に乗って来るんです。

だいたい田舎の人は親と同居していますからね。舅、姑さんと住んでいるから、友達が家に遊びに来たときに、家にあがってもらって話をしていても、チラチラ気になるようです。大きい声で笑っているのも憚られる。それで、みんなここに集まるんです。

三浦　田舎にも第三空間が必要なんだ。

山崎　そうです。リアルな意味での第三空間がここにあるんです。

それから、僕が教えた大学の学生がゼミを卒業して、いま海士町に就職しています。彼女もエコネイティブですけど、やっぱり東京や京都や大阪で就職するんじゃないほうがいいと言うので、「俺がかかわっている海士町で、いま役場が臨時雇用をやっているけど、ごめん、給料は一二万しか出ないらしいけど、行ってみるか」と話したら、行くことになったんです。ところが、一二万の給料から、彼女は毎月一〇万貯金をしているんです！　年間一二〇万を貯金していて、それができるって言うんです。

どうしてかというと、自分の住んでいる地域におばあちゃんがいますよね。このおばあちゃんたちが、服や手袋、本がほしいと思っても、海士町のなかには売っていないわけです。そこでたとえば、インターネットショッピングで代わりに買ってあげたりすると、お礼に大根を山ほどもらえたり、柿がいっぱいもらえたりするんです（笑）。食べ切れないほどものがいっぱい集まってくる。海士町ですから魚もいっぱいとれるので、ほぼ食材については買わなくていい。買うとしたら、調味料くらいですね。

三浦　事実上、物々交換ですね。

山崎　そうですね。それで、家賃が月三〇〇〇円だったかな。そうすると、二万円以上使うことはない。

僕らはイメージとして、田舎に行くと給料が安い、農業はもうやっていけない、なんとなくそういうことを植え付けられてきた。商店街にやる気のある人はいない、離島に何かやりたいと思っている人はいない、というふうに思い込まされてきたのかもしれないですね。

三浦　田舎で『クウネル』読む人はいないと思っているものね。

山崎　いますよ。大好き、みんな（笑）。僕らよりそういう情報をよく知っていますよ。その意味でいうと、田舎で暮らすことが、かつての響きと今とでは全然違う。

三浦　むしろ『クウネル』みたいな暮らしが簡単にできる。

山崎　白いペンキ塗って、ちょっとおしゃれな小物を置いておいたら、すぐにできちゃう。しかも、家賃は三〇〇〇円。そのことを知ってしまった人は、地方に行くでしょうね。特にエコネイティブは。

　だから、ありきたりな結論になってしまいますけれど、やっぱりインターネットの力は大きかったと思います。限界集落、基幹集落、地方、小都市、中都市、大都市というヒエラルキーがあったのが、今は末端から大都市へいきなりモノを売れるようになったわけですよね。

三浦　ヒエラルキーがなくなったんだね。

山崎　にもかかわらず、僕らの頭の中のヒエラルキーは、まだ古いままなんですよ。スカイプで二四時間、東京の二七インチのディスプレイを介して、広大な山の中にある一軒家とつながることができる。ダイレクトに話ができる。僕の持っている蔵書は全部田舎に持っていって、「あの本の三〇ページのあたり、ちょっとこっちに見せて。そうそれ、スキャンして送って」というような話ができる。蔵書として向こうにあるという状況がつくられるにもかかわらず、なぜかできない気がしてしまうんですね。

三浦　できない気がしちゃうよね。

山崎　でも、実はできちゃう。ちょっとうがった見方かもしれませんけれど、農水省や林野庁は、要するに自分たちの予算を確保するために、「農業は大変だ」「林業はやっていけない」ということを、一生懸命うたってきたんだと思うんですよ。事実、そういう面もあったかもしれないし、本当はそうではなかったかもしれないけれども、国交省に財源をとられまいとして、一生懸命綱引きのたびに、「農家は悲鳴をあげている」といった情報ばかりを出してきた。

　その結果、やればやるほど、農家で働こうと思う若者がいなくなっている。本当はみんな豊かに暮らしているのに、年収二〇〇万じゃ少ない、と言っているわけですよ。でも、「年収二〇〇万のうち、毎月貯金いくらできてるの?」という話は、実はあまり語られない。

　本当に驚くほど、地方の人たちはハッピーに暮らしているんですよ。くやしくなるぐらい。「この人、毎日船の上で生ガキ食べてるの？」みたいなね。テレビでしか見たことないじゃないですか。それを普通に小学生もやっていますからね。

でも、地方の人たちも、「田舎なんか、やめたほうがいい」と言うことに慣れてしまっているんです。僕らの会社も今度、田舎に事務所を移すんです。島ヶ原という、三重県の山奥にある、一〇〇〇坪の元製材所の敷地内に事務所の大部分の機能を移すんです。大阪にも事務所を残しますが、先ほど話したように、スカイプで二四時間つないで、本やワークショップのグッズなどを、全部島ヶ原に置こうとしています。

ところが、やっぱり村にいる人たちからは、「なんで、あんたら、こんなところに来るの？」って聞かれるんです（笑）。「つぶれた製材所のあとに、デザイン事務所？　なんでそんなことするの？」というのが大半の意見ですね。地域にいる人たち自身が、うちなんかに来てもなんにも仕事もないし、やることもない、というふうに思い込んでしまっているんですね。

三浦　地方に若者が行きたいと思っても行けない理由は雇用だと思うけれど、雇用なんかそこでつくらなくても……。

山崎　まずは行ってみることだ、と思います。地域の人たちが困っていることに対して、自分ができることで、ひとつひとつ助けていけば、少なくとも食べるものには困りません。

三浦　大根がいっぱいもらえるしね（笑）。

やまざき・りょう
一九七三年愛知県生まれ。studio-L代表。京都造形芸術大学教授。地域の課題を地域に住む人たち自身で解決するための、ワークショップ、住民参加型の総合計画づくりなどのワークショップ、コミュニティデザインに携わる。まちづくりのプロジェクトが多い。島根県の「海士町総合振興計画」、鹿児島県の「マルヤガーデンズ」「震災＋design」でグッドデザイン賞、「いえしまプロジェクト」でオーライ！ ニッポン大賞審査委員会長賞を受賞。著書に『コミュニティデザイン』ほか。

想像しうる未来は、いわば進歩の観念抜きの近代文明世界であり、未来志向を前提としない啓蒙主義社会と呼べるかもしれない。もちろん進歩は文明の綻びの繕いとして永遠につづくだろうが、人びとがそのことを現在を生きるための前提とせず、進歩があろうがなかろうが、現在を充実して生きることのできる文明の到来が期待されるのである。

山崎正和『世界文明史の試み』二〇一一年

第四章

消費社会のゆくえ

前章までで、第一の消費社会から第四の消費社会までの変遷を概観してきた。第四の消費社会においては、言い換えれば消費社会が最終的に成熟していく段階においては、物自体の所有に満足を求める傾向は弱まって、人とのつながりに対する充足感を求める傾向が強まること、物は、人とのつながりをつくるための手段に過ぎなくなるだろうということを見てきた。

最終章である本章では、その第四の消費社会のゆくえをより具体的に考えるとともに、いくつかの先行事例を紹介したい。また、「物から人へ」という流れの中で企業が何をなすべきかも考えてみたい。

消費社会の変遷と世代の対応

その前に少し整理しておきたいのは、この第一の消費社会から第四の消費社会までの変遷の世代論的な対応である。

一九一二年から始まる第一の消費社会は、世代的には大正生まれ世代の誕生から始まる。太平洋戦争に行った世代である。この間、出生数はほぼ毎年二〇〇万人を超えており、日本の総人口は一九〇〇年から一九四〇年にかけて六四％増えた。

一九四五年から始まる第二の消費社会は、団塊世代（第一次ベビーブーム世代）の誕生から始まる。敗戦直後に生まれた世代であり、戦争から帰ってきた男たちがつくった子どもである。

つまり大正世代の子どもの世代である。また第二の消費社会においては、二度のベビーブームにより、総人口は一九四七年から七五年にかけて五五％増えた。

一九七五年から始まる第三の消費社会は、団塊ジュニア世代の誕生から始まる。一般的に団塊ジュニア世代は一九七一～七四年生まれの第二次ベビーブーム世代を指すため、団塊世代の子どもが多いように思われるが、私の世代論をすでにお読みの方はおわかりのように、団塊世代の子ども、特に男性の子どもが多いのは七〇年代後半生まれの世代である（『下流社会』二〇〇五、『マイホームレス・チャイルド』二〇〇一など参照）。そのため近年は一九七〇年代生まれ全体を団塊ジュニア世代と呼ぶこともあるので、本書でもそのように考えたい。また、第三の消費社会においては、周知のように出生数は減り続け、総人口は微増にとどまった。

二〇〇五年から始まる第四の消費社会は、団塊世代の孫から始まるはずだったが、晩婚化、少子化のために、団塊世代の孫の出生は少し後ろにずれている。また第三次ベビーブーム世代というほどの出生数の増加はない。すでに人口が減少を始めており、二〇〇五年に約一億二八〇〇万人だった総人口は二〇三五年には約一億一二〇〇万人に減少すると予測されている。

第二の消費社会の発展を担ったのは、大正生まれから昭和初期生まれの世代である。彼らが日本の高度経済成長を推進したことは間違いない。一方、団塊世代は幼少期から青年期にかけて、消費者として第二の消費社会の発展に寄与した。

第三の消費社会の発展を担ったのは、団塊世代と、第二の消費社会の後半に生まれた新人類世代である。ただし、団塊世代と新人類世代は消費に対する態度が異なった。

団塊世代は、結婚し、子どもをつくり、「ニューファミリー」となって、マイホームを買い、マイカーを買って、家中を物で満たすことで、つまり第二の消費社会の原理に従って経済を支えた。

新人類世代は、まだ青少年期だったが、独身貴族的な消費を若いうちからどんどん前倒しで行い、消費の多様化、個人化、高級化に寄与した。その意味で、第三の消費社会らしい新しさは主として新人類世代が担ったと言えるが、もちろん団塊世代の中でも先端的な消費者層は、やはりそうした第三の消費社会の新しさに貢献したと言える。

こうして第一の消費社会から第四の消費社会への変遷を世代論的にたどってくると、当然ながら、第四の消費社会を担うのは団塊ジュニア世代だということになろう。団塊ジュニア世代が三〇歳前後から六〇歳前後になる時代、それが第四の消費社会である。

実際、前章で紹介した山崎亮氏、本章でこれから紹介するいろいろな事例の担い手は主として一九七〇年代生まれの、広義の団塊ジュニア世代である。

第三の消費社会に生まれた彼らは、あらかじめ豊かな社会環境、中流化した家庭で育ったので、親が物を買い漁り、マイホームを物で満たすのを見て育ってきた。彼ら自身も、小さな頃から物を買い与えられ、中高生の頃からブランド物を持ったり、家族で海外旅行に行ったりするほど、物質的には豊かに育ってきた。

しかし、だからこそ、団塊ジュニア世代は、物の量よりも物の質を、大量生産品よりも職人的な手仕事の価値を、物質的な満足よりも人とのつながりや心の充足を、欧米的なものよりも日本的なものを、都会的な暮らしよりも田舎暮らしを求める傾向が強まったのだと言えるであろう。そうした彼らの価値観の変化が第四の消費社会の特徴を規定しているのである。

第五の消費社会に向けての準備

ところで、読者の中には、第四の消費社会の次は第五の消費社会が来るのだろう、それはおの定式化に従えば二〇三五年から二〇六四年だろう、その時代はどうなっているのかと、第五の消費社会もシェア型なのか、それともまた別の時代が来るのかと、せっかちに尋ねる方がいるだろう。

結論を言えば、それは私にはまだ予測がつかない。ただし確実なことは、第五の消費社会が始まったとき、団塊ジュニア世代は六〇歳前後であり、第五の消費社会が終わるとき、彼らは九〇歳前後になるということである〔図表4-1〕。つまり高齢者になり始め、死ぬまで、それが団塊ジュニア世代にとっての第五の消費社会である。

となると、団塊ジュニア世代にとっての第四の消費社会は、自分たちの老後の社会をどうするかを準備する期間という位置づけになるだろう。しかし、その準備は、個人的に貯蓄をするといったことだけで済みそうもない。行政による社会保障は、たとえ消費税を上げても、量的にも質的にも縮小する可能性が高いだろう。

そうなると、行政に頼らない保障が必要になるだろうし、それも、金銭的な保障だけでは済まなくなるだろう。生活のしかた全体を変えていくことで、人々が安心、安全、幸福に暮らすことができる社会の仕組みをつくらなければならないだろう。それは、人口増加と経済成長を前提とした二〇世紀型のモデルではなく、人口の減少と経済の縮小を前提としたモデルでなければならない。とすると、おそらくはシェア型の社会でなければうまくいかないのではないかと思う。

ただし、一点だけ補足しておくと、二〇三五年になれば、たとえば団塊ジュニアが親から受け継いだ家は、おそらく築五〇年から六〇年になる。団塊ジュニア自身も六五歳になり始める。さすがに建て替えないとまずい家が大量に発生するだろう。そこで再び新築需要や転居需要が拡大するだろう。しかし、経済的な問題から、あくまで改修、リノベーションで済ませる人も多いだろう。いずれにしろ、さまざまな需要の拡大があると思われる。その需要への対応が、第五の消費社会のテーマの一つになるかもしれない。

図表4-1 人口構造の変化

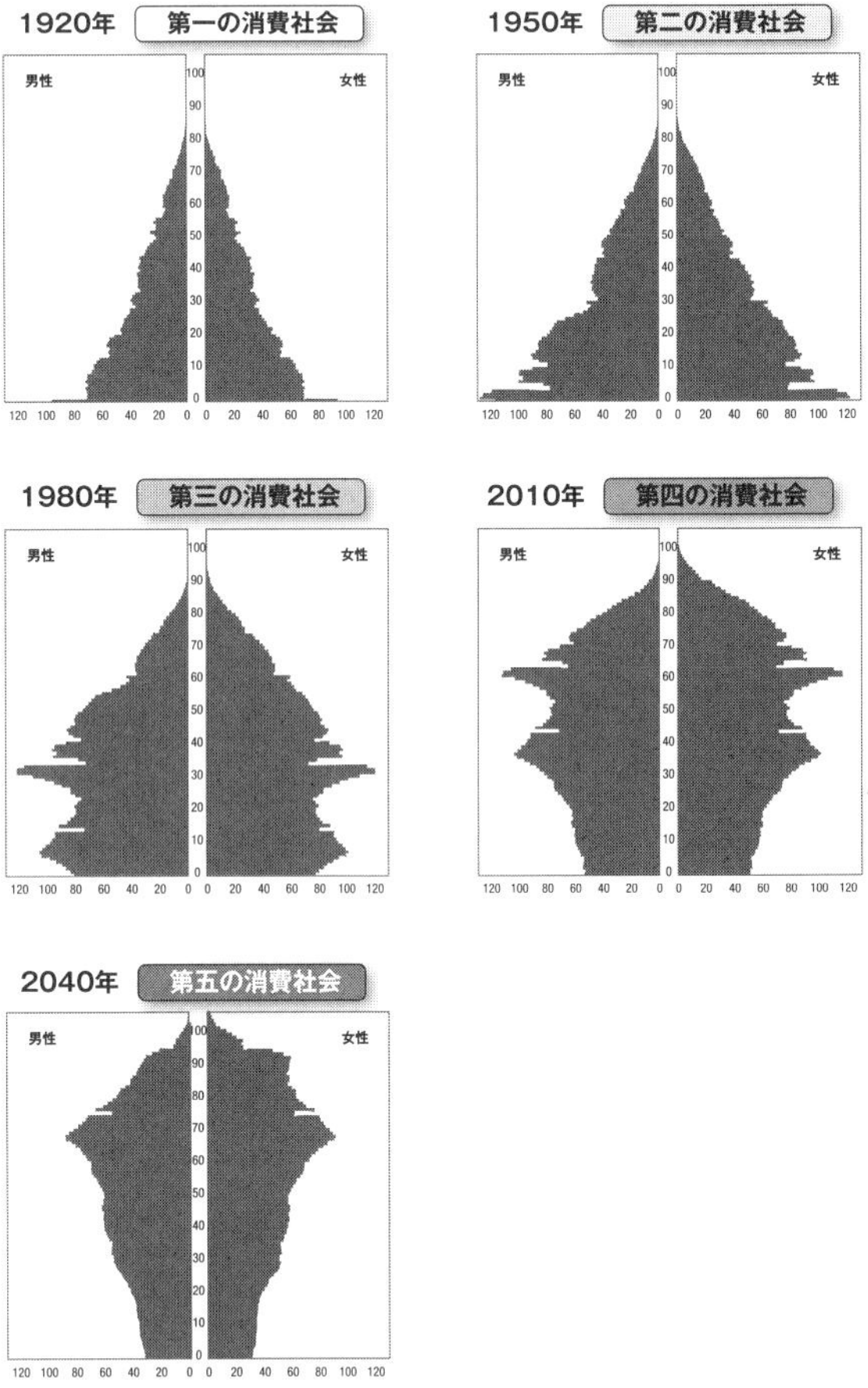

資料：国立社会保障・人口問題研究所

三人の高齢者が一人の若者を支える

第四の消費社会を生きていくためには、いろいろな発想の転換が必要である。たとえば、二〇三五年になると、二〇代の人口は一〇四六万人だが、六五～八九歳の人口は三三九三万人もある。若者一人に対して、高齢者が三人以上。若者が高齢者を支えるのは無理だ！　という話になる。

しかし発想を逆転して、三人の高齢者が一人の若者を支えると考えればどうか。一方では、たしかに一人の若者が三人の高齢者を支えるのだが、他方では、三人の高齢者が一人の若者を支え、お互いに支え合う。そうすれば若者の負担はプラスマイナスゼロになる。そういう発想ができないだろうか。

すでにある具体的な事例はこれから詳しく見るが、たとえば、あまり所得が多くない若者がいるとする。しかし仕事のために都市部に住まないといけない、家賃負担が大変だ、家賃を払うと結婚する余裕がない、子育てなんてとても無理だ、ということになる。

他方、都心近くに広い土地と家を持って、一人で暮らしている老人はたくさんいる。二〇三五年にならなくても、世田谷区や杉並区などには、お金持ちで広い土地も家もある老人がたくさんいる。

こうした老人が、たとえば、あるおじいさんは、若者に自宅で空いている部屋を無料で貸す。隣のおばあさんは、若者に食事をつくってやる。自分一人分だけ料理をするより、おばあさんとしても張り合いがある。その隣のおじいさんは、大企業に勤めていた人脈を活かして、若者に仕事を紹介したり、仕事に役立ちそうな人を紹介したりする。若者の役にたてば、おじいさんたちもうれしい。

その代わり、若者は、老人たちのために買い物に行ったり、用を足したり、いろいろな手伝いをする。コンピュータを教えたり、ツイッターのやり方を教えたりする。そうすれば、あまりお金をかけなくても、四人が、生活の不便を解消したり、生きがいを持ったり、仕事にうまくありつけたりできる。若者と高齢者が、ささやかだが自分のできること、持っているものをお互いにシェアすることで、それぞれに足りないものを補い合い、自立していける。

シェアというと、公園のように、何か大きなものをみんなで共有する、共同利用するというイメージが強いかもしれない。たしかにそれもシェアである。しかし、シェアにはもうひとつの側面がある。みんなが、自分ができること、余っている物を出し合う、それを必要な人たちが利用する、という面である。誰もが何か余っている、何かをする余裕はある。他方、何かが足りない、何かをしてほしいと思っている。そのカードを見せ合えば、余っているものは足りない人のところに回り、何かができる人は、それをしてほしい人に、してあげることができる。

それぞれの人が、足りないところを、余っている人に埋めてもらい合えば、そこにつながりができるだろう。

シェア志向の強い団塊ジュニア世代の話を聞くと、自分の親など、第二、第三の消費社会を担った世代との意識のギャップを感じるという。親世代はどうしても私有志向であり、自動車もテレビも大きな物に買い替える癖が抜けない。シェアハウスに住むなどと言うと、どうしてそんな住み方をするのか、と首をかしげられるという。こんな親世代に、シェアを理解してもらうにはどうしたらいいかと私は聞かれることがある。

それに対する私の回答は、おそらく、親の世代は、体が健康で、配偶者も健康、経済的にも余裕があるというううちは、あまりシェアの必要性を感じないだろう。しかし近々、彼らも病気になるだろうし、配偶者を亡くすだろうし、経済的にも余裕が減るだろう。つまり、自分の中に何らかの「欠落」を感じるだろう。そうしたとき、それをあまり不幸と感じないためには、欠落を埋めてくれる人が、家族以外の友人、知人の中にたくさんいることが重要だと、彼らも気づくだろう、というものである。

第四の消費社会への試み

以上のような認識に立つと、第四の消費社会において、企業や行政、或いは市民自身がどうしていくべきか、その原理、原則は、おのずと以下のようなものになるだろう。

1　ライフスタイル、ビジネス、まちづくりなど、社会全体をシェア型に変えていく。

2　人々が、プライベートなものを少しずつ開いていった結果、パブリックが形成されていくことを促進する。

3　地方独自の魅力を育て、若い世代が地方を楽しみ、地方で活動するようにする。

4　金から人へ、経済原理から生活原理への転換を図る。

こうした原則から見たとき、すでにわれわれのまわりには、第四の消費社会、さらには第五の消費社会へと向かうために、さまざまな試みが始まっていることに気づく。

①「地域社会圏モデル」

たとえば、建築家・山本理顕の「地域社会圏モデル」の試みは、そのひとつだ。

「地域社会圏モデル」とは、戦後日本の、特に第二の消費社会において作り出された「一住宅＝一家族」という住み方を「理想モデルにして住宅を供給し」たことに「致命的な欠陥」があったという認識から、「家族単位の集合ではない」メンバーからなる地域社会を設計しようというものである。「一住宅＝一家族」の考え方は、「プライバシーとセキュリティという概念」

を徹底するから、「外側との関係が希薄になる」。そういう住宅を、『持ち家』として奨励する政策」が戦後の「日本の住宅供給の中心になっていった」。「持ち家政策」は「私たちの日常の生活を破壊しているのである。私たちの所得の多くが住宅に費やされ（吸い取られ）、その財産を守るために私たちの意識がますますその内側に向かう。そしてその一方で家族は内側から壊れ始めている」と山本は書く（『地域社会圏モデル』二〇一〇、『地域社会圏主義』二〇一二）。

そこで、山本は「地域社会圏」を、「必ずしも家族を前提としない」、「そこに住む人たち全体の相互関係を中心原理にする」、「周辺地域社会に対する無関心」ではなく、「周辺環境とともに計画される」、「単なる消費単位ではない。その地域の内側で小さな経済圏が成り立つように計画される」、住宅は「単にエネルギーの消費単位」だが、「地域社会圏」は「エネルギーを生産する」というように規定する。言い換えれば、住宅を「経済成長のための道具と考えるのではなくて、実際にそこに住む人たちの生活を最優先する」のである。

②**「都市型狩猟採集生活」**

また、新しいコミュニティ、つながりのあり方を考える上で参考になると思う本が、坂口恭平の『ゼロから始める都市型狩猟採集生活』（二〇一〇）とアサダワタルの『住み開き』（二〇一二）である。

坂口氏は一九七八年生まれ。小さい頃から家に興味があり、将来は建築家になろうと決めて、早稲田大学建築学科に進んだが、あるときふと疑問が彼を襲った。「なぜぼくらは家を借りたり、買ったりしなくてはならないのか？」。結果、彼の関心は路上生活者に向かう。「なぜなら彼らは、都市の中で唯一、自力で『家』や『仕事』を、つまりは『生活』を発明しながら生きていると思えたからだ」。そして彼は実際に路上生活を始める。

「アパートに住んでいたきみは隣人の顔を知らなかったかもしれないが、今日からの生活ではそうも言っていられない。（中略）他人との出会いを活かさないと、きみの生活の可能性はどんどん縮まってしまう。ここ（路上：三浦注）に住むすべての人が、きみにとってのよき情報源である」

どこに行けばおいしい食べ物が捨ててあるか、まだ着られる服が見つかるか、金に換えられる物が拾えるか、そうした生きるために必要な情報はみな路上生活者同士のコミュニケーションによって伝達される。これこそがコミュニティの始まりではないか。

路上生活者には「生業」がある。まず「アルミ缶拾い」。拾った空き缶を集めて資源回収業者に売る。それから「貴金属拾い」。捨ててあるゴミ袋の中を丁寧に探すと古い財布の中に指輪があったりする。これで月二〇万〜三〇万円稼ぐ人もいるという。さらに「電化製品拾い」。多摩川では河川敷で拾った物だけの電器屋が営まれているという。こんな話を読むだけで面白いのだが、これ以上書くと横道にそれるので、やめておく。
もちろん、こうしたホームレスの生活が第四の消費社会の典型になると言いたいのではない。言いたいのは、こうした路上生活者の中に、われわれが失ったコミュニティ、そして今後必要になるコミュニティのヒントがあるのではないかということだ。

彼らは同じメンバーで同じ集団を永続させるべく生きているわけではない。しかし、お互いが顔見知りであり、誰が何が得意かを知っており、お互いに情報や物を交換し、お互いの利益を図りながら、誰にも迷惑をかけずに生きている。

対してわれわれはどうだろう。プライバシーとセキュリティの中に閉じこもり、隣に住む人の顔も名前も知らず、会社組織の中以外では孤立化しがちである。そこには匿名性という自由はある。が、言い換えれば、物や情報を介して他者とつながる契機をみずから放棄しているのである。

そしてこうした傾向は、われわれが自分の使う物は自分で買うとか、私有するという常識にとらわれていることによって助長されている。たとえば何かが足りない時、われわれはすぐに買ってしまう。だが、まずは自分でつくってみる、つくれないならつくれる人を探して頼んでみる、それがだめなら持っている人から借りて済ませる、というように発想を変えてみると、自然に他者との関係が育っていくだろう。

③「住み開き」

もう一人、アサダワタル氏は坂口氏とほぼ同じ一九七九年生まれ。二〇一二年、『住み開き』という本を出した。

「住み開き」とは、住んでいる人が自分の家を他者に開き、開放して、共同で使うことである。たとえば、造園プランナーが自宅屋上につくった農園カフェ、近所の子どもが集う絵本図書館、和室二畳分を活用した大学、元カラオケボックスのアトリエ兼シェアハウスなど。「個人宅をちょっとだけ開くことで小さなコミュニティが生まれ、自分の仕事や趣味の活動が他者へと自然にかつ確実に共有されていくのだ。そこでは無論、金《かね》の縁ではなく、血縁でもなく、もはや地縁でも会社の縁でもない、それらが有機的に絡み合う『第三の縁』が結ばれるのだ」とアサダは書く。

アサダ氏と私は対談をしたことがあるので、その一部を抜粋、再編して紹介する（二七二ページ参照）。

山本氏も坂口氏もアサダ氏も、第二の消費社会において拡大した核家族、その核家族を容れる箱としての住宅、その住宅の中のプライバシーに閉じこもる価値観に対してアンチテーゼを表明しているのである。それは同時に、住むこと、生きることを、お金中心で考えざるを得なかった第三の消費社会までの価値観への決別でもある。

それはまた逆に言えば、山崎亮氏の言葉にあった、おばあちゃんを助けてあげれば、山のように大根をもらえるという例からもわかるように（二二二ページ）、人と人のつながりを軸とした生き方をすれば、お金がたくさんなくても生きていける、ということでもある。

われわれは第二、第三の消費社会において、あまりにもお金がなければ生きていけない社会をつくってしまった。そのことへの反省が第四の消費社会の基調低音をなしていると言えるだろう。

シェアハウスからシェアタウンへ——自分を開き、家を開く

このように、それぞれの家が、自分の家のどこかを少しずつ開いていくことで、それらの家々のあるまちが全体としてシェア的なものになっていく、その状態を私は「シェアタウン」と名付けたい。そして、シェアタウンができていくと、必然的にシェア社会が具体的に実現されていくだろう。

家をシェアハウスとして個人に対して開くだけでなく、まちに対しても開く。空いている部屋、使わない茶室、庭など、自分がこれならシェアしていいと思うものを、不特定の人々に開く。プライベートの最たるものである家を、一部だけでもみんなに開放することで、プライベ

ートな空間がパブリックな場所になっていくのである。

しかし、すでにこうしたシェアタウンづくりの動きは始まっている。拙著『これからの日本のために「シェア」の話をしよう』（二〇一一）でも紹介した長野県小布施町のオープンガーデンもその一例だ（自宅の庭を一般に開放し、観光客も庭に入れて、個人の庭を観光資源としても活用し、市全体の活性化にも役立つというもの）。

ロンドンには「ロンドン・オープンハウス・ウィークエンド」という活動があるという。毎年九月末に、ロンドン中の六〇〇〇以上の建物が公開され、誰でも無料で見学できるというもの。公開されるのは、時代、用途、タイプ、有名建築か否かを問わない。

私は趣味で、前川國男や吉村順三などの有名建築家の設計した家を見ることがあるが、その建築家の思想と人となりが感じられて興味深いものだ。有名建築家に関わるものでなくても、世田谷、杉並にある戦前の住宅だけでも、中を見てみたいものはたくさんある。一定の期間だけ、そうした歴史的な意味のある住宅の内部を見ることができれば、建築の専門家、学生にとって意味があるだけでなく、周辺住民などにとっても地域への愛着を育てることになるだろう。住人個人の建築に対する愛着を、よりたくさんの人々とシェアできるのである。

さらに、単に建築を見たり、保存したりするだけでなく、もっと積極的に活用することも考えられる。杉並区の、ある戦前からの住宅は、登録有形文化財に指定されているが、その住宅を使って、食事会、勉強会、句会などのイベントができる。こういう事例がもっと増えると楽しいだろう。

世田谷区では財団法人世田谷トラストまちづくりが、「地域共生のまち」を目標に、さまざまなシェアタウン的活動を行っている。同団体のパンフレット『世田谷を「地域共生のまち」にしよう大作戦』には、小布施同様、自分の庭をオープンガーデンとして他の人にも楽しんでもらう、地主の屋敷林を地域の憩いの場として公開する、空き家を子育てサークルのために使う、車庫を改修して高齢者の活動のためのスペースにする、三万冊の蔵書のある自分の書庫を開放して地域のサロンにする、大正末期に建てられた洋館を借りて私設図書館にして開放するなどなどの事例が紹介されている。

それぞれの活動は点でも、多くの点がつながることにより、点は線になり、面になって、まち全体に広がっていくのである。それは、役所、官が主導するパブリックではない。市民ひとりひとりがプライベートを少しずつでもみんなに開くことによって生まれるパブリックである。これこそが「新しい公共」であろう。

「新しい公共」は、民主党が政権を取ったときによく使った言葉なので、近年広く知られるようになった。しかし民主党の現実の政策のどこが「新しい公共」なのかわからないので、おそらくほとんどの国民はそれを理解できないままでいるだろう。

しかし、これまでに述べてきたような地域の活動に「新しい公共」はあるし、また、大変不幸にしてだが、3・11の大震災によって、われわれは「新しい公共」というものがどういうものなのかを肌で感じ取ることができたのではないだろうか。非常に多くのボランティアなど一般市民が、被災地で、また被災地のために活動した。そこには行政の力に頼らない動きがたくさんあった（三浦展・藤村龍至編『3・11後の建築の社会デザイン』［二〇一一］参照）。

そうした活動の中から、本書では陸前高田市における「まちのリビングプロジェクト」について紹介する（二七五ページ参照）。

人生の意味を求める消費

こうした事例を見ていると、また前章の山崎氏、以下で紹介する西村氏の活動を見ていると、物、建物、空間をつくっては壊してきた第二、第三の消費社会までの消費が、まさに「浪費」であったと思わされる。特に若い世代ほど、環境教育を小学校時代から受けていることもあり、そうした浪費には敏感である。彼らはもう浪費的な消費には関心がないし、罪悪感すらあるのである。

前章で書いたように、消費には、使い尽くすという意味と、完全なものにするという二重の意味がある。必要以上に使いすぎる消費、使い捨てる消費は浪費であり、使った後に疲れ切って余力がない消費は消耗である。

そのことは、体力や時間に消費という言葉を使うときのことを思い起こせば、よくわかる。体力の消耗とは、体力を使いすぎて、余力がないことである。消耗戦と言えば、実りのないことのために、疲れ果てるまで時間をかけることを言う。時間の浪費とは、使った時間のわりに成果がない、楽しさがないことである。われわれは浪費や消耗を望んでいないのだ。

しかし、そもそも時間を消費しなければ、楽しい時間、充実した時間も過ごせない。適切な運動によって体力を消費しなければ、健康は維持増進されない。その意味で、われわれが望む消費とは、まさに自分を完全なものにする、自分を回復する、あるいは充実した時間を過ごすためのものであると言える。

その意味で、第四の消費社会の担い手である人々の活動ぶりを見ていると、彼らが、まさに浪費や消耗ではない、適度な、適切な消費を求めているという印象を強くする。いたずらに新しいものを求めない。すでにあるもの、古いものにも等しく目を向ける。まだ使えるものを捨てない。すでにあるもの、古いものを上手に活用する。そもそも、先述したような、古いものより新しいものがよいという時間軸優位の価値観から彼らは脱却している。

時間軸優位の価値観は、必然的に一種のニヒリズムを孕む。と言うのは、つねに新しいものが古いものよりもよいということは、いつまで経っても完全な満足はないということだからだ。

実際、「陳腐化」というマーケティング用語が示すように、今ある商品を陳腐だ、つまらないと思わせ、新製品を買わせることこそが、消費社会の鉄則であった。周知のように、それを自覚的かつ組織的に行ったのは、一九二〇年代のゼネラル・モーターズである。それまで人気だったT型フォードは、デザインが一種類だった。それでは買い替える理由がない。そこでゼネラル・モーターズは、二年に一度モデルチェンジをし、かつ大衆車から高級車までをラインナップした。そのためにインダストリアル・デザインが重視されたのである。

消費者は、せっかく好きで買ったクルマが二年後には陳腐だと思うように洗脳された。そこでは、買っても買っても最終的な満足は得られないのである。「いつかはクラウン」と言われてクラウンを買っても、また新しいクラウンが出る、さらにレクサスが出る、という形で、新しいものを買い続けなければならない。そのニヒリズムが消費社会の宿命であった。

かつてマックス・ウェーバーは、中世の農民は、人生という有機的な円環を全うしたと感じて、人生に満足して死んだが、近代人は、それができない、近代人は、人生に疲れ果てて死ぬのだと言った（『職業としての学問』［一九一九］ほか）。

なぜなら、文明社会には、つぎつぎと新しい文物が登場して、古いものが忘れ去られていくからである。そこには完成ということがない。だから死が無意味化する。いくら生きても人生は完成せず、中途半端で終わるからである。死が無意味化すれば、生もまた無意味化する。最終的な死が意味を持たないのなら、人生にも意味がないからである。

ウェーバーは二〇世紀の消費社会を論じたわけではないが、しかし二〇世紀の消費社会こそがウェーバーの指摘どおりの社会であったと言えるであろう。

逆に言えば、人生に意味を感じようとするなら、そして死に意味を感じようとするなら、人は、次々と新しい物や情報があふれ出てくる消費社会から、完全に脱することはできないとしても、一定の距離を保とうとするであろう。

さらに言えば、消費すること自体が、時間や人生の消耗ではなく、時間と人生の充実であることを人々は求めるであろう。考えてみれば、人間にとって最大の消費対象は人生そのものであり、究極の消費とは人生の成就であろう。この人生を浪費して無駄に終わらせるか、消耗して疲れ果てるか、あるいは充実した時間を過ごして、満足して死ぬか、これこそが人間にとって最大の問題である。第四の消費社会は、人々にそうした問題を意識させていると言えるであろう。

企業は何をすべきか

さて、これまで見てきたように、消費社会の最終段階とも言える第四の消費社会における人々の成熟は、特に日本の場合、高齢化を伴っているために、ますます人々に、単に物への満足ではなく、人生の意味を感じさせる何ものかを求めさせている。

だから人々は、単に物を買うだけの消費者から脱却し、ひとりひとりが他者とのつながりを求め始める。つながりをつくるには、新製品をどんどん買って私有するよりは、すでにあるものを借りたり、つくりなおしたり、共有したり、共同利用したりというシェア型のライフスタイルのほうが適している。

こうして人々がシェア型のライフスタイルをとるようになると、人々は単に物を借りたり貸したりするというだけでなく、章末の事例から明らかなように、一定の公共性を担う能力を持つようになる。

人々が市民として公共性を担えるようになると、行政は負担が減るだろう。財政難で「小さな政府」を目指す時代には市民が成長したほうがよい。

しかし、困るのは企業である。新商品を使い捨てる消費者が減り、すでにあるものを活かして、新しい価値を生み出す人々が増えると、物が売れなくなるからである。私がシェアの話をしても、それだと物が売れなくなるという懸念を表明する企業の方が多い。

だが、そもそも人口が減り始めているのだから、ひとりひとりに物を売るというビジネスモデルを続けていても、長期トレンドとしては早晩売上げは減るしかなく、利益も減っていくのである。このことは、私はすでに指摘済みである（『これからの10年　団塊ジュニア１４００万人がコア市場になる!』〔二〇〇二〕参照)。

むしろ、シェア型のビジネスは、この減っていく売上げを埋めることができるものだと思う。マイホームは買わないし、ワンルームマンションにも住みたくない人が、シェアハウスなら住みたいというのなら、そこには明らかに新しい市場がある。マイカーは買わないが、カーシェアならしてもいいという人が増えれば、やはりそこには新しい市場がある。自分の住む住宅地が空き家だらけで、不動産のデフレが心配だという人が増えれば、住宅地全体の価値向上を目的とした資産管理サービスへの需要が生まれる。このようにシェア型のビジネスは、企業の売上げを減らすのではなく、売上げの減少を埋め、新たな売上げをもたらすものだと考えるべきである。

ただし、物をつくって売り逃げをしていた今までのビジネスに慣れた企業からすると、シェア型のビジネスは手間暇がかかり、利幅が少ないと思えるだろう。また、そういう手間暇かかる作業自体を好まない社員も多いだろう。

私は、シェア型のビジネスの時代には、女性の活躍の場が増えると思う。男性はどちらかと言うと、つくりっぱなしの売り逃げが好きである。女性はどちらかと言うと、つくったものをケアする仕事が好きである。もちろん個人差はあるが、一般論としてそういう傾向がある。もちろん、女性は物をつくらずにケアだけすればいいと言うつもりはまったくない。

だが明らかなのは、シェア型のビジネスにおいては、つくった物をケアする、人をケアする、人と頻繁にコミュニケーションして新たなニーズを見つけ出して対応するという「女性的な仕事」が重要になるということであり、その意味で、女性的な人の活躍の場が増えるということである。男性でもケアの仕事が好きな人はシェア時代向きであろう。

また、こうしたケア型の仕事は、地元密着で行う必要が多い。地元密着で仕事をするなら、自宅の近くのほうがいい。とすれば、自宅の近くで、通勤時間など気にせずに、家事や育児をしながら仕事をしたいという人にとっては適した仕事だとも言える。

「楽しさ」から「うれしさ」へ

私は、シェア型の社会について考えていくなかで、二年ほど前に思いついたことがある。それは、現代の消費者は「楽しいこと」ではなく「うれしいこと」を求めているということである。

「楽しい」も「うれしい」も似たような言葉だが、たとえば「昨日は友達とテーマパークに行って楽しかった」という言い方と、「昨日は友達とテーマパークに行けたのでうれしかった」という言い方を比べると、「うれしかった」の場合は明らかに「友達と」に力点がある。友達と行かなくてもテーマパークは楽しいのだが、特に友達と行けたからこそ、楽しさが倍加した、そのことがうれしかったという意味である。

あるいは「今日は大学の同級生と街でばったり会って、ちょっとお茶をしておしゃべりしたので楽しかった」と言う場合は、「楽しかった」のはおしゃべりだが、「今日は大学の同級生と街でばったり会ったので、ちょっとお茶をしておしゃべりしたのがうれしかった」と言う場合は、「うれしかった」のは同級生と会ったことであろう。こうしたニュアンスの差が、第三の消費社会までの価値観と第四の消費社会における価値観の差だと思う。

また「八百屋さんで買い物をしたら、お嬢さん、おまけしますよと言われたからうれしかった」とか、「お店に行ったら、ずっと探している商品があり、その商品のよさについて店主がしっかり説明してくれたので、うれしかった」というような使い方もするだろう。人とのコミュニケーションがうれしさにつながるのである。

第三の消費社会までの価値観は物に力点があり、第四の消費社会においては人に力点があるのだ。何を消費したかではなく、誰といたか、誰と出会えたか、誰からどういうふうに買ったかということが重要なのである。

むしろ企業としては、第四の消費社会、人口減少社会にふさわしい、人と人とのつながりを生み出すビジネスを考えるべきなのだ。そこでいくつかの業界について、私なりに考えた第四の消費社会における対応策を以下に述べる。

①住宅・不動産――売り逃げからソフトの管理・運営へ

すでに見てきたように、住宅の新設着工戸数は全盛期の半分以下である。今後さらに減ることは間違いない。戸数を売って稼ぎたいなら、中国やインドにでも進出するしかない。

では、国内市場ではどうするかと言えば、住宅を売るのではなく、住宅地の管理というサービスを商品化していかねばならない。

その会社はマンションの管理会社のようなものか、と言うと、半分はそうだが、半分は違う。私は中古マンションを買って、管理組合の理事長もしたことがあるからよくわかるが、マンションの管理と言っても、まじめにやり出してからはまだ二〇年も経っていない。それまでも管理人はいたが、ほとんど管理人室に座っているだけで、あとは少し掃除をしたくらいである。

マンション管理が本格化したのは、一九六〇年代から七〇年代にかけて建設された古いマンションが、築二〇年ほどになり、壁がはがれた、水が漏れたといった事故が起こるようになってからである。そうしたハード面での修繕、管理をするために、本格的にマンション管理会社が動き出した。管理がよければ資産価値が維持される。それまでは放っておいても値段が上がったが、バブルが崩壊し、マンション価格が下がり始めると、オーナーは、管理によって資産価値を少しでも維持しようと思い始めたのである。

こうしたハード面での管理は、マンションではようやく定着したが、戸建て住宅地ではまだ行われていない。戸建ての場合、家の壁がはがれても、水が漏れても、オーナー個人が対応するので、住宅地全体としては何もしないのが当たり前だったからである。

だが、人口が減り、戸建て住宅を購入する人も減り、住宅地の価格が下がっていく。住宅地の中にも空き家が増えていく。空き家が放火される危険もある。孤独死をする一人暮らしの老人もいる。そうなると、自分の家だけきれいにしても、住宅地全体としては資産価値が下がる。それでは困ると思った住民の中には、少しでも資産価値を維持するべく、住宅地の管理にお金をかけたいと思う人々が増えるであろう。マンションに二〇年ほど遅れて、住宅地も管理する時代に入るのである。

しかし、管理をしたいと住民が思っても、やはり素人だけでは難しい。景観維持、清掃、防犯、防災、空き家の管理などを行う、専門知識のある管理会社が必要である。そこに新たなビジネスチャンスがある。

だが、私が第四の消費社会において重要だと思うのは、そうしたハード面での管理だけではない。もっとソフト面の管理や運営をビジネス化していかねばならない。

それは具体的には、住民間の円滑なコミュニケーションを促進するソフトを売っていくということである。一人暮らしの老人が孤立化したり、孤独死したりしないようにする。小さな子どもがいる家庭が安心して地域で子育てできるようにする。そのために、住民同士の良好なつきあい、つながりを、あらかじめつくっていく、そうした住宅地のソフトな管理運営が求められるだろう。

　こうした住民参加型の住宅地として、カリフォルニア州デイヴィス市にあるサステイナブル・コミュニティとしても有名なヴィレッジホームズを紹介しておこう。

　ヴィレッジホームズは、マイケル・コルベットとジュディ・コルベット夫妻が設計した住宅地であり、一九七五年入居開始。敷地面積二八ヘクタール。うち九ヘクタールが果樹園、グリーンベルト、公園などの共有地。二二五世帯が居住。六〇平米程度の連棟住宅から二八〇平米程度の一戸建て、九室のコーポラティブハウスまで多様な住宅がミックスされている。住宅のほとんどがソーラーハウス。排水溝もコンクリートではなく自然の小川のようになっている。

　コルベット夫妻の著書『Designing Sustainable Communities《デザイニング・サスティナブル・コミュニティ》』(Island Press, 2000) によると、ヴィレッジホームズは新しい家を建てるときに、すでにヴィレッジホームズに住んでいた住民が家の建設を手伝ったそうだ。まるで白川郷の結《ゆい》みたいだが、そういう住民同士の共同作業を通じてコミュニティ意識を醸成しようとしているのである。ヴィレッジホームズの中のプールや公園の遊具、クリークの橋も住民がつくったという。いわば、ＤＩＹ住宅地、手仕事住宅地なのである。

さらに、住宅建設の作業をあえてパキスタン移民にさせることで、彼らに建設技術を学ばせ、工事が終わった後も別の現場で雇われやすいようにするとか、頭金分を働けば彼ら自身の家をヴィレッジホームズの中に建てていいといった制度があったようだ。だから、ヴィレッジホームズの世帯の一六%が低所得層だという。

ちなみに、新しい家を建てるときに、すでにヴィレッジホームズに住んでいた住民が家の建設を手伝うというやり方は、いかにもヒッピー的だなと私は思ったのだが、知人のアメリカ人の話によると、開拓者時代、アメリカでは自分たちの住んでいる土地に誰か別の人間が移住してきた場合には、住民が一緒になって彼の家をつくったのだそうである。

さすがに今後の日本で、新規住民の家を旧住民が建てる住宅地というものは、あまり登場しないとは思うが、コミュニティづくりのヒントにはなるだろう。

②団地——さまざまな人々のつながりを生み出す

また別の事例としては、UR都市機構（旧・日本住宅公団）が東京のJR中央線豊田駅の多摩平の森団地（旧・多摩平団地）で行っている社会実験「多摩平の森　ルネッサンス計画2住棟ルネッサンス事業」（街区名称「たまむすびテラス」）がある。

多摩平団地は、昭和三〇年代に建設された団地であり、近年老朽化に対応して、すべての棟を建て替えてきた。もともと二七九二戸あった賃貸住宅を一五二八戸に縮小し、残った土地は民間の住宅地や商業地にしたりしていくが、その中で、最終的に残った建物を、建て替えだけではない持続可能な活用をできないのかということで行った実験が「たまむすびテラス」である。民間三社に活用方法を提案してもらい、結果として、菜園付き共同住宅「ＡＵＲＡ《アウラ》２４３多摩平の森」一棟、団地型シェアハウス「りえんと多摩平」として二棟、高齢者専用賃貸住宅・多世代住宅「ゆいま～る多摩平の森」として二棟が、それぞれリノベーションされ、二〇

ウッドデッキが室内と戸外をつなぐ

菜園

老若男女が一緒に餅つき大会

一一年に各棟に住民が入居した。

住民はすべてが、従来多摩平団地には住んでいなかった人々であり、高齢者専用賃貸住宅以外の棟はほぼ二〇代から三〇代の若い世代が入居。シェアハウスのうち一棟は中央大学の寮として一棟貸ししており、留学生も住んでいる。したがって、老若男女のみならず、異文化交流もできるほど、多様な住民が住むことになったのである。もちろん、建て替えられた他の街区の住棟も、間取りを多様化することで、若い世代が新たに入居するようになっている。

団地、あるいは新興のニュータウンというものは、永らく私も批判してきたように、同じような年齢、同じような家族構成、同じような年収の人々が住む傾向があり、住民が画一的になるという問題があった。だから、何十年か経つと、住民全体が同じように高齢化し、最後には一人暮らしが増えて、孤立化という問題が生じるのである。多摩平団地でも、ある街区では半数近くが六五歳以上というところまで行っていたそうである。

また「たまむすびテラス」では、空いた土地に菜園もつくられており、多摩平の森団地の住民が土地を借りて農作業ができるようになっている。高齢者専用賃貸住宅には食堂があるが、これはその住棟に住んでいる人だけでなく、団地以外の人でも利用できる。また、各棟はウッドデッキがあり、天気のいい日はデッキに出て過ごせるようになっている。

私が取材に行った日は、餅つき大会が開催されており、シェアハウスなどの若者が餅をつき、高齢者棟のおばあさんたちが味付けをするというように、住民間の自然な交流が生まれていた。また、団地以外に住む子ども連れのお母さんが、菜園の横の小径を散歩していると、おばあさんたちに声をかけられ、子どもが餅をつく、という場面もあった。

このように、「たまむすびテラス」は、住民が自分の住む住棟だけに閉じるのではなく、他の住棟、他の街区、団地以外の人々とも自然とつながりが生まれやすいように、ハード面、ソフト面、両面から工夫されているのである。当たり前のことのようだが、第二の消費社会に建設された団地というものは、効率主義一辺倒で、画一的であり、私生活に閉じこもりがちであったことを思うと、多摩平の試みは実に第四の消費社会的なものである。

すでに述べたように、現在日本では住宅の一三%が空き家であり、その数は約八〇〇万戸である。中には本当の廃墟になってしまっているものもあるが、まだまだリノベーションをして、耐震補強をすれば住めるものも多い。エコロジーの観点からも、いたずらに住宅を新築するよりも、まだ使える空き家を住宅だけでなく、さまざまな用途で使っていったほうがよい。

住宅地の中に、高齢者向けの施設、子育て関連施設があれば便利だし、もちろんカフェなど、住民が気軽に集まって交流できる場所がつくられることが望ましい。

商店があってもよいし、必要があればコンビニが入ってもいいのだが、住民自身が自分で作った物を売る店、住民が作ったアート作品などを展示するギャラリーなど、もっと住民参加型のものであるほうが望ましい。そのほうが住民同士の交流が生まれるからである。

③コンビニ――「コムビニ」への転換

第四の消費社会という視点で見た時、第三の消費社会を代表する業態であるコンビニの役割とは何だろうか。特に一人暮らしの人々にとっては不可欠のコンビニだが、地方はともかく都会のコンビニでは、客が無言で店員と接するなど、コミュニケーションが少ないという印象がある。せっかく日本中に何万店舗もあるのだから、もっと地域社会の核として使われるべきではないか。

最も個人的な消費を行う業態であるコンビニは、それが小さな地域にくまなく広がっているという経営資源を活用することで、最も地域に密着し、地域住民とのコミュニケーションを図り、コミュニティの形成に貢献しうる業態となりうるはずだ。それは私のお得意の造語を使わせてもらえば、コンビニではなくコムビニ。つまり、コミュニケーションとコミュニティを活性化するコンビニである。

コンビニにはたくさんの地域住民が集まる。高齢者でもコンビニは比較的近くにあるので買いやすい。コンビニから食料を配達してもらうサービスもかなり普及しているそうだ。

しかし現状では、住民はバラバラの時間に、バラバラのニーズを持ってやってくるので、住民同士の交流はあまり生まれない。だが、特に用事がなくても住民が集まる場所を提供してもよいだろう。椅子とテーブルさえあれば、コンビニで売っている飲料を買ってそこで話ができる。

あるいは託児所的な機能を持つことも考えられる。コンビニに子どもを三〇分くらい預けている間に親が所用を済ませに行けたら、とても便利だ。

また、これからニーズが増していくのが、生活の中でのちょっとしたことを手伝ってくれる人だ。高齢者になると電球を替えるとか、ちょっと重い物を動かすといったこともできなくなる。特に近所づきあいがない現代人は、手伝いをお願いできる人が近所にいない。そういうニーズを書いた紙をコンビニの中に貼り出しておけば、地域住民同士の交流、助け合いが生まれるだろう。

このように、単に物を買う、チケットを受け取るといった機能だけでなく、人が集まり交流する、そのきっかけを提供するという機能がこれからのコンビニには求められる。そうなれば、地域の中に次第に顔見知りが増え、会話が生まれるだろう。

会話が生まれれば、自然にコミュニティが育ち、住民の安心、安全が増すだろう。三浦さんを二、三日見かけないが、どうしたんだろうと思う人が増えれば、孤独死も減るだろう。

もちろん、人が集まる機会が増えれば、ついでに買う物も増えるだろう。安心、安全に暮らすために、ご近所付き合いの重要性が再認識されている。その役割をコンビニが演じてもよいはずだ。

3・11の大震災のとき、米が不足し、私も米を探し回ったが、どこにもなく、唯一あったのは地元で老夫婦二人だけでやっている古い米屋だった。そういう米屋は、大量に仕入れた米を、毎日少しずつ精米して売るので備蓄があるのだ。

ところがジャストインタイムで商品が納品されるコンビニは、災害時に商品が供給されなくなってしまうと、米に限らず在庫が少ないので、あまり役に立たない。しかし全国にネットワークがあるコンビニこそが、災害時に地域の拠点として役立つようにできるはずである。災害時を想定して、水、保存食などをある程度備蓄する機能をコンビニが持つとか、店舗間の情報ネットワークを災害時でも使えるものにするとか、太陽エネルギー、風力エネルギーなどで自家発電できるようにするなど、行政と協力して災害に備えておけば、まさに地域の拠点「コムビニ」としての役割を果たすことができるだろう。

④小売業、ファッション産業——市民がつくるデパート

主として衣料品などを売る小売業は、ユニクロなどに代表される低価格商品の台頭によって、近年売上げを減らしている。総務省「家計調査」によれば、二人以上の世帯における「被服お

よび履物」への月平均支出は、一九九一年をピークに減少し、二〇一〇年は一万一五六五円と、一九七三年並みの低さである。

日本は人口が減っていくのだし、特に若い人の人口が減っているのだから、ファッションへの支出は今後さらに減るだろう。では、小売業、特にファッションを売る百貨店などはどうするのか。

たとえば、衣料品を売るのではなく、衣料品の購入、洗濯、保管、貸し借り、リフォーム、売買、リサイクルなどのシステムを通じて、人と人のつながりを生み出すことはできないだろうか。それらは、現在はバラバラに行われている。それを、たとえば百貨店とかアパレル企業が、トータルなシステムとして行うことはできないか。ユニクロが、着なくなった衣料品を引き取って途上国支援に使っている活動などは、それに近いかもしれない。

もっと第四の消費社会的な方向のヒントが、鹿児島市のマルヤガーデンズだ。これは、鹿児島市の中心市街地である天文館地区にあった三越（地元の丸屋デパートと三越が業務提携したもの）が閉店した後にできた商業施設だ。三越が撤退した後、丸屋デパートは、建築家集団のみかんぐみの竹内昌義氏に声をかけ、竹内氏は「D&デパートメント」というお店を展開しているデザイナーのナガオカケンメイ氏を丸屋デパートに紹介した。ナガオカ氏は先述の山崎亮氏と交友があったため、丸屋の再建のために、ナガオカ氏はアートディレクションを、山崎氏はコミュニティデザインを担当した。デパートの再生にコミュニティデザインという視点が入っていること自体がまず新しい。

山崎氏がまず「最初に提案したことは、デパートだからといって飲食や物販などのテナントで埋め尽くすのではなく、地域で活動するコミュニティが活動できる場所をつくることだった」という（山崎亮『コミュニティデザイン』二〇一一）。「ファッションに興味のない人がファッションのテナントで埋め尽くされたフロアを訪れることはほとんどない。雑貨に興味のない人がセレクトショップのフロアを訪れることはほとんどない。しかし、訪れてみればそのフロアで自分が欲しかったものを見つけることもある」。そのためには、自分とは関係ないと思っているフロアへ立ち寄るきっかけが必要だ。そのきっかけとして、地域のさまざまなグループ、団体の活動をデパートの中でやってもらおうと考えたわけだ。具体的には、マイナーな映画の上映とか、不登校の児童のためのフリースクール、子どもの外遊びを推奨するアウトドアスポーツ団体、地産地消をテーマにした料理学校などなどである。

デパートには、今は減ったが、かつて、まさに第三の消費社会においては、カルチャースクールが流行した。しかしカルチャースクールの講座を企画するのはあくまでデパートの社員だった。それに対して、マルヤガーデンズでは、すでに活動している市民に活動の場だけを提供したのである。こういうことが可能になったのは、市民自身が第三の消費社会から第四の消費社会にかけて成長したからである。

買い物自体はインターネットでできる時代である。物を買うためだけにわざわざデパートに来てくれと言っても、なかなか来てくれない。しかし、地域のさまざまな団体が行っているイベントなどがあれば、日頃はデパートに行かない人もやって来る。

マルヤガーデンズではコミュニティに根ざした活動の場を提供している。写真は、店舗の隣で開催された環境系コミュニティのレクチャーの様子（写真／studio-L）

こうした考え方に基づき、二〇一〇年四月、マルヤガーデンズは、約八〇の店舗の他に、二〇のプログラムが開催されるデパートとして開店したのである。市民が地域で行っている活動と連携したデパート。これはまさに第四の消費社会的ではないだろうか。

⑤まちづくり——古いものを活かして、つなぐ

コンビニやデパートがコミュニティの核になるのはいいが、まち全体が廃れていては意味がない。とはいえ、今、日本中は商店街がシャッター通り化している。それどころか、店が壊されて駐車場になっている。

しかし、住宅が郊外にでき、自動車で移動するようになった現在、ふたたび中心市街地の商店街に商店をたくさんつくっても、客は来ない。駐車場だらけにしたところで、自動車に乗った客が中心市街にやってくるわけではない。

商店街だから商店をつくる、商店がテナントで入ったビルをつくるという発想をやめて、あくまで「街」のほうに目を向けるべきだ。そこには必ずしも商店が並んでいなくてもいいのである。あくまで「街」を再生するべきである。

そうしたまちづくりの事例として、佐賀市の例を章末で紹介する。御多分に漏れず、佐賀市も中心市街地が空洞化し、街じゅうが駐車場だらけになっている。そのまちを、これまでとはまったく違う方法で活性化しようとしているのが、佐賀市出身の建築家、西村浩氏だ。空き地を原っぱにし、市民が自然に参加することで、にぎわいを生み出す、その手法と思想を聞いた（二七八ページ）。

⑥自動車――スピードから生活へ

人口減少が進む第四の消費社会において、住宅と並んで減少を余儀なくされるのが自動車である。一四八ページにあるように、日本国内における自動車の保有台数は今後確実に減っていく。だから、あくまで台数を売りたいのなら、中国、インド、ブラジルなどの新興国で商売をするしかない。

では、国内ではどうするのか。国内ではもはや、自動車を何台売るかは問題ではなく、バス、電車、路面電車、自転車なども含めた交通と移動のシステムを売るようにするべきだろう。

その意味で、二〇一一年のモーターショーにおけるホンダの展示は面白かった。「にんげんの気持ちいいってなんだろう」をテーマに、いわゆる四輪自動車だけでなく、誰もが簡単に街中を走るためのタウンウォーカー、「乗らない時でも使える」、つまりイスにもなるモーターコンポなど、速く走る、かっこよく走ることを何よりも目指してきた自動車のこれまでの常識とはかけ離れた提案がされていた。これはすでに、交通、移動どころか、休息、語らいといった、ゆったりとした時間の過ごし方まで含めた生活のために、ホンダに何ができるかを提案した展示であった。

自動車にかっこよさを求める人は間違いなく失望する展示だ。しかし、老若男女のさまざまな人々が、具体的な日常生活の場でどういう行動をし、どうつながりあうかを、この展示は考えていたように思う。

⑦ 旅行業界――人と人をつなぐ旅

田舎の古民家の空き家をベッド・アンド・ブレックファストとして貸し、朝食は地元のおばちゃんが田舎料理をつくってくれる。そのかわりにおばちゃんが困っていることを助ける。客は近くの農村、漁村で畑仕事、漁を手伝う。とれたものを食べるのはもちろんだが、料理好きの客が地元の伝統的な料理法とは違うやり方で新しい料理にして地元の人々に提供してもよい。それが評判なら地元も新名物料理として売り出す。売上げの一部は料理を開発した客にバックされるのでもよい。そういう消費者と地元との相互の交流の生まれる旅行があってよい。

あるいは古民家をシェアハウスにして一カ月一万円で貸すという手もある。ホテルをつくると一泊一万円。それだと一泊しかしない。へたをすると日帰りだ。そこで一カ月一万円で契約できるシェアハウスをつくる。食事は毎食自分でつくりたければつくれるようにする。キッチンは客同士が共用。バス、トイレも共用する。建物は、空き家になった古民家でも、廃校になった学校でも、閑古鳥の鳴いている旅館でもよい。

一泊一万円では一泊すらしない客が、一カ月一万円なら一カ月長期滞在するかもしれない。一週間二〇〇〇円でもいいが、とにかく宿泊費は安く済むようにして長期滞在してもらう。すると外食、食材の購入、土産物の購入、たまには近くの温泉に行くなどなど、一週間分の生活費などが地元に落ちる。

長期滞在しても見るところなんてないよ、と言うかもしれない。そんなことはない。地元の人にとっては当たり前すぎて観光資源にならないようなものこそ、現代の消費者はよろこぶ。

普通の神社でも地元の信仰、歴史などとともに紹介すれば、けっこう楽しめるものだ。いずれにしろ、従来の旅館、ホテルではないサービスが求められるのだ。単に消費をする場としてではなく、働く場、生活する場としての地方の魅力をアピールする必要があるだろう。

また、旅行業界と他の業界が連携することも考えられる。たとえば化粧品。化粧品も、人口が減れば売上げが減っていくしかない。そこで化粧品という物を売るだけではなく、八三ページで述べたようなホリスティックな生活全体の美と健康を促進するシステムを売るという方向に転換していく必要がある。

地方の古民家を改造した宿に泊まる。そこで、地元の新鮮な食材を使った健康によい料理が供される。近くには温泉があって、肌もきれいになるが、心もリフレッシュする。そういう旅を化粧品会社が企画してもよい。

地方独自の歴史、文化を生かす

地方の中小企業にとって第四の消費社会はチャンスである。第二、第三の消費社会においては、地方は大量生産システムの中の下請けにすぎない。しかし、第四の消費社会においては、伝統を活かした手仕事のほうが評価される。大量生産品はひたすら低価格化するだけだが、素晴らしい手仕事でつくられた物は高額でも売れる。

世界中を均質化させるグローバリゼーションが進んでいるからこそ、ローカルなものが評価される。ローカルな特色を持ったものだからこそ、グローバルにも売れるという面もある。そのことに気づかないといけない。

東京のようなホテルがあるとか、東京のようなレストランがあるとか、そういうことを第三の消費社会までは求めてきた。日本中がリゾートとして開発され、バブルがはじけると、ほとんどが負債を抱えて廃墟になった。

しかし、今、日本中にある巨大ショッピングモールの中を歩けば、東京との消費格差はまったくないと言ってよい。そもそもインターネットを使えば、離島に住んでいても、都会よりもちょっと時間が余計にかかるだけで、世界中から自分の好きな物を買うことができる。そういう時代に、これ以上地方に東京的なものをつくっても意味がない。むしろ、それぞれの地方の独自の売り物を喪失してしまうだけである。

今こそ、地方は、地方独自の歴史、伝統、文化を再評価し、それらを踏まえた物づくり、デザイン、観光などを考えていくべきである。

シェア的なワークスタイル

最後に指摘しておくべきは、シェア社会としての第四の消費社会にとって不可避の問題は、雇用、あるいはワークスタイルの問題であるという点である。

シェア的なライフスタイルが広がれば、行政は大きな政府をつくらなくてもよくなるが、それは行政が怠慢でいいということではない。行政は市民がシェアをする上で障害となっている規制を緩和したり、市民同士が安心してつながりを広げるための専門家を紹介したりするなど、第四の消費社会なりにするべきことは多い。

他方、企業にとっては、シェアをしながら楽しく生きる人が増えれば、たとえばシェアハウスが楽しいから独身寮はいらない、住宅手当もいらないという従業員が増えれば、人件費、福利厚生費などのコストを削減できる。だが、だからといって、企業がするべきことまで市民の自己責任として押しつけられることがあってはならない。

すでに述べたように、第三の消費社会の末期から、正規雇用者が増えずに、非正規雇用者だけが増えるという傾向が非常に強まった。シェアハウスなどのシェア型ライフスタイルの広がりの背景には、非正規雇用の増加、それに伴う働く期間の分断、働く場所の分散、所得の減少という問題が横たわっているのは間違いない。社会学者ジクムント・バウマンにならって言えば、現代の労働者、特に非正規雇用者の人生は消耗され、「使い捨て」られて終わる危険がある。それでは充実した人生とはほど遠い。このような雇用、仕事の問題を解決しない限りシェア社会の真の実現はないのである。

しかし、わが国の厳しい経済情勢に鑑みるに、ではすべての人々を正規雇用者にできるかと言えば、それはとても難しそうだ。もちろん、非正規雇用者、あるいは自営業、自由業に自ら望んでなっている人もいるので、彼らを無理矢理正規雇用者にすればいいということでもない。だが、非正規雇用者や自営業者などであっても、いつ仕事がなくなってもいいとか、将来設計ができないほうがいいと考える人はいないであろう。

とすれば、正規雇用者でなくても、安心して将来設計ができるような社会の仕組みが必要である。だが、シェア社会は、つながりたいが、縛られたくない社会であり、縛られたくないが、つながりたい、一定の安心、安定は欲しいという価値観が軸となる社会である。つながりたければ縛られろ、という社畜的価値観とは相反する。

正規雇用者だからといって生活のすべてを会社に奉仕する必要はないし、非正規雇用者や自営業者だからといって、何の安定も保障されないのはおかしい。いかなる働き方でも、安心して、できるだけ長期的に安定し、楽しく働ける社会であるべきである。そのためには、ワークシェアリングを含めた、さまざまな形のワークスタイルをつくることが必須である。

すでに拙著『格差社会のサバイバル術』（二〇〇八）などでも紹介したように、ユニクロには、転勤が嫌で正社員にならない非正規社員を正社員化するための「地域限定正社員」という制度があり、ロフトは週二〇時間しか働かない人でも無期雇用という制度を導入している。

正社員だから会社の言うなりになって、残業をしろ、休日も働け、どこにでも赴任しろ、単身赴任もしろというのは、第二の消費社会までの、効率主義的な仕組みでしかない。そんな不自由な働き方は嫌だと拒否する人は、転勤のない非正規雇用を望んでいた。しかしその人が優秀なら企業は自分の会社のためだけに働いてほしい。だから、特定の地域の中でしか転勤がない地域限定正社員という制度ができたのである。

短時間しか働かなくても無期雇用という制度も、同じような背景がある。正社員になりたがる人よりもフリーターでいいですという人のほうが、しばしば新しい流行、デザインに対して敏感である。そういう敏感な人はたとえアルバイトでも企業にとっては大事な資産である。そういう人が競合企業に転職されては困る。安心して自社で働いてほしい。そう考えてつくられたのが、週二〇時間勤務でも無期雇用という制度である。これらは一種のシェア的な働き方と言えないだろうか。

第二の消費社会では、サラリーマンになることがよいと思われた。第三の消費社会では、サラリーマンを窮屈だと感じ、フリーターになる者が増えた。第四の消費社会では、サラリーマンでもなければ、フリーターでもない、安定と自由のバランスをとった働き方が求められるだろう。われわれは毎日の生活の多くを働いて過ごす。その働き方が時間の浪費、消耗ではなく、時間の充実、人生の充実につながるほうがよいのは言うまでもないであろう。

インタビュー

「私」を開くことで「公」になる

日常編集家　アサダワタル　氏

アサダ　僕は三二歳でいわゆるロスジェネ世代にあたるのですが、僕らの世代や、もうちょっと若い世代の人達の中でシェアハウスに住む人が増えていますね。二〇〇〇年代前半だと、「お金が安くて広いところに住めるから」って理由だったと思うんですけど、最近ではその家から生まれる仕事や趣味のネットワークを重視するといった理由が増えて来ている。それで、シェアした時に結果的に生まれる具体的な共有スペースを、どういうふうに面白く使うかとなった時に、住人を超えていろんなタイプの人が入り込んでくる。そうなると、僕が提唱している住み開き状態になっていく。

三浦　シャッター通り商店街にアーケードをつくってもアーケードで客が戻った例はない。そんなことよりも、その商店街に学生が常にたむろするようにし、大学生は商店街の人の日常から生きた世の中を学べる機会にするほうがいい。お互い足りない部分を補い合える発想が大事だと思った。シェアですね。結局大事なのは人だと思うんですよ。人をシェアし合えるような環境をいかにつくるか。

たとえば、シェアハウスのリビンググルームにずらっと僕の蔵書が並んでいて、住人のみんなにいつでも読んでもらえるってのはどうかと。で、僕もそのシェアハウスをオフィスとして使っていて、たまに僕や僕の知人を講師にして講座を開いたり、あるいは僕に会いに来たお客さん、たとえばアサダくんをみんなに紹介するとか、僕の知識と人脈もシェアする。

アサダ　それは面白いですね！

あえて大家の個性を前面に押し出す貸し方。

三浦　また、シェアハウスが一つの建物である必要はないわけで。まちなかにいくつかのシェアハウスや住み開きの部屋が点在していて、食事をするとき、本を読むとき、講座を聴くとき、映画を見るとき、子どもを預けるときなどなどで、それぞれの場所を利用する。そういう「シェアタウン」みたいなこともできるはずです。

アサダ　まちが家みたいな状態になる。住み開きの取材で取り上げた大阪の「2畳大学」の梅山さんは、空堀という商店街で「からほりごはん」っていう取り組みをしてるんです。「長屋を改修してこのまちに住みたい」とか考えてる若い人達が集まって、商店街の八百屋や魚屋にまわって店主と話をしながら買い物をして、その後、空堀に実際に住んでいる人の家でその食材で料理を作ってみんなで食べながらまちのことを話すんです。そして極めつけは、先ほど行った店主さんがその食卓にゲストとしてやってくる（笑）。結局、ある家がまちに開かれることによって、家と街とのボーダーが薄れていくんです。

三浦　そうなってくると、街を歩いていても面白くなるんですよ。「庭ももっと綺麗にしよう」とか「ちょっと庭先に椅子でも置いとくか」とかいうことになってきて、家が「箱」「スペース」（空間）ではなく、まちの中の「プレース」（居場所）になる。

職と住とが分かれることが、そもそも近代主義。それに対して、「住むところで働いてもいいじゃないか」とか、「その中間ぐらいがあってもいいじゃないか」とか。家が「箱」であるという考え方に対して違和感を感じる人が増えてきたと思う。

アサダ　近代化された土壌で「私」がもう一度家を開くことが「住み開き」の基本。マスメディアは「昔のコミュニティの復活住み開き」みたいに謳おうとすることが多いんですけど、それは全然違うと思ってるんです。

一つは、今だからこそ開くという選択肢ができたんだと。そして、その選択肢を個々人がどういうふうに面白く表現するかが重要。もう一つは、昔の地域共同体が本当に開いていたかというと、外部の人に対しては閉じられていた面もあったと思うんです。

　今起こっているのは、現代の都会的なコミュニケーションを介すことで、地縁だけでなく、趣味とか知識とかでつながる、三浦さんのおっしゃっている「共異体」的なものですね（共異体とは「①成員が固定的でなく、相互に束縛されない。②空間的に限定されない。③時間的に限定的である。④共異体同士は排除し合わず、競争しない」という特徴を持つコミュニティのあり方として三浦が提唱しているもの。三浦『これからの日本のために「シェア」の話をしよう』参照）。

三浦　そうです。共異体が大前提。地域共同体の復活ではない。つながりたいけど縛られない関係。そういう関係をどうやって作ろうかというのを同時多発的にいろんな人が考え始めた。それが二〇〇〇年代最初の一〇年。シェアハウス仲介の「ひつじ不動産」も、味のある中古物件を集めた「東京R不動産」もこの一〇年に出てきた。そして「住み開き」が出てきた。

　特に3・11があったことでそういう動きが市民の中で先に進んでいる気がします。行政がやる前に、ネット上で「仮住まいの輪」を作った人がいたり。むしろ行政はそういうものを後追いして、見なし被災者住宅として認定して、後から補助金をあげたりしている。でも、それが正しいんですよ。市民が自分の力で同時多発的に「公」を担えるようになりつつある。今回の震災ではそれが本当に目に見えてきたと思う。

（アサダワタル『住み開き』掲載の対談を加筆修正、再編した）

アサダワタル
一九七九年大阪生まれ。大阪市立大学法学部卒。音楽演奏から、分野をまたぐ文化プロジェクトの構想・演出、それらにまつわる文筆、講演などを展開する。表現活動を〝音〟から〝場／事〟に拡張し、遊休施設や寺院、住居や旅館や空き店舗などを活用したスペース、および各地域コミュニティの演出にも関わる。

インタビュー

被災地にできた「新しい公共」としてのカフェ

東京大学助教　成瀬友梨　氏

　これから日本は高齢化し、未婚者が増え、単身世帯が増加していきます。建築家としてどんな家、住まい方がいいのかを考えるうち、シェアハウスに興味を持ち、いくつか設計も手がけるようになりました。最近では大学で場所のシェアについて研究をしています。

　私の親は六〇代で、車もテレビもより大きな物に買い替えてきた世代です。家も三〇年ローンです。私がシェアを研究していると言うと、何のために？　という顔をします。無理もありませんね（笑）。「私有」の世代ですから。

　でも、3・11以後、シェアすることの価値が、少しわかりやすくなったと思います。震災後、『カーサ・ブルータス』から、「震災を受けての具体的な提案を」という問いかけをいただき、私たちは木造・シェア型の災害復興住宅を提案しました。シェアにすることで一人あたりの占有面積を減らし、設備を共有することで施工費を安く抑え、集まって安心して住んでいける。一人で暮らすお年寄りも多い被災地では、そんな選択肢も必要ではないか、と考えたんです。

　同じ頃にスタートしたのが、「陸前高田まちのリビングプロジェクト」です。東大の小泉秀樹准教授らと地域の方と協働して、地域コミュニティ再生の取り組みをしています。その一環として、この一月に仮設コミュニティスペース「りくカフェ」がオープンしました。

　もともと小泉先生は現地の方とお知り合いで、先生の専門のまちづくりの分野で協力できないかという話があったそうです。先生は阪神淡路大震災での支援の経験から、復興計画が実現するまでの仮設のまちづくりがとても重要だと考えています。商店や人が憩うような場がなければ、結局まちから人がいなくなってしまう。それでは本当の意味での復興につながらないということです。りくカフェを設置した場所は、震災直後の四月から地元の医院や歯科医院が仮設店舗で営業を再開し、地域住民の生活拠点となっていました。

　私有の空間を地域の住民に開く活動は、今回運営のサポートでプロジェクトに参加しているUDCKの後藤智香子さんらが研究しているように、いろんなところで始まっています。陸前高田でも小泉先生の旧知の方が自宅を開放し、物資の供給拠点や、お茶を飲むためのスペースに使ったりしていました。そんな中、もっとみなが気軽に集える場所がほしいという声があがり、コミュニティカフェを作ることになったのです。

　土地は地主さんが自分の土地を提供してくださり、設計も私たちがボランティアで担当しました。でも、建設費はなかったので、地域住民の発意による新しい公共のプロジェクトであり、支援が目に見える形で被災地に役立つという趣旨をご説明し、住友林業さんはじめ、多くの企業に協力していただけることになりました。ただご協力いただくのでは、企業に負担をかけるばかりになってしまうため、今回のプロジェクトは広告として自由に使っていただくことにしています。

陸前高田のコミュニティカフェ「りくカフェ」（写真／大宮透）

　りくカフェには実際に使われた建材のパンフレットなども設置され、ショールームとしても機能しています。実際、カフェを訪れた方の中には、こんな家がほしいという方や、断熱性能のよさに感心し、同じ材料を使いたいという方もいます。これも一種の場所のシェアですね。運営も今のところボランティアですが、今後はNPO

法人化して、長く持続させる仕組みをつくりたいと考えています。

東北に限らず、今後日本の人口は減少していきます。意図的に人が集まる場所をつくらなければ、本当に寂しいまちになりますし、ビジネスも生まれません。シェアは密度をつくれる。人を集める力を持っていると考えています。

重要なのは、いかにお互いが協力して何か出し合い、仕組みを持続させていけるか。シェアというと、ひとつのものをみんなで共有している感じですが、実は私的なリソースを出し合って、統治の仕組みを自分たちでつくりだしているわけです。それをいかに豊かに引き出していけるのか、引き出す仕組みをデザインできるかが、問われているのだと思います。

先日も陸前高田に行き、地元の運営メンバーと定例ミーティングをしてきました。どんどん使いこなされていてうれしい限りです。もともとカフェでお茶を飲むという習慣があまりない地域なので、まだ誰でも気軽に入れるという感じではないようですが、毎日朝から来てお茶を飲み、おしゃべりをして、お弁当を食べて帰られる常連のおじいさんもいらっしゃるようで、今後の展開が楽しみです。

日々の設計活動を通して、人の暮らしに、どうコミットできるのかを考えてきました。そんな中、震災がきっかけにはなってしまいましたが、陸前高田で地域の方と協働し、実際にコミュニティの拠点をつくる活動に参加できたことは貴重なことだと思っています。

また、「シェア」というキーワードに出会い、建築の外の世界との表面積が増えたように感じます。自分やまわりの人たちが本当に欲しているもの、これからの社会をよくすることを考えることで、新しい建築が生み出せればいいなと思っています。仕組みとしての建築を提案していきたいですね。

なるせ・ゆり
一九七九年愛知県生まれ。東京大学大学院工学系研究科建築学専攻修士課程修了。二〇〇七年より成瀬・猪熊建築設計事務所を共同主宰。二〇〇九年より東京大学特任助教、二〇一〇年より現職。
プロジェクトホームページ
http://rikucafe.com

インタビュー

空き地を原っぱにしてまちなか再生

建築家　西村　浩　氏

西村　「佐賀はトップランナーになれる」って思っているんです。いつか必ず東京に地方のまちづくりのモデルが輸出される時代が来ると思うんですね。東京は、近年は投資を促すために規制緩和によってまちがつくられ、高層ビルやマンション群ができているわけですが、それがいつまでも続くわけはない。

人口の推計を見ると、もう地方都市は右肩下がりなのに、東京はあと一〇年か二〇年くらいは増え続けるんですよ。いま地方は眼前の課題に向かって必死にやっている。二〇年後東京の人口が下がり始めたときに、慌てて地方を参考にしだす。そういう時代が必ずくると思うんです。今は、大逆転のチャンスなんです。

三浦　地方って、いろんな物語がある。なのに今までは全部東京モデルでやっていた。

西村　東京モデルがずっと地方の理想郷だった。だから、時代の変わり目にあってもなかなか発想の転換ができないんです。

三浦　具体的に佐賀で何をされているのか、教えて下さい。

西村　はい。佐賀市の中心商店街は、半径三〇〇メートルくらいの範囲なんです。ところがその中を歩いてみると、すでにシャッター通りどころか、みんな青空駐車場になってるんです。

このまちなかの再生を目指したものが「四核構想」です。四つの核とは、一度破綻し再生したばかりの再開発ビルの「エスプラッツ」、昔ながらの百貨店「玉屋」、「佐嘉神社」空きビルになっているスーパーの建物「旧窓之梅」。

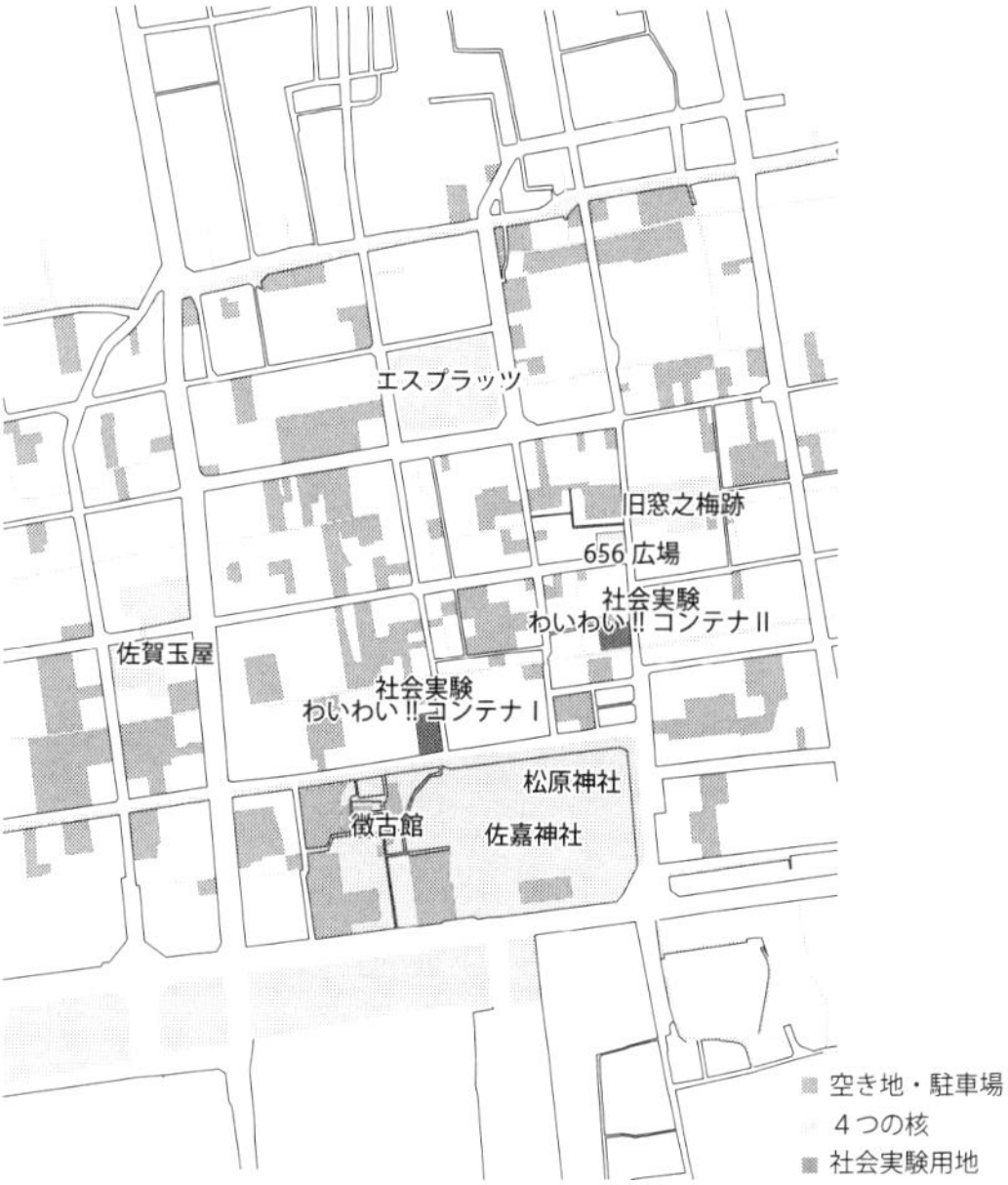

駐車場だらけになった佐賀市の中心市街地に4つの核をつくって
まちを再生（資料提供：ワークヴィジョンズ）

この四つの核を二〇世紀の手法で再開発するのではなく、昔からあるものを大切に使いながら、四つの核の間を人々が歩くようにしようっていう狙いなんです。

佐賀市は土地が平坦なので、教科書に出てくるようなバイパスができて、どんどん郊外にまちが広がり、大型店舗ができて、まちなかが衰退した。広がったのをコンパクトにしようって言っても到底無理なので、空いている状況自体をどう新しい環境にしていくかが大事。

「これまで、まちなかで何してきたの？」って市役所の人に聞いたら、一年間イベントばっかりやっているわけですよ。けど、どんなにイベントをやったって、イベントが終われば人通りは元に戻ってしまう。それでは何のストックにもならない。

そこで、「街なか再生計画」というのを、二〇一一年三月につくったんですね。ここで大事なのは、空き地のマネジメント。昔だったら、空いたところを買収して、再開発をして、ビルをつくって、テナントを入れて、ということをやって、人がいっぱい来て賑わった。それが二〇世紀の手法型だったんですけれど、今それをやると、最初はうまくいくけれど、ビルの中にまた空き店舗が増えていく状況ができてしまう。だから、すでにある空きを空きのまま、どうすれば人が歩いてくれる環境ができるかがポイントなんですね。

そこで、僕らが提案したことは、空いている駐車場を全部原っぱにしたら、まちが変わるんじゃないか、と。仮に原っぱに変わったら、まず、住環境が向上するわけです。まちなかに住みたい人が増える。子育てができるっていうんで、若い夫婦が住むという状況が生まれる。すると、まちなかの空き店舗を住居に変えようということも起こってくるだろう、と。

まずはやってみよう、ということで「わいわい!!コンテナ」っていうプロジェクトをやった。銀行が持っていた土地を市が借地して、芝生の広場とコンテナを置いて、この中で何をすれば人が集まってくるかということを社会実験した。

コンテナの中には三〇〇種類の雑誌と絵本とマンガを置いたんです。無料で見られます。

三浦　本は商業振興課の予算で?

西村　そうです。あと、寄付とか。本のセレクトも、幅広い年齢層に来ていただけるように、市の図書館で人気があるものだとか、ネットで人気ランキングを調べたりして、海外の雑誌や絵本も置いた。海外の雑誌なんか、買えないわけですよ、佐賀だと(笑)。結果、子ども、大人、おじいちゃん、世代を超えて集まってくるんですね。どこにこんな子どもがいたんだ⁉ってくらい、子どもが原っぱで遊び出す。幼稚園児も散歩に来る。

三浦　ここは飲食もできるの?

西村　持ち込みもいいし、タイアップ店に、食べ物をデリバリーしてもらったり、委託でお菓子を売ったり。夏、夕方になって涼しくなると、リコーダー吹いている人とか（笑）、いろんな人が集まってくる。

三浦　吉祥寺の井の頭公園みたいだ！

西村　今までは、市民の人は、「まちなか行っても何もないし、人もいないし、行っても意味ないよ」って言ってたんです。商店街の人たちには「人が来るように頑張りなさい」って言ってたんだけど、「人が来てないんだから、頑張れないよ」って（笑）。堂々めぐりが続いていて、時々イベントをやって、人を呼んでいたわけですね。でもイベントだと持続しないわけですよ。

今回の「わいわい!!コンテナ」というのは、ここだけに賑わいを集めることが目的ではなくて、ここで商店街の人がPRをしたり、デリバリーをしたり、商品の紹介をしたりすることで、まち全体に人が流れていくこと。時間を消費すると、ご飯を食べて帰るとか、買い物して帰ろう、という動きにつながる、ということなんですね。

それから、原っぱの芝生は地域住民で張る。子どもたちを呼んで張るとですね、誰もゴミ捨てないんですよ。自分たちが関わったところは大事にするんですよね。デッキも、ウチのスタッフと市役所の人と、大学生が一緒になって、ホームセンターで材料を買って加工して据えつけたんですよ。

コンテナの中では子どもたちも思い思いに絵本を探したり、読み聞かせしたり、外国の方が来て英語教室をやったり、展覧会をやったり、コンテナの前でアメリカから来てくれたダンサーが、雨のなか、踊ってくれたりとか。

空き地に芝生を植えたら子どもたちが集まってきた
写真提供／日経アーキテクチュア・撮影／イクマサトシ

本や雑誌を置くと人々の居場所ができた
写真／ワークヴィジョンズ

　じゃあ、商店街はなにやっているのかというと、突然、まちなかの餃子屋さんが自分のホームページに「芝生に餃子」っていうタイトルで、芝生に餃子をおいて撮った写真をのせていたんです。そしたら翌日の新聞に「まちの中に芝生がある。まちの中に餃子屋もある」というクーポン付の広告になってた（笑）。撮影許可も使用許可もいらない場所なので、そういうふうに市民が自由に知恵を出して、原っぱをどう使おうかと自ら考えるようになるというのが、一番大事なことだと思います。

　原っぱの維持管理についても、行政だけに頼るのではなくて、たとえば、地元の造園屋さんに原っぱをPRの場所に使ってもらって、ガーデニング好きの市民に有料レクチャーを開いて、その実費として原っぱを維持管理してもらったり……。造園屋さんの宣伝にもなるし、収益もあがるし。その結果、原っぱは自動的に維持されて市民にとっては勉強にもなる。こんなことも、二〇一二年度以降やってみたいなと思っています。

　また、馬場正尊さんに登場してもらって、東京R不動産の佐賀版みたいなメディアを活用して、空き店舗の利用促進を考えていきたいと思っています。もう一つはコミュニティ活動ですね。山崎亮さんの登場です。まちなかの原っぱで、市民の活動が日常的に行われるようにプロデュースしていこうと思っています。

にしむら・ひろし
一九六七年佐賀県生まれ。東京大学大学院工学系研究科修士課程修了。一九九九年ワークヴィジョンズ設立。建築・土木・まちづくり等、常に「まち」を視野に入れ、分野を超えて「もの」づくりに取り組む。主な計画・作品は、佐賀市街なか再生計画、岩見沢複合駅舎（二〇〇九年度グッドデザイン賞大賞・二〇一〇年日本建築学会賞受賞）など。

辻井喬氏は、戦前戦後から現在までの日本の経済社会の生き証人であり、特に戦後は、言うまでもなくセゾングループという流通小売業にして生活総合産業の総帥だった。その辻井氏に、戦後の消費社会の歴史から見た過去、現在、将来について伺う。

巻末特別インタビュー

「無印良事」の時代へ

セゾン文化財団理事長　辻井喬氏

消費者の第一の解放──一九六〇年頃

三浦　私は辻井さんの最大の功績は無印良品を生み出したことだと思っておりますので、まずはなぜ無印良品をつくろうと思われたのか、その背景を戦後消費社会論的な観点から伺いたい。

辻井　かつての日本の消費者は大変遅れていた。素人の消費者が圧倒的に多かった。明治以降、日本の消費者は成熟する時間を持てないまま、敗戦まで来た。ちょっと成熟しかかると、兵隊にとられちゃう。

また、専門店のほうも、職人や店主が「これでおれはカバン、袋ものについては、だいたい見当がついた。よし、これで専門店になってやろう」というときに赤紙がくるから、やっぱり本当の専門家になれない。

だから、いま銀座通りを歩くと、日本発の専門店というのは数えるほどしかない。存在はしていても、エルメスだなんだというものに対抗するような勢いはない。

戦後も一九四五年から六〇年まで、高度成長期までは専門店の育つ社会構造がなかったし、消費者のほうもほぼ鎖国状態に置かれていたと思うんです。

ヨーロッパの場合は職人は徴兵に行かなくていいわけね。専門分野を持っているから。

三浦　職人を守ったわけですね。

辻井　そうです。商品の価値というのは、やっぱり職人によってつくられるという認識があった。しかし、明治以降の日本の政府には、そういう認識はなかった。とにかく、「贅沢は敵だ」と。だから、明治四一年の戊申詔書にしても、日露戦争で浮かれておるが、質実剛健こそわが国是である、と。それから、関東大震災のあと、山本権兵衛が、大正天皇の名前を使って、かつての軽佻浮薄こそが日本を過《あやま》つものだ、と。それからずっと時代がさがって、石原慎太郎閣下が「天罰だ」と言う。ずっと同じ。石原閣下の天罰発言を聞いてね、「まだ、明治の時代が生きていたんだ」と残念だったですね（笑）。

そういう段階から、次第に鎖国を解き、外国のものでもいいものはね、どんどん使っていいんだよ、という時代になった。外国に向かって開いた。

ですから、一九五六年に髙島屋さんがイタリアン・フェアをやった。これが爆発的に売れたんですね。それまでの日本の消費者は、ヨーロッパのものはアンタッチャブルで、全然触れもできなかったんだね。消費者は、一八六七年の明治維新以降、一九四五年まで、それから四五年以降も一九六〇年までね、事実上は鎖国状態に置かれていた。

それで私も一九五九年にフランス展をやろうとしてね、パリに仕入れに行くわけです。平凡なる一百貨店店主としては負けてはならん、というわけで。よく売れましたね。全部、灰皿から、くずかごからね、何でも売れた。一品残らず。これはやっぱり、鎖国状態が長く日本に続いていたということかなぁと思いましたね。「欲しがりません、勝つまでは」「こんな贅沢なものを、われわれが身につけては申し訳ない」と自粛していた。それが六〇年代に入って、やっと自粛がほどけた。

そういうふうでしたから、一九八〇年ぐらいまでは、もっぱらそういう海外ブランドの輸入紹介を、私はやったわけです。数えてみたら、五〇ブランドくらいありました。

ヨーロッパのほうも、日本なんて、数字を見ると経済がずいぶんよくなっているようだし、百貨店が代理店をやりたいと言ってきているから、テストマーケティングにはちょうどいいや、というので応じてくれた。

消費者の第二の解放——一九七〇年代後半

辻井　私は、そのときに副産物があるんですよ。というのは、休日にパリの美術館を回るわけね。これはびっくりしたな、見たこともないものがあったわけ。私自身が美術、芸術の歴史の中で鎖国状態にいた、と気づかされた。私の絵画についての認識はせいぜい、後期印象派までで止まっていたわけ。

三浦　一九五九年まではね。

辻井　そう。ところがパリでは、見たこともないような、カンディンスキー、クレーなど、「なんだ、こりゃ」と思うんだけど、面白いわけね。「俺自体がやっぱり鎖国の中にいたんだ」と思った。くたびれて、それでアパートに帰ってラジオを聴いていると、今度は変な音が出てくるわけ。また「なんだ、こりゃ」と思って一生懸命聴いていると、ケルン放送局のテープによるシュトックハウゼンの曲。音楽の面でも自分が鎖国状態にいたんだと気づく。これが副産物。

もうひとつの副産物は、六一年、ロサンゼルスに一年行ったけど、あんなに退屈なところは二度と行きたくないですね（笑）。あるのはディズニーランドと、ハリウッドの豪華なレストラン街で、バカみたいな、金は持っているけど、どっかで見たようなものばかりで、話をする気にもならない。

ときどき、社債の発行などでニューヨークに行くのが楽しみだったんです。ニューヨークに行くと、そのころ、ポップアートのはじまりなわけ。パリでコンテンポラリーアーツの放射を受けて、ニューヨークでポップアートにぶつかるわけ。

三浦　ロサンゼルスには、まだポップアートはなかったんですか？

辻井　なかった。ですから、五九年から六一年まで、ぼくの内部でも改革というのかな、鎖国状態からの解放が進んだということが副産物としてありましてね。

そういう点では、一九六〇年頃から消費面での鎖国からの第一次解放が始まったわけですが、自分にとっては、芸術文化や生活面での第二次解放も用意されていたのかなぁという気がするわけですね。

それで、無印のビジネスというのは、第二次鎖国解除のメルクマールとして起きてくる。どうも整理してみると、そういう流れだったかなと。消費社会というのを二段階に分けるとすると、非常に社会改革的な意味が六〇年代終わりぐらいまではあった。第一次鎖国解除の影響としてね。

ところが、七〇年代に入ると、もう解放感というのがあまりなくなってきた。そういった流れの中で、私にとっては、無印というのは、第二の鎖国からの解放だったんじゃないかなと思うわけです。
マルクスも「消費は労働力の再生産過程ではないんだ。それもあるけれども、人間としての人間回復の過程として消費がある」と書いている。それを踏まえると、第一の解放まではできたんですけれど、第二の解放、つまり「人間回復」まではまだちょっとうまくいっていないなぁという気が私にはしたんですね。
もう一方では、私は、ブランドだなんだってのが、嫌になってきたわけですよ。

三浦 嫌になったのはいつごろですか?

辻井 もう七〇年代の後半には、これはちょっと考えもんだぜ、と思った。ラベルを付けると、二割高く売れる。これは詐欺に近いんじゃないかって意識が生まれた(笑)。
だから、生活総合産業というものは、繊維だとか、化粧品だとか、そういう物で第一次鎖国から自由になるばかりでなく、リビングでもなんでも、住まい方でも、すべての生活の面で鎖国が解除されなければならない、ということなんです。

三浦 なるほど。つまり、西洋をありがたがるものではない、ブランドではない無印というものをつくることで、解放の第二段階に到達しようとしたわけですね。

辻井 でも、八三年に青山に店をつくるときも三カ月くらい社内で議論があってね。いまから思うとおかしいんだけど、あれは西友の一事業部門だったわけ。西友は、本業以外に店はやらないってことになっていたのに、そんな店をやっていいのかとか。手前どものような会社が青山に出ていいのかとか。結局、目をつぶってやろうよ、と言って始めた。無印の前にも「故郷銘品」とか「主婦の目商品」とか、いくつか西友のプライベートブランドをつくったんだけど、もうひとつぱっとしなかった。

三浦 私もたしか「主婦の目」のまな板を買ったような記憶があります(笑)。

辻井 そうですか、そうですか(笑)。それはありがたい。

三浦　非常にシンプルな商品で。

辻井　物としては、決して悪いもんじゃなかったと思う。

三浦　無印のまさに前身ですよね。

辻井　そうです。それで、どこがネックになってるんだろうなあと考えると、やっぱりひとつは価格ですね。

三浦　「主婦の目」はあんまり安くなかったですか？

辻井　安くなかったです。一品生産みたいなところがあって。大量生産にのらないから。ですから、物はいいんだけど、やっぱり価格としてダメだなぁ、と。それから、単品で勝負しても弱いから、商品群でプレゼンテーションしないといけないかな、という認識は一方で生まれてきて。

だから、最初に無印を立ち上げたときはね、西友の人も百貨店の人もほとんど入っていない。田中一光とか、小池一子とかね、杉本貴志とか、そういう人とコソコソ話をして。糸井重里もいました。代々木のバーに集まって議論したり。

私のほうは、昼間はもっぱら西友の店を回って、どういう商品が高くて、値段がネックで売れないかを見ていた。割れたシイタケでもいいじゃないかとか、カニの缶詰に脚を並べる工程を抜いたらコストが安くなるとか。セーターなんかはね、牧場に羊毛を買い付けに行くわけですね。いまユニクロさんも同じことやっておられると思うんだけど、ユニクロさんと私どもが、生産の原点まで行って、商品をつくり始めた。これはね、百貨店ではできない。残ったら問屋さんに返せばいいと思うから。

三浦　無印は海外ブランド崇拝ではない「反体制商品」だと辻井さんは言われていますが、今言われたようなことが、企業中心ではなく、消費者主権の反体制な活動なわけですね。

辻井　私が現役時代に言い出したことで、「反体制商品」という言葉くらい現場に浸透しなかった言葉はない（笑）。それは、そうなんだな。体制って言葉自体も耳慣れない。ましてや、反体制だったら余計にね。

三浦　最初に声をかけた外部の方は、田中一光さんですか？

辻井　そうです。

三浦　「無印良品」って言葉は、一光さんが？

辻井　つくった。

三浦　コンセプトは辻井さんが？

辻井　「ノンブランド商品」という言い方をしたと思う。で、田中さんが「無印」とつけた。

三浦　いま、そういう日本語ネーミングはだいぶ増えてきましたけれど。

辻井　いまになって増えてきましたね。

三浦　三〇年前には勇気がいりますね。

辻井　ださい、古くさい、って感じでしたね、日本語を使うのは。でも今は、外国の無印の店に行くと、声明《しょうみょう》を流しているんですよ。

三浦　店内で？

辻井　そう。それで、お香を焚いているわけ。

三浦　それは現地の人が、それが日本的で、それがいいと思って？

辻井　と思うんだけどね……。実際、それが効果があるんだから。

三浦　禅的というか。

辻井　エキゾチックというのかな。私としては、それはいいよ、ただ、エキゾチックが通用するのは、せいぜい七年か八年までだよ、と言っている。その間に、現地の生産拠点とのつながりができないと、いずれ息切れするよ、みたいな話をしているんですけどね。

三浦　最初、立ち上げられたときは、無印を世界に広がるひとつのスタンダードに、という思いはありましたか？

辻井　最初は、日本でポジション獲得、ということだけでしょう（笑）。正直に言うと。

三浦　なるほど。しかし、ああいう商品が、日本から海外に出ていくというのも、珍しいことですよね。

辻井　珍しいだろうと思いますね。

三浦　機械ではなく、カップヌードルでもなく。
辻井　商品が群として出ていくっていうのは、非常に珍しいと思う。

時代の読み方

三浦　辻井さんに限りませんが、経営者というのは、常に時代を読んでいくわけですね。辻井さんの場合、それが小売業だったということもあって、特に鋭く時代の変化を読んでいった。当然、いろいろな失敗もおありだったと思うんですが、どうやったら時代を読めますか？
辻井　冗談から入ると、財界の大御所の中に行くわけ。そうするとね、財界の大御所たちがコンセンサスとして持っている意見の反対を行ったら、まず間違いなく時代が読める（笑）。あの人たちは時代を読みたくないから。
三浦　読みたくない？
辻井　自分たちの権威は、いままでの時代で支えられているから。
三浦　なるほど。
辻井　これも冗談みたいだけど、もう一つはメディアのコンセンサス。三浦さん、日本のメディアはひどいですよ。いわゆる六大紙、これはまったくダメ。財界とマスメディア、この二つのコンセンサスをひっくり返せば、だいたい時代の先行きが読める。
三浦　マスメディアが時代を読めない、読まないようにしているとすれば、恐い話ですね。
辻井　はい。それから三つめ、これがいちばん本当ですが、街を歩くことですね。どこでもいいんですけど、マツモトキヨシでもよければ、ユニクロさんでもいい。そういうところにぶらーっと行ってね、いろんな人たちの会話を聞くと、一番ヒントになる。これは間違いない。電車の中のおしゃべりでも、もちろん結構。
　大衆消費はね、ちょっとやそっとでは、今後の変化はとらえられないと思っています。地震で津波が押し寄せてきて、クルマがコロコロコロコロおもちゃみたいにひっくり返っている。あれで、クルマを買う気がなくなっちゃうんですよ。ああいうのを見て、今までこれがなくちゃ困ると思っていたものが、なくたってやれるんじゃんっていう感じが、相当広まったと思う。

ですから、いま、内閣府か総務省か知らないけど、「日本は強いんだ」「がんばろう日本」みたいなのね、あれ、ぼくは最も劣悪なキャッチフレーズだと思う。あれはね、戦後六〇年間を経過していないような発想ですね。

私はね、今後は地域が中心になって、俺たちは元通りではない共同体をつくろうということになると思う。そうなると、あらゆる意味で社会が変わってくる。これからの問題は、中央では克服できないと思いますね。

三浦　私も、この震災は、歴史上最も難しい問題じゃないかっていう気がしますね。神戸は歴史の浅い近代都市ですね。だから、壊れたら基本的にはもう一度つくり直せばいい。でも東北は違う。よく、田中角栄がいればすぐに復興計画をつくっただろうという人がいますが、それは違うだろう。

辻井　今度のは違う。

三浦　範囲が広いし、地域特性がいろいろで、近代都市でもないし、工場もあれば、田園もあれば、漁村もあると。どこから手をつけていいのかわからない。かつ、これがいちばん重要だと思うのは、国民の意識の変化です。三〇年前に東北が壊滅したら、ちょうどいいから高速道路つくって、ビルを建てて、東北を近代化しようとなったでしょう。ところが今は、近代化がいいことだと思ってない。東北固有のよさを残したいと思う。だから、田中角栄型では復興できない。

辻井　それとの関連で言うと、私は、今度の震災で、日本は捨てたもんじゃないと思ったことがある。なぜかと言うと、従来考えられていた日本的でない姿が出たからです。

三浦　それはどういうことですか？

辻井　それはね、東北が堂々と中央集権に反対する。今までそんなことはなかった。石原慎太郎閣下が

「天罰だ」と言ったとたんにね、地方自治体、県知事、市長、村長がね、何を言ってるんだと、「私たちはこんなに苦しんでいるのに、天罰とは何ごとだ」と言って、あの傲慢な石原慎太郎が、翌日には頭を下げていた。

小さな共同体がコアになる

辻井 自治体の長、知事、市長、村・町長が、中央なんかなくたって、おれたちでやれるんだ、と発見してしまったと思うんですね。これは大発見でしょう。

三浦 まさに「無印ニッポン」ですね。

辻井 そうなんですよ。これは今度の災害で特筆すべきことですよ。今まではね、中央がないと、何もできないと思っていた。ところがね、知事も、市長も相当の権利が与えられるんだと。あんなに町長や村長に有能な人がいるというのは、日本の全国民の発見でしょう。

三浦 国会議員はだめなのに。

辻井 中央の役人や大臣のもたもた加減に比べてね、同じ国民かと思うくらい違う。これでフェーズが変わるなという気がしましたね。

それは、東北に村落共同体がまだ生き残っていたんだという言い方もできます。だが、村落共同体を誰がいつ壊してきたのかというと、間違いなく、国家総動員で、第二次大戦のときの軍閥政府、東条英機内閣。これが、村落共同体をすべて壊した。それから、日本的経営の美徳といわれていた終身雇用制、年功序列制、これも東条英機が壊した。だから、第二次大戦を行うときに、国の体制としては全体主義ということになった。あのころの政府の主張は驚くほど、ソビエト共産党中央委員会の決意表明とまったく変わらないぐらい同じことを言っていた。そういった歴史のデマゴーグに東北地方は、中央ほどは汚染されていなかったということでしょうね。ということは、逆説的ですが、昔の日本のよさが東北に残っていたということじゃないかな。

三浦 今までの常識とか、垢を流すようなところが、今回の震災にはあった。

辻井　村長さんや町長さんが、あんなにね、自己決定力というか、リーダーシップをもっている人がいたというのはね、ぼくにとっても本当に驚きでした。

三浦　だから、地方は自立できないから、中央で面倒を見てるんだというのは、中央がつくりだした幻想だったということですね。

辻井　原発幻想と同じ幻想だったと思います。それがね、崩れちゃったわけですよ。

三浦　こうなると、地方で集めた税金は、全部地方でそのまま使ってもらったほうがいいなという機運が高まりますね。

辻井　私が政府税調の委員だったときに、そのことを言ったら大騒ぎになってね。地方がまず税金を集める。そこで必要なものは地方でとって、余ったものを中央に回せばいいじゃないか。ドイツはそうしている。日本だけだよ、中央にあわせちゃうのは、と。そう言ったら、もう、これは考えられないくらい危険発言だと言われたな。

三浦　でも、今回、東北の人たちは、中央の法律の規制を外して、自由にやらせてくれ、こういう事態だからとなっていますね。

辻井　なっている。

三浦　中央から見ると、緊急事態とはいえ、それを認めちゃうと、あとが怖いと思ってなかなか言えないんでしょうね。

辻井　中央各省庁は、これは危機だとは思っているらしい。それを「がんばれ日本」で統一されちゃうと困るんですよ。

それから、東北を見ますとね、日本中に都市計画というのはどこにもなかったんでしょうね。

三浦　でしょうね。

辻井　俺の土地に、俺の金で、俺のものを建てて何が悪いか、というので、どんどんどん建っていって。少したったところで、やっぱり公園もなくちゃいけない、幼稚園も、と後からいろいろつくったのが今の都市。

しかし、今度の災害の教訓の一つとして、何も私有制を否定はしない、自分で何を持っていてもいいが、そこには限界がある、公共的な理由のためには、ある程度私権が制限されざるを得ないだろう、といったあたりの意識は変わってくるんじゃないですかね。

三浦　でしょうね。それと同時に「私はこういうふうに都市が変わるべきだと思う」という考えが政治家、財界人などにないといけないと思いますね。流通業も今はコンピュータで人口分析をして、人の流れが多そうなところに出店するだけで、そこには都市論も東京論も何もない。

私の実感では、たとえば東京の都心がどんどんつまらなくなっている。要塞のようなビルを造って、全部そこに集めて、一円たりとも外で買うな、という思想でビルも駅もショッピングモールもつくる。だから、時代を読むために街を歩く、といっても、街がなくなっていきつつある。

辻井　おっしゃるとおりですね。だから、私はね、もう動きが始まっていると思いますが、かつて一時期、街が相当さびれるぞ、と言われて、本当にさびれちゃったんですが、これがどうやって回復するかと言ったら、新しい共同体、つまり住まいと仕事場を結ぶ新しい共同体がつくられて、そこに店もはりついた形での小共同体がいくつかできているように思います。三〇年かかるか、四〇年かかるかわかりませんが、いったん大都市が衰退した後、新しい小さな共同体をコアにして、新しいブロックが形成されて、新しい行政ができていく。ブロック同士の間には、木が生えていて、森になっていて、という。

まぁ、気の遠くなるような一〇〇年でしょうけれど。もう東京はこのまま大きくなっていくことはありえない。共同体という要素を入れて考えないと、都市やまちの再生は見えなくなってくる。

三浦　そうですね。先日、法政大学の陣内秀信先生と都市計画学会雑誌の六〇周年記念号での巻頭対談のために、郊外や下町を視察したんですが、まさに辻井さんが今おっしゃっていたように、郊外の町に小さな共同体づくりの萌芽が出てきているんですね。

四〇歳くらいの主婦が、空いている農地を使わせてくれと地主に言って、コミュニティガーデンをつくった。周辺住民がみんなでそこで働いて、働きに来た人が、今日そこでとれたものを持って帰る。肥料は周辺住宅地から出た生ごみでつくる。ささやかながらですが、そういう動きが始まっていて、その主婦の方は、その活動をすることで、都市計画ってどうなっているんだとか、建築基準法って何なんだろうということを学びだしているんですね。

辻井　なるほどね。聞いた話なんですけどね、東京界隈で好ましいまちはどこか、というと、一番になったのは人形町なんです。二番が神楽坂かな。いずれもね、コミュニティが残っているんですよね。

三浦　商売をされている方がそこに住んでいるからですね。

辻井　人間が住んで、人間的な生活が送れるかどうかをモノサシにしてまちをつくるんです。

三浦　ブランド性などの体制的な価値基準に縛られない無印的な考え方が、今後は、無印良品という「物」ではなくて、「コト」「人」として広がっていくのかもしれないですね。無印的なまちというものができるのかもしれない。

辻井　そう。無印のまちをつくろうとしていくと、気がついたら、無印という物から脱皮した、そういう新しいコンセプトができていくかもしれません。それでいいんじゃないでしょうかね。

三浦　決して無印良品を使うまち、ではなく。

辻井　そうそう。

三浦　無印良事。無印良人。

辻井　ですね（笑）。

つじい・たかし
詩人・作家。本名堤清二。一九二七年東京生まれ。二〇〇六年に第六二回恩賜賞・日本芸術院賞を受賞。日本芸術院会員、日本ペンクラブ理事、日本文藝家協会副理事長。近著に詩集『辻井喬 全詩集』（思潮社）、小説『茜色の空』（文藝春秋）、エッセイ集『流離の時代』（幻戯書房）、三浦展との対談『無印ニッポン』（中公新書）など。

あとがき

　私は、一九八二年に大学を卒業すると、まず最初の八年間、パルコでマーケティング雑誌『アクロス』の編集をしました。一九八〇年代にマーケティング、商品企画、広告などの仕事をされていた方は、多くが『アクロス』を読まれていたと思います。

　次の九年間は三菱総合研究所に移りましたが、マーケティングの仕事は一部で、経営コンサルティング、厚生行政、労働行政に関わる仕事をしていました。それから会社を辞めて一三年間、消費社会研究家、マーケティングプランナー、あるいはマーケティングアナリストと名乗って活動をしてきました。大学卒業から今年でちょうど三〇年が経ちました。

　『アクロス』は、マーケティング雑誌とは言っても、社会学、社会心理学的な分析をする雑誌であり、単に消費者が欲しいものを調査するというだけでなく、生活者としての価値観の変化を質的に分析し、予測することを特徴とする雑誌でした。また、パルコは本来不動産業ですから、消費論だけでなく、都市論、東京論、まちづくりについても多くの記事を書きました。マーケティング雑誌と言っても非常に幅広い仕事をしていたのです。

　編集部員は株式会社パルコの正社員のみで、社員自身が企画、調査、分析、執筆、そして写真撮影までしていました。大体毎年一二人くらいの部員がおり、うち三、四人だけが男性で、あとは女性でした。当時はまだ雇用機会均等法成立以前でしたが、パルコの若手社員はまったく男女平等に働いていました。雑誌の内容も体制も独自の編集室だったのです。

私がこれまで書いてきた本は、分析する対象が主として消費行動だから、マーケティングの本だと分類されることが多いですが、私としてはマーケティングに役立つことを書いていると は思うものの、マーケティングそのものの本を書いているつもりはない。実際、私の本の読者は、マーケティングを仕事とする人以外にも、都市計画、建築、住居学、青少年論、家族論など、とても幅が広い。私がそういう雑多な内容の本を書くようになったのは、大学で社会学というごった煮学問を学んだということもありますが、『アクロス』がそういう雑誌だったことも大きいのです。

私の、パルコ以来の研究テーマとしては、団塊世代論、郊外論、東京論などがあります。それぞれについて研究成果をまとめたいと私はかねがね思ってきました。

団塊世代についてはパルコ時代に『大いなる迷走　団塊世代さまよいの歴史と現在』（一九八九）という本を上梓しましたが、これを受けて二〇〇五年に上梓した『団塊世代を総括する』（後に文春文庫『団塊世代の戦後史』）と二〇〇七年の『団塊格差』がその後の研究の成果と言えるかと思います。

郊外については、すでに『「家族」と「幸福」の戦後史』（一九九九）を出しましたが、二〇一一年には『郊外はこれからどうなる?』を上梓しました。これは、パルコ時代の「第四山の手論」を軸として、主として東京の郊外の歴史について入門書的に書いたものです。さらに近々、パルコ時代に出した『「東京」の侵略』で描いた東京像を検証しつつ、今後の東京を予測する本を上梓する予定です。また、日本に限らず、欧米も含めた郊外の歴史についても総括的な本を執筆中です。

そして本書は、『アクロス』のメインテーマである消費について、私の三〇年の経験を元に書かれています。本文で、パルコの当時の社長の増田通二氏が「創費」という言葉を考えたと書きましたが、増田氏はその後「もう消費がわからない」と漏らしていたと聞きます。いつもそばで仕事をしていた私も、彼が悩んでいることを肌で感じました。

今回、私も、消費社会について論じてみて、当然のことながら、その範囲が非常に広く、どうやっても一冊の本で論じ尽くせるものではないとあらためて実感しました。どうしても若者の消費についての記述が多くなりますし、具体的なヒット商品、流行風俗についても、あまり多くは触れられなかった。インターネット、マンガ、アニメ、ゲームなどについては、私の弱い領域なのでほとんど触れませんでした。住宅については少し触れましたが、家族、ジェンダーと消費社会の関わりについては書いていない。男女の恋愛、結婚もまた消費社会では消費行動化しますが、それについては触れなかった。「家計調査」などの基本的な消費統計の分析ももう少しするべきだったかもしれません。本当は消費と政治との関わりについても書きたいのですが、そこまで手が回りませんでした。これらについては、まったく他意はありません。ただ、消費社会の本流を書いているだけで十分な枚数の原稿になってしまっただけのことです。消費社会においては、およそすべてが消費の対象なのですから、消費社会を総覧するということはとても不可能でしょう。また機会があれば、本書の三倍の量の消費社会論を書いてみたいですが、今回はこれにとどめます。

ですので本書は、消費社会の一部をとらえただけのものには違いありません。しかし、かなり本質的な部分を論じているとは思っています。ひとことで言えば、本書は「消費社会はどこから来て、どこへ行くのか」を扱っている。言い換えれば「人間はどこから来て、どこへ行くのか」を主題としている。あたかも南の島に逃避したゴーギャンの絵のように。さらに言えば、本書は消費社会の歴史に私の個人史が重なっていますから、「私はどこから来て、どこへ行くのか」という、まったく個人的なテーマも孕んでいる。本書を書き終えて、そう強く感じています。

本書を書く過程で、私が高校生だった一九七五〜七六年に新聞記事を切り抜いてつくったスクラップブックを見てみました。たしか、ローマクラブについての記事をスクラップした記憶があったからです。実は記憶違いで、核軍縮のためのパグウォッシュ会議についての記事でしたが、そのスクラップブックを見ると、驚いたことに、本書に登場する劇作家・山崎正和氏のエッセイ、代官山の同潤会アパートを調査する日大の望月照彦氏に関する記事、石岡瑛子氏がディレクションした角川書店の広告「女性よ、テレビを消しなさい」についての記事、アメリカにおける『全地球カタログ』の出版や、DIYなど手づくり志向の広がり、質素倹約を旨とするシェーカー派の家具、西ドイツにおける労働者の経営参加、原発問題、食糧危機、レンガ造り建築の保全、女性の就職市場、生涯教育などなど、さまざまなテーマに関する記事が貼られていました。

これではまるで今と関心が変わらない。と言うか、現在の私の関心の原点が三十六、七年前にあることに改めて気がつき、我ながら驚いたのです。三十六、七年前は、まさに第三の消費社会が始まった時代です。高度経済成長がオイルショックによって終わり、新たな社会のあり方を模索していた時代でした。ベトナム戦争が終わり、新聞記事からは戦争報道が消え、おそらく進歩と成長一辺倒の記事も減り、その代わりに、昭和初期に建設された同潤会の再評価、女性の新しい生き方など、さまざまなジャンルで新しいテーマ、新しい価値観が求められ始めていたのではないかと思われます。

その後私は大学に入り、卒業すると、石岡瑛子氏の広告で有名なパルコに入り（石岡氏は今年亡くなってしまわれました）、『アクロス』の中に望月照彦氏の名前を発見し、みずからが消費社会を論ずるにあたって山崎正和氏を引用することになったのです。すべてが三六年前のスクラップブックから始まったかのようです。


最後になりましたが、対談の転載を許諾頂いたアサダワタル氏、インタビューを受けてくださった山崎亮、西村浩、成瀬友梨、小泉秀樹、猪熊純、後藤智香子、そして辻井喬の各氏に御礼申し上げます。

また、私のスタッフである阪後純子さん、清水郁子さんには、巻末の年表の作成でお手数をかけました。旧知の石井伸介さんには、執筆の途中で極めて的確なアドバイスを頂きました。

本書の編集は、『スカイツリー 東京下町散歩』に引き続き、朝日新書の編集部の山田智子さんのお世話になりました。本書は企画段階でいささか紆余曲折がありましたが、なんとかここまでこぎ着けられたのは山田さんの再三の励ましのおかげです。

二〇一二年三月

三浦　展

消費社会を考えるための文献リスト（順不同）

本文で引用したものとは限らない。文献は無数にあるが、以下は最低限のものであり、手に入りやすいものを中心に選別した。

第二の消費社会について

吉川洋『高度成長　20世紀の日本6』読売新聞社、一九九七年
間宏編著『高度経済成長下の生活世界』文眞堂、一九九四年
下村治『日本経済成長論』中央公論新社　中公クラシックス、二〇〇九年
中北浩爾『一九五五年体制の成立』東京大学出版会、二〇〇二年
柏木博『デザイン戦略』講談社現代新書、一九八七年
三浦展『「家族」と「幸福」の戦後史』講談社現代新書、一九九九年

第二の消費社会から第三の消費社会への転換について

藤岡和賀夫『藤岡和賀夫全仕事1　ディスカバー・ジャパン』ＰＨＰ研究所、一九八七年
藤岡和賀夫『藤岡和賀夫全仕事2　モーレツからビューティフルへ』ＰＨＰ研究所、一九八八年
藤岡和賀夫『DISCOVER JAPAN 40年記念カタログ』ＰＨＰ研究所、二〇一〇年
小松左京『未来の思想』中公新書、一九六七年

朝日新書

Asahi Shinsho

東京マーケティング研究会『ハンズ現象　東急ハンズからモノ＝コト社会を読む』エム・アイ・エー、一九八六年
日本経済新聞社編『消費者は変わった』日本経済新聞社、一九七五年

第三の消費社会を考えるものとして

上野千鶴子『〈私〉探しゲーム』筑摩書房、一九八七年→ちくま学芸文庫、一九九二年
村上泰亮『新中間大衆の時代』中央公論社、一九八四年→中公文庫、一九八七年
村上泰亮『産業社会の病理』中央公論社、一九七五年
岸本重陳『「中流」の幻想』講談社、一九七八年→講談社文庫、一九八五年
渡辺和博／タラコプロダクション『金魂巻』主婦の友社、一九八四年
佐野山寛太編『ガジェット・ブック』宣伝会議、一九八三年
小沢雅子『新「階層消費」の時代』日本経済新聞社、一九八五年
藤岡和賀夫『さよなら、大衆。』PHP研究所、一九八四年
博報堂生活総合研究所編『「分衆」の誕生』日本経済新聞社、一九八五年
岩間夏樹『戦後若者文化の光芒』日本経済新聞社、一九九五年
山田昌弘『パラサイト・シングルの時代』ちくま新書、一九九九年
三浦展「消費の物語の終わりとさまよう自分らしさ」（『「自由な時代」の「不安な自分」』晶文社、二〇〇六年所収）

第三の消費社会におけるセゾングループについて

堤清二『変革の透視図―脱流通産業論』トレヴィル、一九八六年
水野誠一編著『ロフト・グラフィティ「ほしいもの」探しの時代』プレジデント社、一九九〇年
西武百貨店池袋コミュニティ・カレッジ／流通産業研究所編『有楽町「マリオン現象」を解く』ダイヤモンド社、一九八五年
WAVE六本木西武／流通産業研究所編『「音と映像」時代のマーケティング戦略』ダイヤモンド社、一九八五年
西武百貨店文化教育事業部編『SEEDレボリューション』ダイヤモンド社、一九八七年
アクロス編集室『パルコの宣伝戦略』パルコ出版、一九八四年
※特に無印良品について
原研哉『デザインのデザイン』岩波書店、二〇〇三年

第三の消費社会の矛盾と第四の消費社会の方向性を考えるためのものとして

堤清二『消費社会批判』岩波書店、一九九六年
橘木俊詔『日本の経済格差』岩波新書、一九九八年
佐藤俊樹『不平等社会日本』中公新書、二〇〇〇年
山田昌弘『パラサイト社会のゆくえ』ちくま新書、二〇〇四年
樋口美雄／太田清／家計経済研究所編『女性たちの平成不況』日本経済新聞社、二〇〇四年

山崎正和『柔らかい個人主義の誕生』中央公論社、一九八四年→中公文庫、一九八七年
山崎正和『社交する人間』中央公論新社、二〇〇三年
山崎正和『世界文明史の試み』中央公論新社、二〇一一年
原研哉『日本のデザイン』岩波新書、二〇一一年
広井良典『コミュニティを問いなおす』ちくま新書、二〇〇九年
広井良典『創造的福祉社会』ちくま新書、二〇一一年
山崎亮『コミュニティデザイン』学芸出版社、二〇一一年
山本理顕ほか『地域社会圏モデル』ＩＮＡＸ出版、二〇一〇年
山本理顕ほか『地域社会圏主義』ＩＮＡＸ出版、二〇一二年
三浦展『マイホームレス・チャイルド』クラブハウス、二〇〇一年→文春文庫、二〇〇六年
三浦展『下流社会』光文社新書、二〇〇五年
三浦展『シンプル族の反乱』ベストセラーズ、二〇〇九年
三浦展『愛国消費』徳間書店、二〇一〇年

シェアについて

ひつじ不動産監修『東京シェア生活』アスペクト、二〇一〇年
アサダワタル『住み開き』筑摩書房、二〇一二年
三浦展『これからの日本のために「シェア」の話をしよう』ＮＨＫ出版、二〇一一年

消費社会160年史年表

テーマ：パックス・ブリタニカ（1851〜74）、文明開化（67〜82）

年	日本	海外　（ ）のないものはアメリカの事象
1851		**世界初の万博、ロンドン万博開催（英）**
52		パリに世界最初の百貨店**「ボンマルシェ」**開業（仏）
53	ペリー来航	
54	日米和親条約締結	
58	日米修好通商条約調印	
66	福沢諭吉『西洋事情』	
67	パリ万博に初参加	
69（明2）	中川屋嘉兵衛が東京・高輪に牛肉店を開業 東京―横浜間で電信が開通し、公衆電報の取り扱いが始まる 最初の乗り合い馬車が東京―横浜間で営業開始	初の大陸横断鉄道完成
71	最初の日刊邦字新聞にして、かつ初めて国産鉛活字を用いた新聞である「横浜毎日新聞」が創刊 東京―京都―大阪間に近代郵便がスタート	
72	新橋―横浜間に鉄道が開通 横浜に最初のガス燈がともる	ニューヨークのデパート「ブルーミングデールズ」の前身、洋品店として発足
74	木村屋が銀座4丁目に店舗完成。酒種あんぱんを発売	
75		リバティ百貨店開店（英）
77	上野公園で第一回内国勧業博覧会	ウィンブルドンで第1回テニス選手権始まる（英）
78	東京・一ツ橋の体操伝習所でアメリカ人リーランドが指導	
81	上野公園で第二回内国勧業博覧会開催。第一回に比べ、出品数は4倍、来館者数は2倍弱に	
82	東京・銀座でアーク燈が初めて一般公開される	

ロンドン万博

83　84　85　88　89　90　92　93　94　97　98　99　1900

浅草時代

上野公園内に博物館とその付属施設の動物園が開設

木村屋のあんぱん、銀座名物となる

東京・麴町の鹿鳴館が開館

東京・下谷地区に最初の本格的カフェ「可否茶館」が開店

東京―熱海間に公衆電話が開設される

浅草凌雲閣・通称**「十二階」**開場。最初のエレベーターが運行

服部金太郎が精工舎を設立、時計製造を始める

1890年の第3回内国勧業博覧会（アド・ミュージアム東京所蔵）

稲畑勝太郎が大阪・難波の南地演舞場でシネマトグラフの初興行

上野公園で最初の自転車競技会が開催される

日本麦酒株式会社（現・サッポロビール）が東京・新橋で最初の本格ビヤホールを開店

アメリカの台頭

『レディース・ホーム・ジャーナル』創刊

地下鉄の「インナーサークル」完成（英）

デパートチェーン店「マークス&スペンサー」の前身、設立（英）

ベンツ、三輪自動車製造（独）

ニューヨークにティファニーのガラス工芸スタジオを開設

ダンロップ、自転車用空気入りゴムタイヤ発明（英）

パリ万博開催。フランス革命100周年記念。この博覧会にあわせて**エッフェル塔**が建設された（仏）

トマス・リプトン、セイロンに進出（英）

コカ・コーラ社設立

万年筆メーカー パーカー社、設立

『ヴォーグ』創刊

コロンブスによる新大陸発見400年を記念し、シカゴ万博開催

『ビルボード』創刊

キャンベル社が缶入り濃縮スープを考案

ファッションをリードした『VOGUE』

E・ハワード、田園都市協会設立（英）

パリ万博開催。4700万人入場（仏）

パリ地下鉄1号線開通（仏）

一ドルのコダックカメラ発売

1900年のパリ万博

アメリカで大量生産時代

1901（明34）

ニューヨークに高級衣料品デパート「バーグドルフ・グッドマン」開店

グラモフォン・アンド・タイプライター社がSPレコードを開発（英）

02

銀座に米国シンガーミシンの支店が開設

ペプシ・コーラ社創設

初のキャデラック車が製造される

03

堺利彦『家庭雑誌』創刊

羽仁もと子『家庭之友』創刊

大阪・天王寺で第五回内国勧業博覧会が開催。会場にイルミネーションが使用され、展望塔にはエレベーターが設置される。「快回機」と称するメリーゴーラウンドが登場

東京・日比谷公園が開園

新橋—品川間に東京電車鉄道が開業。初めて路面電車が営業

浅草に初の映画常設館である電気館がオープン

冷蔵庫、内国勧業博で展示

初のプロ野球ワールド・シリーズ開幕

ロンドン郊外に最初の田園都市「レッチワース」できる（英）

最初の田園都市レッチワース（三浦撮影）

ハーレー・ダヴィッドソン・オートバイが発売開始

フォード・モーター社創設

ライト兄弟、史上初の動力飛行を行う。飛行時間は42秒

W・ジーメンス、電気機関車を開発（独）

リュミエール兄弟、3色カラー写真法を開発（仏）

04

最初の百貨店である三越呉服店が東京に開業

05

『婦人画報』創刊

06

『婦人世界』創刊

ロールス・ロイス社設立（英）

第一回フランス・グランプリ自動車レース、ル・マンで開催（仏）

07

諏訪湖に本格的なスケート場がオープン

デ・フォレスト無線電信社、初のラジオ・スタジオ放送に成功

08

エジソンと主要製作会社が映画用カメラの特許をとる

ゼネラル・モーターズ創設

第一の消費社会

09 10 11 12（大1） 13 14 15 16

大正モダニズム

帝国劇場開場、「今日は帝劇、明日は三越」の流行語を生む
東京市電が誕生
蓄音機の生産が月産5万台、レコードは5万枚を超える
東京で初めて数寄屋橋にタクシー会社が開業
大阪・天王寺の第五回内国勧業博覧会跡地に、遊園地ルナパークが完成し、通天閣が建つ
橋本増治郎の快進社が日本で初めてDAT号（脱兎号）を製造。のちにダットサンに発展し、日産自動車の製品となる。
森永製菓がミルクキャラメルを発売
銀座・千疋屋、「フルーツパーラー」を名乗る
シンガーミシン、家庭用ミシンを発売
宝塚唱歌隊（宝塚音楽学校の前身）設立
東京電気（東芝の前身）、タングステン電球の「マツダランプ」の量産化に成功
早川徳次「スクリューペンシル」（シャープペンシル）発売
上野で家庭博覧会開催
『婦人公論』創刊

三越呉服店陳列場（国会図書館所蔵）

帝国劇場（国会図書館所蔵）

ちゃぶ台を囲んだ家族を描いたマツダランプの広告（朝日新聞掲載）

T型フォード発売
フーバー社、電気掃除機を発売（英）
オリヴェッティ社創設（伊）
ゼネラル・エレクトリック社、初の電気トースターを発売
エジソン、トーキー開発
ホットポイント・エレクトリック・ヒーティング社創業
IBMの前身、CTR社設立
シャネル、ドーヴィルに最初の店を開く（仏）
初の家庭用電気冷蔵庫が市販
トーマス・エジソン、トーキー映画公開
キャメル（世界初の混合葉の紙巻煙草）発売
ワーナー・ランバート社の洗口液「リステリン」

消費社会

大正モダニズム　郊外　文化

17（大6）
『主婦之友』創刊。3年目には婦人誌で一番の発行部数に

19
カルピス発売

20
大阪・梅田駅前に阪急が5階建てビルを建設、白木屋が出店

21
森永製菓「ドライミルク」発売（現在は森永乳業で製造・販売）

22
合名会社江崎商店（現・江崎グリコ）が、「グリコ」発売
文化裁縫学院（後の文化学園）開校
上野公園で、平和記念東京博覧会開催。「**文化住宅**」と名付けられた洋風小住宅が展示される
『週刊朝日』『サンデー毎日』創刊

23
丸ビル竣工、約350社が入居し、1万人が働くオフィスビルに。中に山野千枝子、美容院を開く
田園調布分譲開始
『文藝春秋』、『アサヒグラフ』創刊
孔雀印カレー発売（現・S&Bカレー）
セメダイン発売
菊池製作所（現・タイガー魔法瓶）が虎のマークの魔法瓶を発売
資生堂チェィンストア制度始まる
フランク・ロイド・ライトの設計により、帝国ホテル新館落成

アド・ミュージアム東京所蔵

アド・ミュージアム東京所蔵

ヨーロッパ初の量産自動車シトロエンA型が発売される（仏）
AT&Tが初のダイヤル式電話を導入する
リプトン社、ティーバッグ市場に参入（英）

アロー社、カラー固定式のシャツ「アロー・トランプ」発売
ジョンソン&ジョンソン社より「バンドエイド」発売開始
シャネル、代表作シャネル5番を発表（仏）

BBC、ラジオ放送開始（英）
ラジオコマーシャル登場
『リーダーズ・ダイジェスト』創刊
2色テクニカラー・システムによる初のカラー映画『恋の睡蓮』作られる

スコッチウイスキー「カティ・サーク」発売（英）
ニューヨークにヤンキー・スタジアム開設
〈芸術と科学技術―新しい総合〉と題されたバウハウス初の公開展示会〈バウハウス週間〉開催（独）
ベンツ社、ディーゼル・エンジン搭載のトラックを製造（独）
『タイム』創刊

丸ビル　出典：『日本地理体系 大東京編』

帝国ホテル新館　出典：『日本地理風俗体系 大東京編』

24 25 26（昭1） 27 28 29 30 31 32

都市大衆消費文化開花　百貨店　ラジオ

ターミナル　銀座時代

関東大震災

宝塚大劇場開業

東京放送局、**日本初のラジオ放送開始**

日本放送協会（NHK）設立

浅草―上野間に初の地下鉄開通

五反田駅前に白木屋がデパートを開店

三越呉服店が商号を三越に改める

大阪・梅田に本格的ターミナル・デパート阪急百貨店開店

新宿三越開店

寿屋（現・サントリー）、国産初のウイスキーを発売

銀座三越開店

浅草松屋開店

ラジオ聴取契約、100万突破

地下鉄「三越前」駅が開業

東京市35区制度が成立

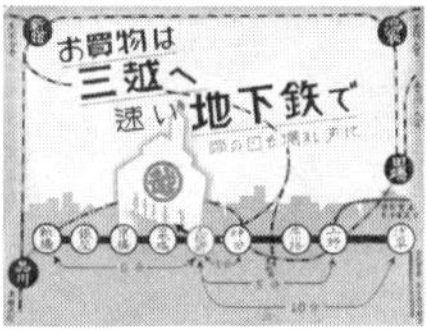

アド・ミュージアム東京所蔵

ライカ・カメラの大量生産開始（独）

『ニューヨーカー』創刊

ベアード（英）、初めてテレビの実験を行う

ヴァイセンホーフ住宅団地展（独）

ミッキー・マウスの漫画映画第1作「蒸気船ウィリー」上映

テレビの定時放送始まる。週三回、各九〇分

デイヴン・コーポレーション、初めて一般用テレビを発売

大恐慌

ニューヨーク近代美術館開館

クラレンス・バードザイ（米）、1917年以来開発してきた食品急速冷凍法を売り出す

ニューヨークの**クライスラー・ビルディング**完成

磁性プラスチックを使用する最初のテープレコーダーが出て、高音質が実現し編集も可能となる（独）

ル・コルビュジェ設計『サヴォア邸』（仏）

ロックフェラーセンターにクリスマスツリーが初めて立つ

テレックスの前身である史上初の電信印刷の交換局がロンドンで操業開始（英）

ニューヨークにラジオシティ・ミュージックホール開館、6000人収容の世界最大の映画館

ラジオの年間販売台数が4000万に達し、半数以上の家庭が所有。イギリスの年間販売台数は150万

皿洗い機が初めて市販される

33（昭8）　34　35　36　37　38

ファシズム

新宿・渋谷の発展

新宿伊勢丹開店

日本橋高島屋開店

渋谷東急東横店開店

喫茶店が大流行し、東京市内に約2500店

日本橋三越本店増築改修工事完了。中央ホールが完成。地上7階地下2階建て。完成した中央ホールにパイプオルガンが設置される

日劇ダンシングチーム、初公演

新宿伊勢丹開業時のポスター。都心の百貨店に買い物に出かけることが「ハレ」であったことをよく伝えている
（画：風間四郎／アド・ミュージアム東京所蔵）

RCA社、ブラウン管を用いたテレビ受像機の公開実験

航空機メーカー、ロックヘッド社、創業

シカゴ万博開催。「進歩の世紀」がテーマ

報道週刊誌『ニューズウィーク』創刊

ICI社、ポリエチレンを開発（英）

ハモンドオルガン発明

ジッポ、商標登録（特許取得は1937年）

ペンギンブックス創刊（英）

ボーイング社、初の4発エンジン、総金属製、低翼単葉爆撃機のB-17を開発。後に〈空飛ぶ要塞〉として知られるようになる

『ライフ』創刊

ディズニー、初の長編オールカラー音響付きアニメーション映画『白雪姫』公開

スーパーコダック620カメラが発売される。初の完全自動露出機能付きカメラ

ベニー・グッドマン、ニューヨークのカーネギーホールで初のジャズ・コンサート開催

H・G・ウェルズの小説「宇宙戦争」をラジオドラマ用に脚色した「火星人襲来」をオーソン・ウェルズが放送。あまりにも真に迫っていたためパニックが起こる

フェルディナント・ポルシェ博士、フォルクスワーゲン〈かぶと虫〉の試作品を発表（独）

ナイロン生産がデュポンで開始される。最初の商業製品は歯ブラシの毛

39 40 41 44 45（昭20） 46 47 48 49

アメリカ化

池袋に武蔵野デパート（後の西武百貨店）開店

終戦

ロッテ、ガムの製造開始

日絆薬品工業（現・ニチバン）、セロハン粘着テープを新発売。セロテープという言葉が広がる

東京・新宿に歌舞伎町が誕生

ドレスメーカー女学院から『ドレスメーキング』創刊

アメリカから「バヤリース・オレンジジュース」が初輸入

朝日新聞で**「ブロンディ」**連載始まる

ニューヨーク万博ポスター

エレガントなディオール・ファッションが世界的人気となった

ニューヨーク万博開催

レイモンド・ローウィ、ラッキー・ストライクのパッケージを再デザイン

ロックフェラー・センター、ニューヨークに完成

デュポン社のナイロン製ストッキングが売り出され、爆発的なブームとなる

コダカラー開発

工業デザイナー協会設立

タッパーウエアがホームパーティでの実演販売方式で発売される

C・ダスカニオ、ピアッジオ社のスクーター〈ヴェスパ〉を設計（伊）

ロングアイランドに初の**レヴィットタウン完成**

電子レンジ発売

クリスチャン・ディオール、女性の流行服として〈ニュー・ルック〉を発表。戦時中のファッションとは正反対で、女性らしさを極端に強調した長いスカートのデザイン（仏）

ル・コルビュジエ、マルセイユでユニテダビタシオンの建築を始める（1952年に完成）（仏）

ポラロイドカメラ発売

CBS社、LPレコード発売

消費社会

50（昭25）　51　52　53　54

近代化　家庭電化

寿屋（現・サントリー）、「サントリーオールド」を発売。55年には各地に国民酒場「トリス・バー」が誕生
男子用スタイルブック『男子専科』（スタイル社）創刊
小田急、東京・新宿─箱根湯本間にロマンスカーの運転を開始
東京通信工業（現・ソニー）が初のテープレコーダー発売
煙草の**ピース**が鳩のデザインに変わる。レイモンド・ローウィ（米）のデザイン料は150万円
中内㓛が薬の現金問屋「サカエ薬品」を大阪市内に開業、ダイエーの前身
朝日麦酒が「バヤリース・オレンジ」を発売
東京・羽田国際空港ターミナルが完成
公営住宅法施行で、台所と食堂の南面など、公営アパートの改善進む。同年、ダイニングキッチンも初めて採用
不二家、ペコちゃんマークの「ミルキー」を発売
明治屋、濃縮オレンジジュースの製造を開始。4月、サッポロビールが「リボンジュース」（後、リボンオレンジと改称）を発売
NHK「紅白歌合戦」、東京・日本劇場から初の公開放送
東京・青山に我が国初のスーパー「紀ノ国屋」が開店
サンウエーブ、ステンレス流し台を開発、文化生活のシンボルに
電気冷蔵庫・洗濯機・テレビが**「三種の神器」**と呼ばれる

『週刊朝日』1957年10月13日号広告

ピーナッツ連載開始
クレジット・カード、ダイナースクラブ設立
初のカラーテレビ放送が始まる
自動車保有世帯60％になる
ビデオ録画技術開発
CBS、カラーテレビ放送開始
グラモフォン社が初の33回転LPレコードを発売（西独）
『TVガイド』創刊
『プレイボーイ』創刊
デトロイトに100の店舗が入ったショッピングセンターが開店、翌年ショッピングセンターの数は全米で1800
バーガーキング設立
ビクター社が初めて録音済みテープを発売
第一回ニューポート・ジャズ・フェスティバル開催
エルヴィス・プレスリー本格デビュー

トランジスタ　週刊誌　団地　55年体制
パックス・アメリカーナ

55

自由党と日本民主党の二大政党が保守合同し、**自由主義体制「1955年体制」が確立**
トヨタ自動車、**トヨペットクラウン**を発売
日本住宅公団が発足。2DKや3DKの「DK」表示が使われる。「ステンレス輝くキッチンセット」のコピーが評判となり、ステンレスの台所が文化生活のシンボルとなる
通産省が**「国民車構想」**を発表
森英恵、東京・銀座に出店

56

高島屋イタリアン・フェア開催
日本道路公団設立
『週刊新潮』創刊、週刊誌ブーム始まる

57

千葉県柏市に住宅公団の光ケ丘団地が完成。このときから**「ニュータウン」**という呼び名が用いられるようになる
初の女性週刊誌『週刊女性』が河出書房より創刊される。8月、主婦と生活社から再刊
東京通信工業（現・ソニー）、**世界最小のトランジスタラジオ**「ポケッタブルラジオTR-63」を発売
ダイハツ工業、軽三輪トラック「ミゼット」を発売
トヨタ自動車、「コロナ」発売
グッド・デザイン賞（Gマーク）を制定
鴨居羊子、大阪で下着ショー開催

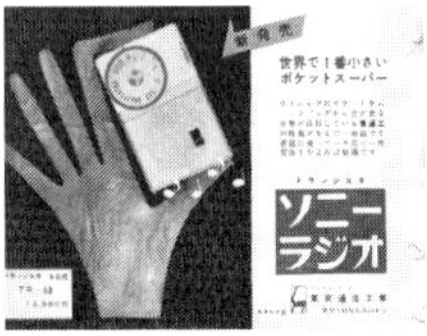

『週刊朝日』1957年5月12日号広告

55

住宅建設戸数ピーク、165万戸
ディズニーランドがカリフォルニアのアナハイムにオープン
レイ・クロックによる**マクドナルドのFCチェーン化**開始
ジェームズ・ディーンが、自動車事故のため24歳で死去
RCA社がシンセサイザー（電子音響合成装置）を公開
アレン・ギンズバーグ、アメリカのビート・ジェネレーションを象徴する長い実験詩『吠える』を発表。アメリカン・ドリームの哀歌と評される

56

フルシチョフ首相、新しいソ連の発足を望むスターリン批判（ソ）
インターステイトハイウエー計画本格的に実現され始める
ベル電話会社、テレビ電話を開発
アンペックス社のビデオテープレコーダーの実物宣伝をシカゴで行い、ビデオ時代の幕を開ける

57

ブロードウェイで「ウェストサイドストーリー」初演
ソ連の人工衛星**スプートニク1号**打ち上げ成功、アメリカの自信が揺らぐ（ソ）
フリスビー発売
初のステレオ・レコードがアメリカで発売される
エーロ・サーリネン、プラスチックとアルミを使って優雅な「チューリップ・チェア」を製作

朝日新聞
ソ連、人工衛星に成功
高さは最高九百キロ
刻々、地上へ強い電波
秒速約八千

朝日新聞1957年10月5日付

消費社会

	58（昭33）	59
時代	アメリカのホームドラマ／高度経済成長本格化	
	自動車／スーパー／インスタント	

58（昭33）

テレビドラマ「アイ・ラブ・ルーシー」「名犬ラッシー」放映

東京飲料（現・コカ・コーラボトリング）、「ファンタ」オレンジとグレープを発売

伊勢丹でバレンタイン用チョコを初めて発売

武田薬品、果汁飲料「プラッシー」を米販店ルートで発売

『女性自身』創刊

東京・日劇で第一回ウエスタン・カーニバル。爆発的ロカビリーブーム起こる

日本ビクター、電子オルガンの国産第一号「ビクトロン」を発売。8月、国産初のステレオレコードも発売

富士重工業、**スバル360**を発売

日清食品、初のインスタントラーメン、**チキンラーメン**を発売

花王石鹸（現・花王）、洗剤「ワンダフルK」を発売

『週刊朝日』の記事に**「団地族」**という言葉が登場

フラフープ大流行

東京タワー完成。高さ333メートル、塔では世界最高

皇太子と正田美智子の婚約発表、**ミッチーブーム**起きる

神戸・三宮に「主婦の店ダイエー」開店

テレビドラマ「パパは何でも知っている」放映

ホンダ**「スーパーカブC100」**発売

59

『週刊少年マガジン』（講談社）、『週刊少年サンデー』（小学館）が同日創刊。少年週刊誌時代の始まり

『週刊現代』『週刊文春』などが創刊され、週刊誌ブームが本格化

日産自動車、「ブルーバード」を発売

テキサスインスツルメンツ、IC発明

アメリカン・エキスプレスカード登場

ブリュッセル万博開催。ソ連館にスプートニク展示

ニューヨークの『シーグラム・ビルディング』完成

『アサヒグラフ』1959年5月3日号広告（三浦蔵）

ミッチーブームを巻き起こした現皇后陛下

『女性自身』1962年5月21日号（三浦蔵）

モスクワでアメリカ博覧会開催。ニクソンとフルシチョフの台所論争が話題になる

オースティン・モーター社、小型乗用車ミニを発表（英）

「バービー人形」発売

60　61

マンガ　レジャー時代　プレハブ　所得倍増

オリンパス、ハーフサイズのコンパクトカメラ「オリンパス・ペン」を発売
西武百貨店フランス展開催
ヤマハ、エレクトーン発売
大和ハウス、プレハブ住宅第一号「ミゼットハウス」発売
ソニー、初のポータブルトランジスタテレビを発表
テレビドラマ「うちのママは世界一」「ビーバーちゃん」「ペリー・メイソン」「ローハイド」放映
井上工業、ステンレス流し台「クリナップ」を発売
森永製菓、インスタントコーヒー発売
大宅壮一、「レジャー」という新語を作る
VAN、JUNなどのアイビールックが流行し始める
テレビドラマ「サンセット77」放映
三菱500、マツダR360クーペ発売
所得倍増計画発表
厚木ナイロン工業（現・アツギ）、シームレスストッキングおよびタイツの本格的販売を開始
明治製菓「マーブルチョコ」を発売。63年に爆発的に売れる
森永乳業、「クリープ」を発売。その後「クリープを入れないコーヒーなんて」というTVコマーシャルが流行語に
トヨタ自動車、大衆車「パブリカ」を発売
婦人雑誌『ミセス』（文化出版局）創刊
テレビ「ミッキーマウス・クラブ」放映

アムウェイ創業
ゼロックス社の複写機が初めて商品化される

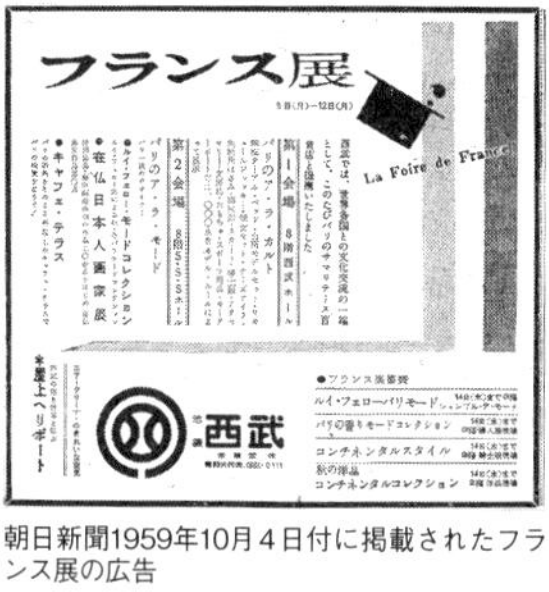

朝日新聞1959年10月4日付に掲載されたフランス展の広告

コンビニエンスストアチェーン、セブン-イレブンを系列に持つサウスランド社、創業
レナード・バーンスタインの大ヒット・ミュージカルを映画化した『ウエストサイド物語』が公開される
ソ連の宇宙飛行士ガーリン、宇宙船ヴォストーク1号で、人類として初めて地球を周回する

消費社会

所得倍増

男性のファッション化

62（昭37）

大正製薬、栄養剤「リポビタンD」を発売

コカ・コーラが「スカッとさわやかコカ・コーラ」というキャッチフレーズを採用

ライオン歯磨（現・ライオン）、ソフトタッチの男性整髪料「バイタリス」を発売

軽四乗用車として、マツダキャロル、スズライトフロンテ、三菱ミニカが発売される

戦前の〈スウィング王〉ベニー・グッドマンがモスクワで初公演、聴衆の中にはフルシチョフ首相も

ボブ・ディラン、『風に吹かれて』を発表

ビートルズがEMIと契約し、『ラヴ・ミー・ドゥー』を発表（英）

イギリスとフランス、超音速旅客機コンコルドを共同開発することに合意したことを発表

レイチェル・カーソンが**『沈黙の春』**を刊行し、化学薬品とくにDDTが生態系に及ぼす危険を警告

63

大日本文具（現・ぺんてる）、水性インキ「サインペン」（通称）を発売。翌年、爆発的なサインペンブーム起こる

資生堂が**「MG5」**を発売。男性化粧品戦争時代を迎える

エスティ・ローダー、男性化粧品「アラミス」発売

ローリング・ストーンズがファースト・アルバム『カム・オン』を発売（英）

世界初の女性宇宙飛行士テレシコワを宇宙に送る。ヴォストーク6号で地球を48周（ソ）

男もおしゃれをする時代が始まった（資生堂提供）

64

カルビー製菓（現・カルビー）、「かっぱえびせん」を発売

銀座にJUN開店

デザイナー、マリー・クワント**「ミニスカート」**発表（英）

ニューヨーク世界博覧会開催

第二の

昭和元禄　3C、マイカー　独身貴族

『平凡パンチ』創刊
東京オリンピック
東海道新幹線開業
大関酒造「ワンカップ大関」を発売
マツダ、**ファミリアセダン**発売
十條キンバリー「クリネックスティシュー」を発売

ファミリア（マツダ提供）

65

大塚製薬、炭酸入り滋養強壮ドリンク「オロナミンC」を発売
経済企画庁が独身勤労者のお金の使い方を初めて調査。月収は平均2万3200円で、貯金は13万8000円、「独身貴族」が脚光をあびる
名神高速道路全面開通

66

早川電機工業（現・シャープ）、初の家庭用電子レンジを発売
マンガ週刊誌『少年マガジン』『少年サンデー』が100万部突破
日産サニー、トヨタ**カローラ**発売。後にこの年は**「マイカー元年」**と呼ばれる
カラーテレビ、クーラー、カーが新三種の神器となる「3C時代」
テレビドラマ「奥さまは魔女」「わんぱくフリッパー」放映
テレビショー「アンディ・ウィリアムス・ショー」放映
国内のカラーテレビ普及台数が100万台を突破

67

トヨタ自動車、月産8万台を達成。うち3万台を「コロナ」が占める
「リカちゃん人形」発売
モデルの**ツイッギー**来日。ミニスカート大流行
住宅公団、3LDKを採用、リビングルーム流行のきっかけに

IBM、ワープロ開発
世界初のディスコ「ウィスキー・ア・ゴーゴー」がロサンゼルスでオープン
ビートルズ、ニューヨーク公演で、熱狂的な歓迎を受ける
小型車オースチン・ミニの通算生産台数が100万台（英）
スペシャリティカーというカテゴリーを作り出した**フォード・マスタング**が発表される
『解放軍報』が社説「毛沢東思想の偉大な赤旗を高くかかげ、社会主義文化大革命に積極的に参加しよう」を掲載（中）
五月革命（仏）
モントリオール万博（カナダ）

一世を風靡したツイッギー（写真／朝日新聞社）

消費社会

68（昭43）

アンノン族 / 新宿時代 / 昭和元禄

産業の発展始まる / スナック菓子

公害対策基本法施行

大塚食品工業、初のレトルト食品「ボンカレー」を発売

明治製菓、コーンを使ったスナック菓子「明治カール」を発売

地婦連（全国地域婦人連絡協議会）、「100円化粧品」運動を開始。「ちふれ」の商品名で売り出す

山本直純出演の森永エールチョコCM**「大きいことはいいことだ!」**

渋谷西武百貨店開店

69

東大安田講堂陥落

東京都板橋区の高島平団地の建設が始まる

初の**郊外型SC**玉川高島屋SC開店

100万部を突破した頃の『少年マガジン』（1969年9月14日号、三浦蔵）

丸善石油（現・コスモ石油）CM、小川ローザ**「オー、モーレツ」**が大流行

70

日本万国博覧会開催、テーマは「人類の進歩と調和」

ケンタッキー・フライドチキン、大阪・万国博に初登場。11月、名古屋に第1号店開店

ファミリーレストラン**すかいらーく**、府中市に1号店（国立店）を開店

ダンキンドーナツのチェーン第1号店が東京・銀座に開設される

「an・an」創刊

富士ゼロックス「モーレツからビューティフルへ」

国鉄広告「ディスカバー・ジャパン」スタート（70－77年）

日本初のスペシャリティカー・**トヨタセリカ発売**

71

積水化学、初のユニット住宅「セキスイハイム」を発売

マクドナルド、東京・銀座に1号店をオープン

『Whole Earth Catalog』出版

ワイト島フェスティバルが25万人の観客を集める

アメリカのアポロ11号　月面着陸

ウッドストックフェスティバル

英仏共同開発の超高速旅客機コンコルド、音速を超える（就航は1976年）

アド・ミュージアム東京所蔵

ロバート・モーグ、電子シンセサイザーの特許を取得

"本場の味"という見出しに時代を感じる（朝日新聞1971年7月21日付）

74　73　72

ニューファミリー

外食

集英社から『non・no』創刊

日清食品、容器に熱湯を注ぐだけで食べられる「カップヌードル」発売

明治乳業、米・ボーデン社と提携して高級アイスクリーム「レディーボーデン」を発売

多摩ニュータウンへの入居開始

ロッテリア、第1号店を東京・上野の松坂屋に開店

わが国初のDIYの店ドイト与野店開店

NHKカラーテレビの受信契約が1180万となり、白黒テレビの契約数を上回る

エコロジー

環境庁発足

あさま山荘事件

ダイエーの売上げが三越を抜いて、小売業一位に

サントリー**「金曜日にはワインを買いましょう」**

日産スカイライン広告「ケンとメリー」

個人化

渋谷パルコオープン。開店時の広告コピーは「すれちがう人が美しい。渋谷公園通り」

第一次オイルショック

井上陽水「傘がない」ヒット

「♪気楽に行こうよ、おれたちは」など、60年代から、資生堂、カルピス、トヨタなどのCMを手がけてきた鬼才**杉山登志自殺**

キリンシーグラム「ロバートブラウン」を発売

東京・新宿に「朝日カルチャーセンター」が開設される

『an・an』創刊号（三浦蔵）

『non・no』創刊号（三浦蔵）

広告は夫婦のプライベートライフを強調し始めた（サントリー）

「人口増加や環境汚染が続けば、100年以内に地球上の成長は限界点に達する」という**『成長の限界』**がローマクラブから発表される

スーパーマーケットに、コンピュータと連動したコードの記載されたラベルが導入される

経済学者E・F・**シューマッハー**が出版した**『スモール・イズ・ビューティフル』**がベストセラーとなる。人類の破壊から地球を救うための提案（英）

75（昭50）

省エネ・低成長

個人化

「サーティワン・アイスクリーム」第1号店、東京都目黒区に開店
コンビニエンスストアの第1号店**セブン‐イレブン**が東京都江東区豊洲に開店
カタログ雑誌『セゾン・ド・ノンノ』刊行
ソニー、家庭用VTR（ベータ）第1号機「SL6300」を発売
『就職情報』が日本リクルートセンター（現・リクルート）から創刊
西武美術館開館
光文社、『JJ』創刊
ヤマザキ・ナビスコ、わが国初の成形ポテトチップス「チップスター」を発売
大和運輸が「クロネコヤマトの宅急便」を開始
できたての弁当を売る「ほっかほっか亭」第1号店が、埼玉県草加市にオープン
『消費者は変わった』日本経済新聞社刊
パルコ広告「裸を見るな。裸になれ。」「モデルだって顔だけじゃダメなんだ。」
『メイド・イン・USAカタログ』『an・an増刊・カタログ集』
『週刊サンケイ特別増刊Do CATALOG』刊行

76

生き方の模索

カタログ文化

角川書店「女性よ、テレビを消しなさい」
青山ベルコモンズ開店
平凡出版（現・マガジンハウス）が雑誌**『ポパイ』創刊**
本田技研、婦人用ミニバイク「ロードパル」を発売
東急ハンズ1号店神奈川県藤沢市に誕生
JICC出版局『全都市カタログ』刊行

ハードな生き方のすすめ
命令調で明快さを求める
モデルの表情もポイント
角川文庫

パルコ広告と同じ石岡瑛子による角川書店の広告は新聞でも話題に（朝日新聞1976年1月27日付、三浦蔵）

自立する女性をテーマにしたパルコの広告（パルコ提供）

第三の

新しい女性の / マイルド化　DIY / ゲーム　インテリア / 渋谷時代

77
ヤマハが「パッソル」を発売
「マイルドセブン」新発売
アスキー出版設立
P&G社、使い捨て紙おむつ「パンパース」発売
『わたしは女』『クロワッサン』『MORE』など創刊

78
東京・原宿にブティック「竹の子」開店
東京・原宿に「ハナエ・モリ・ビル」オープン。「ラフォーレ原宿」も開店
東京・渋谷に「東急ハンズ」が開店
「インベーダーゲーム」ブーム
カラオケブーム

79
インテリア雑誌『ふたりの部屋』が主婦の友社から創刊
紀文が「豆乳」を発売
NEC、パーソナルコンピューター「PC8001」発売。パソコンブームの口火となる
ソニー、**ウォークマン発売**
渋谷109開店
『広告批評』創刊
セイコー広告「なぜ、時計も着替えないの」

80
「ポカリスエット」発売
マガジンハウスから『ブルータス』創刊
TOTO、多機能便座「ウォシュレット」を発売
田中康夫**『なんとなく、クリスタル』**文藝賞受賞
『とらばーゆ』『コスモポリタン』創刊

『ポパイ』創刊号（三浦蔵）

『MORE』創刊号（三浦蔵）

（三浦蔵）

階層による消費や趣味の違いを指摘した、ピエール・ブルデュー『ディスタンクシオン』刊。日本での出版は1990（仏）

世界中で売れたウォークマン。写真は1号機（ソニー提供）

消費社会

81（昭56）

84

83

ジャパン・アズ・ナンバーワン

軽薄短小

高級化

女子大生

郊外SC出店本格化

東京三鷹市に、貸レコード店の第1号「黎紅堂」が開店。以後、貸レコード店が急増

ゴージャス系女性誌『25ans』創刊

自動車生産世界一に

西武百貨店広告「じぶん、新発見。」

無印良品発売開始

エアロビクスダンスが日本に初めて紹介される

本田技研、省エネ車「シティ」（1200cc）を発売

小学館から『CanCam』創刊、ラジオで「ミスDJ」開始、女子大生ブーム

船橋ららぽーと開店

六本木アクシス開店

高級インスタントラーメン、明星「中華三昧」発売

トヨタのハイソカー・初代ソアラが発表される。カー・オブ・ザ・イヤー受賞

CDプレーヤー、世界に先駆け日本で市販化

『日経ビジネス』「軽薄短小」を特集

NEC、16ビットパソコン「PC-9801」発売

ホンダ二代目プレリュード発売。運転席側にも助手席リクライニングノブがついており、「デートカー」という言葉を生み出した

たまプラーザ東急SC開店、大宮、立川にも駅ビル開業

西武百貨店広告「おいしい生活。」（82-83）

任天堂が「ファミリーコンピュータ」を発売。ファミコンブームの引き金に

IBM、パーソナル・コンピュータ（PC）を発売

ハイソカーと呼ばれたソアラ（アド・ミュージアム東京所蔵）

ウォルト・ディズニー・プロダクション「トロン」世界初のCG映画

リーボック社、エアロビクス用シューズとしてダンサーの間で評判となり、人気を得る（英）

すっかり日本に定着した東京ディズニーランド（写真／朝日新聞社）

86	85	84

デジタル化
ネアカ

大衆論・分衆論さかんに

パソコンの普及台数が100万台を突破

フジテレビ「オールナイトフジ」放映開始

東京ディズニーランド開業

西友ストア、東京・青山に無印良品の専門店を開店

キリンシーグラム、ライト感覚のウィスキー「NEWS」を発売

浅田彰『構造と力』、思想書でありながら15万部ヒット

高級アイスクリームメーカーのハーゲンダッツ・ジャパン、東京・青山に第1号店を開店。行列ができる盛況で青山の名物に

お嬢様ブームが起こり、『CLASSY』創刊

山崎正和『柔らかい個人主義の誕生』刊

藤岡和賀夫『さよなら、大衆。』刊。「少衆」という言葉を提案

渡辺和博『金魂巻』刊

有楽町西武、「生活情報館」と銘打ち、開業

任天堂のファミコン、前年夏からこれまでに350万台が売れる

8ミリビデオカメラ登場

ゲームソフトの「スーパーマリオブラザーズ」発売

マイルドセブンライト発売

消費の階層化に関する本が相次いで刊行。博報堂生活総合研究所**『「分衆」の誕生』**、日本長期信用銀行調査部・小沢雅子**『新「階層消費」の時代』**

男女雇用機会均等法施行

トヨタ二代目**ソアラ**発売。約5年間で30万台以上を売り上げる大ヒット

小学館から『DIME』創刊

エニックス「ドラゴンクエスト」発売

中国の〈経済特別区〉の制度が上海など沿岸14都市に適用。この特別経済区では外国の投資家が関税やその他の法的規制を免れて、中国人を雇用できる（1979開設当時は4区のみ）（中）

80年代は西武百貨店の時代だった

フィリップ・ジョンソンとジョン・バージー設計「AT&Tビルディング」ニューヨーク市のポスト・モダン建築

アップル社、マッキントッシュ128kを発売

マイケル・ジャクソンのアルバム『スリラー』、7500万ドルを超える純益

AT&Tベル研究所が単一の光ファイバーで、30万件の同時通話に相当する量の送信に成功

CNN開局

オゾン層にあいた穴（オゾン・ホール）に対する関心が増大する

ソ連のゴルバチョフ書記長が芸術とマスコミの両部門、特に文学の分野で、自ら提唱する〈グラスノスチ（情報公開）〉政策を実施。これまで発禁となり、西側諸国でしか発行されていなかった数多くの作品がソ連の読者の目に触れることになる（ソ）

1秒間に最高17億2000万回の演算が可能なスーパーコンピュータ〈数値風洞シミュレーター〉の運転が始まる

消費社会

87（昭62）　88　89　90　91　92　93　94

高級車・ハイソカー・デートカー　冷戦構造崩壊

株価・地価高騰　Hanako族

松下電器、自動パン焼き器大ヒット

渋谷ロフト開店

『日経トレンディ』創刊

上野千鶴子『〈私〉探しゲーム』刊

東京ドーム開業

日産シーマ発売　発売1年間で3万6400台販売

日産五代目シルビア発売、歴代シルビアの中で最多販売台数を記録

マガジンハウスから**『Hanako』**創刊

西武百貨店**「ほしいものが、ほしいわ。」**

任天堂ゲームボーイ発売、東証株価最高値になる

ちびまるこちゃん人気

ジュリアナ東京開業

地価、ピークから下がり始める

Jリーグ開始

JR東海「そうだ京都、行こう。」キャンペーン開始

秋田市に東北地方最大級のショッピングモールイオン秋田ショッピングセンター開業

ルーズソックス流行始まる。コギャルが女子高校生の意味で使われ始める

小室哲哉ブーム起こる

バブル時代の若い女性の定番はトサカのついたロングヘア（写真／アクロス編集室、1987年）

「仕事とケッコンだけじゃいや！」をテーマに創刊

太陽エネルギーを用いた自動車ショー「ソーラーモービル1989」を開催（西独）

ゴルバチョフが共産党の書記長を辞任し、党の解散を勧告。この事実上の解散宣言により、70年に及ぶ共産党支配に終止符（ソ）

1961年以来存在してきた**ベルリンの壁**の取り壊しが始まる（東独）

イギリスの南極観測局が、南極上空のオゾン層の3分の2がすでに破壊されていると発表する（英）

フランスのヒト多型研究所が、人間の遺伝子情報（ゲノム）の90％をカバーする全体地図を作製したと発表（仏）

総人口が12億に達する（中）

ケータイ　エコカー

失われた10年　フリマ・古着　コギャル

95

高円寺に古着屋増え、人気となる

阪神・淡路大震災

ナイキなどスポーツブランド人気

生産年齢人口（15～64歳）、この年をピークに減少を始める

ウィンドウズ95発売

96

スターバックス、日本1号店を銀座に開店

任天堂から96年2月に発売された「ポケットモンスター」が、この年800万本を超える売れ行きとなる。

97

トヨタプリウス発売

ソニーVAIOノート発売

裏原宿ファッション人気

自然派家づくり雑誌『チルチンびと』創刊

山一證券破綻

北海道拓殖銀行破綻

98

日本長期信用銀行が経営破綻。翌年、粉飾決算容疑で旧経営陣3名逮捕される

ユニクロ、東京初の都心型店舗を原宿店に開店

たまごっち大ヒット

「モーニング娘。」デビュー

井の頭公園などでフリマが盛んになる

橘木俊詔『日本の経済格差』刊

iMac発売

99

iモード開始

ソニーAIBO発売

世界初の環境ファッション誌『ソトコト』創刊

「だんご3兄弟」、オリコン調べで291万枚の売上げ

渋谷109の店、エゴイストの店員を特集したムック『カリスマ・スタイル』(ぶんか社、1999年刊、三浦蔵)

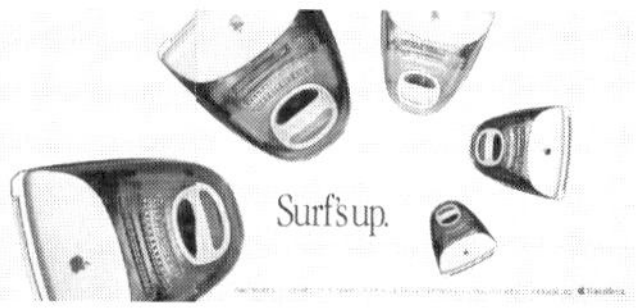

アド・ミュージアム東京所蔵

2000（平12）

01

02

03

04

05（平17）

ケータイ　リノベーション

失われた10年　カフェ　ロハス

渋谷109にある「エゴイスト」にコギャルが殺到。カリスマ店員の着こなしをお手本に、茶髪にミニスカート、厚底靴のファッションで街を闊歩する

辰巳渚『「捨てる!」技術』刊

佐藤俊樹『不平等社会日本』刊

ホンダASIMO発表

インターネット・カフェ「PCバン」が日本にも上陸

カフェブーム起こり始める

宮崎駿監督の「千と千尋の神隠し」公開、日本映画史上空前の大ヒット

『東京リノベーション』刊。建築のリノベーションブームが起こり始める

町田、大宮、柏などの郊外で遊ぶ「ジモティ」が話題になる

J-フォンが写メール効果で契約数2位に躍進

プレイステーション2、出荷台数4000万台を突破

六本木ヒルズ開業

西武百貨店、そごう統合しミレニアムリテイリンググループに

ドラマ「冬のソナタ」大人気

マガジンハウスから『クウネル』創刊

地球丸から『天然生活』創刊

東京R不動産始まる

エビちゃんOLブーム起こり始める

中野独人『電車男』単行本化

セブン&アイ・ホールディングスがミレ

10センチ以上ある厚底靴が流行（撮影／大井夏代）

モテ系のバイブル『Can Cam』（2006年５月号、三浦蔵）

iPod発売

iTune Music storeをオープン

フェイスブック開始

レノボがIBM社のPC部門買収（中）

iPod nano発売

『クウネル』創刊号の表４広告はトヨタプリウスだった

第四の消費社会

ファストファッション　階層化・格差社会

シェア　断捨離　モール化

ニアムリテイリングを傘下に収める

クールビズ始まる

『下流社会』ベストセラー

レクサス、日本で発売開始

06

AKB48デビュー

楽曲をパソコンや携帯電話にダウンロードする形で購入するネット音楽配信の市場規模が、CDシングルを上回る

任天堂「DSLite」発売、ソニー「プレイステーション3」発売

ツイッター開始

07

この年をピークに日本の人口が減少を始める

Wii Fit人気

08

スウェーデンの「H&M」第1号店が銀座にオープン

埼玉県越谷市に**イオンレイクタウン開業**。24万5223平方メートルの商業施設面積（店舗数は710）と1万4000台の駐車場を備えた日本最大のモール

アウトレットモール開業ラッシュ。「三井アウトレットパーク入間」（4月）、「那須ガーデンアウトレット」（7月）、「三井アウトレットパーク仙台港」（9月）、「仙台泉プレミアム・アウトレット」（10月）

iPhone発売

サブプライムローン問題拡大、リーマンショック

タタ・ナノ社「ナノ」発売（インド）

09

トヨタプリウス、5月の車名別月間販売台数で初の1位

10

ひつじ不動産『東京シェア生活』刊、シェアハウスの人気が急拡大

iPad発売

11

東日本大震災

三越、伊勢丹統合

有楽町西武がルミネに転換

Kポップ人気

12

パナソニック、ソニー、シャープなど大手企業軒並み赤字決算

「携帯＋PHS」1人1台超す

携帯電話・PHSの普及率がついに1人1台を超えた。総務省が21日発表した昨年末の契約者数は1億2986万台。全人口のうち契約者が占める割合を示す人口普及率は101・4％となり、初めて100％を突破した。スマートフォン（多機能携帯電話）の普及で、1人で複数台持つ人が増えているようだ。

契約数の内訳をみると、携帯電話が1億2555万台、PHSが431万台で、携帯電話だけの人口普及率は98・0％だった。

普及率は統計を取り始めた1988年度末には0・2％。95年にPHSが事業をスタート、00年度末には加入電話の契約者数を逆転し、2人に1台となる52・6％まで伸びた。ここ数年は年数％の伸びが続き、昨年はスマートフォン人気もあって契約が伸びた。

朝日新聞2012年２月22日号

索引

ハ行

マ行

ヤ行

ラ行

ワ行

JASRAC 出1204021-201

三浦　展　みうら・あつし
1958年生まれ。82年一橋大学社会学部卒、パルコ入社。86年マーケティング情報誌『アクロス』編集長となる。90年三菱総合研究所入社。99年カルチャースタディーズ研究所設立。世代、家族、消費、都市問題等の研究を踏まえ、新しい社会デザインを提案している。著書に『「家族」と「幸福」の戦後史』『シンプル族の反乱』『愛国消費』『これからの日本のために「シェア」の話をしよう』『郊外はこれからどうなる？』など多数。

朝日新書
345
第四《だいよん》の消費《しょうひ》
つながりを生み出す社会へ

2012年4月30日第1刷発行
2012年5月25日第2刷発行

著　者　三浦　展

発行者　市川裕一
カバーデザイン　アンスガー・フォルマー　田嶋佳子
印刷所　凸版印刷株式会社
発行所　朝日新聞出版
〒104-8011　東京都中央区築地5-3-2
電話　03-5541-8832（編集）
　　　03-5540-7793（販売）

Published in Japan by Asahi Shimbun Publications Inc.
ISBN 978-4-02-273445-7
定価はカバーに表示してあります。

朝日新書

財務省支配の裏側
政官20年戦争と消費増税

中野雅至

「霞が関の盟主」財務省が日本を支配し、消費増税も意のままにする――。どうして今、こうした「支配論」が叫ばれるのか？　財務省が復権するまでに展開された「政」と「官」との攻防とは？　元キャリア官僚の著者にしか分からない最強官庁の実態を、実例を挙げて解説する。

第四の消費
つながりを生み出す社会へ

三浦　展

物から人へ、日本人の豊かさが変わる！　日本人の消費は発展段階に応じて変遷し、消費の単位も「家族」「個人」へと変わり、いま第四の時代に入った。「消費」ではなく何によって人は幸せになれるのか。消費社会はどこへ行くのか。消費社会研究第一人者が新しい時代を予言。

仕事は99％気配り

川田　修

仕事の成否を分けるのは、実は「ちょっとした気配り」の有無だったりする。メールの署名、椅子の座り方、車の停め方……細かな積み重ねが相手の信頼を勝ち取っていく。生保業界の伝説の営業マンが、社内外を問わず大切な気配りの身につけ方を伝授する。

40代から始める100歳までボケない習慣

白澤卓二

40代は幸福な人生を手に入れるための分岐点。30代の延長で考えてはいけない。年金不安の時代、60、70代になっても元気で働ける体は必須。介護いらずで100歳までが理想だ。40代に身につけた習慣で、その後の人生が変わる！